Analyse financière

c o l l e c t i o n
a i d e - m é m o i r e

> *Droit des affaires*
B. Hess-Fallon, A.-M. Simon

> *Droit du travail*
B. Hess-Fallon, A.-M. Simon

> *Économie*
A. Beitone, E. Buisson, C. Dollo, E. Le Masson

> *Marketing*
Cl. Demeure

> *Économie d'entreprise*
G. Bressy, C. Konkuyt

> *Commerce international*
A. Guyomar, E. Morin

> *Droit civil*
B. Hess-Fallon, A.-M. Simon

> *Droit administratif*
A. Maurin

> *Institutions judiciaires*
A. Héraud, A. Maurin

> *Droit de la famille*
B. Hess-Fallon, A.-M. Simon, H. Hess

> *Droit constitutionnel*
E. Oliva

> *Droit fiscal*
Ch. Aimé, M. Rochedy

> *Sciences sociales*
A. Beitone, C. Dollo, J. Gervasoni, E. Le Masson, C. Rodrigues

> *Droit pénal – Procédure pénale*
J. Borricand, A.-M. Simon

> *Analyse financière*
J.-P. Lahille

> *Droit communautaire*
R. Ghévontian

> *Finances publiques*
E. Oliva

a i d e - m é m o i r e

\> > > > > > > >

Analyse financière

Jean-Pierre Lahille
Professeur de finance
École Supérieure de Commerce de Pau

SIREY

2e édition 2004

Du même auteur :

« Bien gérer vos relations avec vos banquiers », Éditions d'organisation, Paris 2002.

« Finance d'entreprise – Études de cas corrigées », Éditions d'organisation, Paris 2003.

Éditions DALLOZ
31-35 rue Froidevaux, 75685 Paris Cedex 14

Sommaire

chapitre 3

L'approche analytique du compte de résultat

chapitre 4

L'approche analytique du bilan

chapitre 5
Les ratios – Les scores

chapitre 6
L'analyse par les flux de trésorerie

chapitre 7
Le financement bancaire de l'entreprise

Conclusion

Annexes

Liste des abréviations

ACT Actif court terme
AG Assemblée Générale
BDF Banque de France
BFR Besoin en fonds de roulement
BIC Bénéfices Industriels et Commerciaux
BTP Bâtiments Travaux Publics
CA Chiffre d'affaires
CAF Capacité d'Autofinancement
CB Crédit-bail
CBC Concours bancaires courants
CCA Charges constatées d'avance
CDB Centrale de bilans
CR Compte de résultat
CT Court terme
DAFIC Disponible après financement interne de la croissance
DAP Dotation aux amortissements et provisions
DLMT Dettes à long et moyen terme
Dot. Dotation
EBE Excédent Brut d'Exploitation
EBG Excédent brut global
EENE Effets escomptés non échus
ES Emplois stables
ESO Excédent sur opérations
ETE Excédent de trésorerie d'exploitation
ETOG Excédent de trésorerie sur opérations de gestion
ETOIF Excédent de trésorerie sur opérations d'investissement et de financement
ETS Établissements
EURL Entreprise unipersonnelle à responsabilité limitée
EVA® Economic value added
FDC Fonds de commerce

FDP ..... Frais de personnel
FDR ..... Fonds de roulement
FP ..... Fonds propres
FRF ..... Franc français (notation internationale)
FRNG ..... Fonds de roulement net global
HT ..... Hors taxes
IRPP ..... Impôt sur le revenu des personnes physiques
IS ..... Impôt sur les sociétés
KF ..... Kilo-Franc (milliers de francs...)
LT ..... Long terme
MBA ..... Marge Brute d'Autofinancement
MdF ..... Milliard de francs
MF ..... Million de francs
MP ..... Matières premières
MT ..... Moyen terme
OEC ..... Ordre des Experts-Comptable
PCA ..... Produits constatés d'avance
PCEA ..... Produit de cession d'un élément d'actif
PCG ..... Plan Comptable Général
PDG ..... Président Directeur Général
PDM ..... Part de marché
PME ..... Petites et Moyennes Entreprises
RAN ..... Report à nouveau
RCS ..... Registre du Commerce et des Sociétés
RD ..... Ressources Durable
REB ..... Résultat d'exploitation brut
SA ..... Société Anonyme
SARL ..... Société à responsabilité limitée
SCRL ..... Société Commerciale de Recouvrements Litigieux : le sigle développé *n'est plus utilisé par la société*, devenue COFACE-SCRL à la fin des années 90 après fusion avec sa société-mère. Aujourd'hui la société COFACE-SCRL intervient essentiellement dans le domaine de l'information financière (et non plus dans celui du « recouvrement de créances » qui était sa vocation d'origine)
SICAV ..... Société d'investissement à capital variable
SIG ..... Soldes Intermédiaires de Gestion
SMIC ..... Salaire minimum interprofessionnel de croissance
T ..... Trésorerie
TMT ..... Technologie-Media-Télécommunication
TPFF ..... Tableau Pluriannuel de Flux Financiers
TTC ..... Toutes Taxes Comprises
TVA ..... Taxe sur la Valeur Ajoutée
USD ..... United-States Dollar (notation internationale du dollar des États-Unis)
VA ..... Valeur Ajoutée
VCEAC ..... Valeur comptable (nette) d'un (des) élément(s) d'actif cédé(s)

Avant-propos

Le « monde de l'entreprise » (selon la formule consacrée), est un monde complexe, qui a ses règles, ses références, son vocabulaire... Surtout son vocabulaire, forcément technique ! Lorsqu'il emprunte au marketing, il reste finalement assez compréhensible parce que nous sommes tous des acteurs de la vie économique. Nous sommes tous des consommateurs et les mots « offre », « demande », « part de marché », « publicité » ont, pour chacun de nous, une signification assez concrète (même si l'on commet parfois de petits contresens).

Par contre, lorsque ce vocabulaire emprunte à la finance, second pilier de l'économie d'entreprise, les choses deviennent plus compliquées. Il suffit d'écouter parler pendant quelques minutes des banquiers, des analystes financiers, des experts-comptables, des grands patrons, des chroniqueurs économiques... pour se convaincre que, décidément, ces gens-là ne s'expriment pas comme tout le monde. Pas seulement parce que, souvent, ils utilisent un vocabulaire anglais (Price Earning Ratio... Cash-flow...), mais aussi, et c'est presque plus frustrant, parce que même le vocabulaire strictement français se réfère à des notions qui, pour beaucoup, restent très abstraites : « fonds de roulement », « capitaux propres », « passif circulant », « marge opérationnelle »... Est-ce à dire qu'il faut être diplômé de Polytechnique ou d'HEC pour s'y retrouver ? Heureusement non. Comme les autres disciplines, qu'il s'agisse de mécanique, de médecine ou de droit, la finance a son propre jargon. Mais derrière son apparence ésotérique les notions auxquelles il se réfère sont relativement peu complexes. À condition que l'on prenne le temps de les expliquer et de les restituer dans le contexte de la vie concrète de l'entreprise. C'est l'objet de cet ouvrage.

Son ambition ? Démystifier, rendre intelligibles et concrets les grands concepts fondamentaux de la finance d'entreprise. Découvrir que, derrière l'apparente difficulté d'interprétation de données financières, se cache une réalité économique qui, elle, est parfaitement compréhensible. Donner aux praticiens des

PME, et singulièrement à leurs patrons, des clés pour « décrypter » le discours des banquiers. Dédramatiser, pour les étudiants, cette discipline un peu rébarbative qu'est l'analyse financière (qu'ils confondent souvent avec la comptabilité...). Permettre enfin aux financiers « occasionnels », qu'ils le soient pour leur plaisir ou par obligation professionnelle (petits investisseurs en Bourse... salariés d'entreprise... artisans...), de savoir de quoi il est question quand ils entendent « endettement à court terme », « crédit de restructuration », « Marge Brute d'Autofinancement », « équilibre de bilan » (dont on pense parfois qu'il est réalisé lorsque l'actif égale le passif, ce qui serait donc toujours le cas !).

La méthode sera simple. Les questions seront abordées par degré croissant de difficulté et seront illustrées d'exemples très concrets. Cet ouvrage s'inspirant largement d'un cours d'analyse financière à l'intention d'étudiants d'École Supérieure de Commerce, on y trouvera aussi des exercices pratiques, des cas à résoudre (avec leur solution), et quelques « recettes », aussi bien pour juger rapidement la situation financière d'une entreprise, que pour négocier avec son banquier quand on est patron d'une petite PME.

Cet ouvrage a aussi ses limites. Il ne prétend pas notamment faire du lecteur un spécialiste de l'analyse financière, ou un professionnel de l'évaluation d'entreprise..., mais sûrement un bon généraliste. Le dirigeant de PME y découvrira les chiffres que le banquier regarde en priorité... qui ne sont pas les mêmes que ceux que regardent ses clients ou ses fournisseurs. Il pourra aussi repérer plus aisément les clignotants d'alerte dans sa propre entreprise et discuter, presque d'égal à égal, avec son expert-comptable. L'étudiant saura aller plus vite et plus sûrement à l'essentiel. Le candidat au recrutement pourra apprécier la situation financière de son futur employeur. L'investisseur occasionnel pourra exercer un choix plus éclairé...

L'information financière n'a jamais été aussi abondante. Mais, pour beaucoup, cette abondance est parfois suspecte : « on peut faire dire ce que l'on veut aux chiffres ! », entend-on souvent dans la bouche de non-professionnels. Ce n'est pas toujours faux, mais, précisément, analyser une entreprise à travers ses bilans, c'est chercher à dévoiler ce que cachent les chiffres bruts, c'est mettre à nu la réalité derrière l'apparence. De même qu'il est facile de redonner l'air du neuf à une voiture d'occasion un peu « fatiguée », en refaisant sa peinture, en changeant les jantes..., de même peut-on donner une apparence de solvabilité et de bonne santé financière à une entreprise en déclin : en faisant apparaître un résultat avantageux alors que son exploitation est médiocre, en « gonflant » sa trésorerie au bilan..., et bien d'autres techniques encore, toutes parfaitement légales. Dans le jargon des analystes, on désigne ces procédés d'habillage de bilans du joli nom de « window-dressing ». Le terme est assez parlant : il s'agit d'habiller de rideaux neufs une menuiserie vermoulue ! Comme pour la voiture d'occasion, l'amateur se laissera facilement abuser.

Un analyste un peu plus éclairé essaiera de gratter sous le vernis, comme le professionnel de la mécanique vérifiera d'abord l'état réel de l'embrayage ou des freins. Il ne s'agit pas de suspecter par principe, en considérant que toute entreprise bien portante serait « un malade qui s'ignore », pour reprendre la formule du Dr Knock ! Il convient par contre de ne jamais se départir d'un certain esprit critique, de faire preuve d'un minimum de rigueur, de toujours considérer le contexte, et, finalement, de poser un diagnostic impartial et dénué d'affectivité. Car rien n'est jamais tout blanc ni tout noir.

Puisse chacun en tout cas trouver du plaisir dans cette « quête de la vérité ».

> > > > > > > >

chapitre 1

Introduction à l'analyse financière de l'entreprise

> A Définition

L'analyse financière peut être définie comme une démarche, qui s'appuie sur l'examen critique de l'information comptable et financière fournie par une entreprise à destination des tiers (donc de tout le monde...), ayant pour but d'apprécier le plus objectivement possible sa performance financière et économique (rentabilité, pertinence des choix de gestion...), sa solvabilité (risque potentiel qu'elle présente pour les tiers, capacité à faire face à ses engagements...), et enfin son patrimoine.

On voit bien l'intérêt :

› **Pour le dirigeant** : l'analyse permet de mesurer la performance de sa propre gestion, de la comparer à celle de ses concurrents directs, et éventuellement de mettre en œuvre des actions correctrices. Elle permet aussi, et surtout, d'apprécier la solvabilité de ses clients (intérêt financier direct) et de ses fournisseurs (intérêt stratégique) en analysant leurs propres bilans. Un dirigeant se pose des questions très simples : « Mes clients seront-ils capables d'honorer leurs engagements », ou, plus prosaïquement, « de payer mes factures ? ».

« Puis-je compter durablement sur mes fournisseurs ? En cas de difficulté, ne seront-ils pas tentés de « rogner » un peu sur la qualité des marchandises ou des matières qu'ils me livrent ? Pourront-ils tenir leurs délais de livraison ? Dans le doute, ne dois-je pas de mon côté commencer à diversifier mes sources d'approvisionnement ? ».

› **Pour l'actionnaire** : il s'agira d'apprécier la performance et l'efficacité du dirigeant en place, au besoin pour le changer s'il ne donne pas toute satisfaction. On connaît l'influence qu'exercent certains actionnaires institutionnels (fonds de pension, banques...) sur les dirigeants des entreprises qu'ils contrôlent. On sait bien qu'un changement fréquent de dirigeant à la tête d'une entreprise est l'indice soit d'une situation financière fragile, soit d'une trop grande liberté que le dirigeant précédent aurait pris par rapport à la ligne politique définie par l'actionnaire (ligne qui s'exprime souvent en termes de niveau de dividendes !)... C'est un peu moins vrai dans les PME où, fréquemment, dirigeant(s) et actionnaire(s) se confondent.

› **Pour les co-contractants** (les tiers qui se trouvent en position d'exécuter des contrats avec l'entreprise, essentiellement les clients et les fournisseurs) : au-delà de la solvabilité immédiate du partenaire, comme on vient de le voir, l'analyse financière va aussi permettre de mesurer le poids relatif de chacun dans la relation commerciale. Il ne faut jamais oublier que, dans la vie des affaires, il y a un enjeu permanent de rapport de forces : en tant que client, je « pèse » combien chez tel fournisseur ? En tant que fournisseur, quel est mon taux de pénétration chez tel client ? On comprend aisément qu'une entreprise qui réaliserait 30 ou 40 % de son activité (en finance on dira « ... de son chiffre d'affaires ») avec un seul client, serait soumise à toutes ses exigences, parfois à tous ses caprices (demandes de remises, d'échelonnement de paiements, etc.). Les bilans des clients et des fournisseurs constituent à cet égard une mine de renseignements (certaines entreprises ne publient pas leurs comptes au Greffe du Tribunal de Commerce dont elles dépendent – et payent l'amende prévue dans ce cas par le législateur – pour éviter précisément d'en apprendre trop à leurs clients ou fournisseurs. Ce n'est pas toujours un bon calcul : tout finit toujours par se savoir, même si c'est avec retard... et, surtout, les affaires ne peuvent vivre qu'à travers une certaine transparence. L'opacité est toujours suspecte).

› **Pour les prêteurs** (qui sont une catégorie à part de co-contractants) : il s'agira de mesurer la capacité de l'entreprise à rembourser les capitaux prêtés ou qu'ils se proposent de lui prêter. Par « prêteurs », il faut entendre bien sûr les banques, mais aussi, par extension, tous les partenaires qui interviennent plus ou moins directement dans la « chaîne financière » : les assureurs-crédit (sociétés auprès desquelles une entreprise peut s'assurer contre le risque de non-paiement de la part de ses clients), la Banque de France (qui attribue une cote de crédit à chaque entreprise), les sociétés privées qui collectent les renseignements commerciaux et financiers (pour les revendre ensuite à leurs abonnés)...

› **Pour les salariés** : intérêt de comparer la politique sociale de leur employeur avec celle des concurrents : rémunération, primes... (informations que l'on obtient souvent par lecture directe des documents comptables), mais aussi sa politique financière : parmi les richesses créées par l'entreprise, quelle est la part reversée au personnel ? On parlera plus loin de « répartition de la valeur ajoutée ». De plus en plus aujourd'hui les candidats à l'embauche, au moins cadres ou futurs cadres, s'intéressent de près à la situation financière et à la politique sociale de leur futur employeur. Un rapide coup d'œil sur ses comptes sera donc très instructif.

> B
Les objectifs

Nous venons de passer en revue les différents partenaires de l'entreprise en montrant l'intérêt que présentait, pour chacun, une bonne analyse de sa situation financière. Et nous avons vu que, s'ils sont tous intéressés, ils le sont chacun à un titre différent : la politique sociale par exemple pour les salariés... la rentabilité pour les actionnaires... Quant à l'analyste « extérieur », qui n'est pas personnellement intéressé par la performance, il s'efforcera d'avoir une vue d'ensemble, de se faire une opinion générale sur l'entreprise. Ce sera le cas par exemple de la Banque de France, pour attribuer sa cotation, ou de telle agence de renseignements financiers, pour mettre à jour ses fichiers, ou de tel cabinet pour procéder à une évaluation de l'entreprise.
Dans tous les cas, cette opinion va largement se forger à partir de comparaisons. Dire que l'entreprise « X » dégage une rentabilité de 7 % (par exemple mesurée en rapportant le bénéfice au chiffre d'affaires), est bien, mais c'est insuffisant. Ce taux de rentabilité est-il correct, moyen ou excellent ? Pour trouver le bon qualificatif, il faudra se poser la question : « Correct ou excellent par rapport à quoi ? ». La même rentabilité de 7 % peut être excellente dans telle entreprise de tel secteur économique et notoirement insuffisante dans telle autre de tel autre secteur (par exemple parce qu'il faut, ici, lourdement investir, et là beaucoup moins, et que ce sont les bénéfices, au moins en partie, qui permettent de dégager des ressources nouvelles pour investir). Au sein parfois du même secteur économique, 7 % sera très largement suffisant dans une entreprise non endettée, et très insuffisant dans une entreprise de même taille mais très endettée (parce que les dettes sont remboursées par les bénéfices, comme nous le verrons ultérieurement).
L'analyste va donc se livrer à des comparaisons. Mais il va comparer des choses... comparables. On ne comparera pas le taux de rentabilité de Carrefour à celui de l'épicerie indépendante du coin de la rue. Il y a donc déjà une question de taille. On ne comparera pas plus le taux de rentabilité (ou ce que l'on

voudra d'autre...) de Carrefour à celui de Michelin : les deux entreprises évoluent dans un secteur économique différent (niveaux d'investissements physiques, d'investissements en recherche et développement... pour n'évoquer que ces différences-là). Enfin, on ne comparera même pas le taux de rentabilité de Michelin en 2000 à celui qu'il était en 1985, parce que les temps ont changé et, avec eux, le niveau des taux d'intérêt, les exigences des actionnaires, la disparition ou l'émergence de concurrents, etc.

Les analystes institutionnels (Banques, Banque de France, agences de renseignements ou de notation), collectent au jour le jour des renseignements financiers sur des centaines de milliers de bilans d'entreprises, qu'ils centralisent dans un fichier que l'on nomme précisément une « Centrale de Bilans » de laquelle ils extraient ensuite des données caractéristiques. Si, à partir de ce fichier, on observe que, dans tel secteur économique (par exemple le transport routier de marchandises...), 70 % des entreprises dont le chiffre d'affaires se situe entre 50 et 80 millions d'euros dégagent une rentabilité comprise entre 5 et 7 %, on en déduira sûrement que, dans ce secteur et dans cette taille, la « bonne » rentabilité « tourne » autour de 6 %. Cette déduction empirique est généralement vraie, car, dans ce domaine, la majorité se trompe rarement. Mais il ne suffit pas de comparer entre elles des entreprises de même taille ou de même secteur économique. Il faut aussi que ces entreprises évoluent dans un contexte identique, au plan économique et au plan juridique.

Si l'on compare deux entreprises qui fabriquent du papier siliconé (support pour autocollants), l'une à partir de pâte à papier, à la suite par conséquent de multiples transformations, l'autre à partir de papier déjà très transformé, leurs performances ne seront absolument pas comparables. Toutes les deux pourtant fabriquent le même produit fini, et elles réalisent peut-être le même chiffre d'affaires.

Si l'on compare deux fabricants de chaussures, l'un qui réalise 100 % de sa production en interne, l'autre qui en fait sous-traiter 70 % en Asie du Sud-Est ou dans un pays du Maghreb, leurs performances seront très différentes aussi, même si le produit fini qui sort de leurs usines est strictement comparable.

Si l'on compare deux entreprises de transport, l'une, indépendante, qui fonctionne avec de « vrais » clients, l'autre, filiale d'un grand Groupe, qui assure une prestation de transport pour sa seule société-mère, leurs performances seront radicalement différentes, à beaucoup d'égards, même si leur taille est comparable : la filiale du grand Groupe aura sûrement accès à des financements plus avantageux, qu'ils soient bancaires ou qu'ils soient fournis par le Groupe... En outre, on ne lui imposera pas les mêmes exigences de rentabilité. Le Groupe en question peut se satisfaire d'un simple équilibre de l'exploitation de sa filiale, considérée par lui comme l'un de ses services généraux (au même titre que son informatique...). Même au niveau de la structure de leurs bilans (équilibre dettes/fonds propres, par exemple), les tiers exigeront beaucoup

moins de la filiale appartenant à un Groupe, cette filiation suffisant à elle seule, en général, à les rassurer (ce n'est pas toujours vrai...).
On voit bien les limites de ces comparaisons inter-entreprises qui n'ont de pertinence que si l'on compare des choses strictement comparables. À cet égard, les seuls documents comptables d'une entreprise, isolés de leur contexte, ne peuvent suffire à l'analyste. Avant même d'entamer l'analyse financière proprement dite, il va collecter des informations non financières qui vont précisément le renseigner sur ce contexte, qui vont, en quelque sorte, « planter le décor ».

> C
Les matériaux non financiers de l'analyse

Ils sont de deux ordres. Ceux qui se présentent sous la forme d'une documentation, au sens littéral du terme, et ceux, plus immatériels, qui procèdent du bon sens.

› L'extrait d'immatriculation « K bis » de l'entreprise au Registre du Commerce et des Sociétés (R.C.S.)

Chacun peut se le procurer, moyennant une somme modique, auprès du Greffier du Tribunal de Commerce dans la juridiction duquel est établi le Siège social ou même un simple établissement secondaire de l'entreprise concernée. Cet extrait fournit quantité d'informations. On y trouvera notamment :

- sa date d'immatriculation (en général correspondant à celle de la création de la société),
- sa forme juridique,
- ses dirigeants et leur âge (ce qui est moins neutre qu'on ne le pense...),
- l'indication selon laquelle l'entreprise est propriétaire ou locataire de son fonds de commerce,
- l'activité exercée (en clair),
- la date de clôture de l'exercice (déterminante dans les activités saisonnières),
- les principales décisions d'Assemblées Générales (pour les sociétés) : changement d'objet social, de date de clôture d'exercice, de dirigeants, etc.

› Les états d'endettement

Ils sont fournis également par le Greffe du Tribunal de Commerce, sur lesquels on trouvera le détail des dettes ayant donné lieu à constitution de garanties sur les biens de l'entreprise, le détail des contrats de crédit-bail, mais aussi, et surtout, des informations sur les éventuels incidents qui auraient émaillé la vie de l'entreprise : retards de paiement auprès des Organismes fiscaux et sociaux, publication de protêts, etc.

› La documentation commerciale éditée par l'entreprise elle-même

Souvent elle donne des indications sur ses clients, ses fournisseurs, ses investissements en recherche, ses nouveaux produits, la répartition de son chiffre d'affaires, etc. En général, cette documentation interne en dit beaucoup plus – et plus vite – que les bilans eux-mêmes : l'entreprise fait-elle plutôt de la transformation ou plutôt du négoce ? Est-elle une entreprise de plein exercice ou un sous-traitant, et, dans ce dernier cas, pour le compte de qui ? Quel est son positionnement concurrentiel ? Quels sont ses circuits de distribution ? Est-elle juridiquement indépendante ou est-elle adossée à un Groupe connu ? etc.

› Les analyses sectorielles

Elles sont disponibles auprès de sociétés spécialisées ou d'institutionnels. La Banque de France publie par exemple régulièrement d'excellentes analyses sur tous les grands secteurs économiques...

› Le bon sens

La consommatrice française moyenne, même sans culture économique particulière, saura dire intuitivement que tel salon de coiffure, placé dans telle rue... à côté de telle boutique... ne « marchera » jamais. Et elle se trompe rarement ! Avec un peu d'habitude, l'analyste aura vite les mêmes réflexes et finira par « deviner » l'information qu'il ne trouvera pas directement... On peut aisément imaginer par exemple qu'un camping installé en plein cœur du Périgord ne souffrira pas de la même manière de la concurrence espagnole que son confrère installé à Saint-Jean de Luz ! On peut deviner pareillement qu'un fabricant français d'articles textiles de bas de gamme devra consentir d'importants investissements de productivité s'il veut se battre à armes égales avec son confrère qui fait sous-traiter en Asie ou en Europe Centrale... Le bon sens permettra aussi de comprendre qu'un sous-traitant ne pourra jamais beaucoup s'enrichir, quel que soit son secteur d'activité (sinon son donneur d'ordres fabriquerait en direct !), sauf s'il maîtrise un savoir-faire très spécifique dans un secteur de pointe (aéronautique, espace, pharmacie...). Le bon sens, encore lui, fera dire par exemple que, dans tel secteur, la « taille critique », c'est-à-dire celle en deçà de laquelle une entreprise peut connaître des difficultés de survie, est de x millions (ou milliards) de chiffre d'affaires, parce que ce n'est qu'à partir de ce volume d'activité qu'elle pourra diluer suffisamment des charges fixes ou des frais de recherche très importants (construction automobile ou aéronautique, laboratoire pharmaceutique...). Inutile par conséquent de passer trop de temps à analyser une affaire qui n'aurait pas cette taille là...

> D

Les matériaux (ou supports) financiers de l'analyse

L'environnement de l'entreprise étant maintenant bien cerné, l'analyste va s'attarder plus longuement sur ses « comptes », c'est-à-dire sur les documents comptables et financiers qu'elle publie à fréquence régulière (une fois par an pour le commun des entreprises... une fois par trimestre pour celles qui font appel public à l'épargne).
Souvent, le seul matériau disponible sera constitué du support qu'utilise l'entreprise pour faire ses déclarations fiscales, se présentant sous la forme d'une liasse de documents modèle CERFA appelée d'ailleurs « liasse fiscale » comprenant :

- Deux pages (nos 2 050 et 2 051) réservées au bilan
- Deux pages suivantes (nos 2 052 et 2 053) réservées au compte de résultat
- Onze pages (nos 2 054 à 2 059-D) réservées à des informations complémentaires. Ces pages constituent – au moins pour partie – ce que l'on appelle l'« annexe » (sous-entendu « ... aux comptes annuels »). On y trouvera notamment :

– les mouvements ayant affecté des éléments du patrimoine qui expliquent, en partie, comment l'on « passe » d'un bilan au bilan suivant,
– les mouvements ayant affecté les amortissements,
– les mouvements ayant affecté les provisions,
– le détail des créances et des dettes,
– des renseignements concernant les engagements « hors bilan » de l'entreprise, ainsi appelés parce qu'on ne les trouve pas par lecture directe dans le bilan (engagements de crédit-bail, d'escompte, etc.)

Nous reviendrons plus loin sur toutes ces notions.
Les grandes entreprises sont tenues de leur côté de fournir une annexe beaucoup plus détaillée encore, surtout si elles appartiennent à un Groupe de sociétés : liste des filiales et des participations, pourcentages de détention de capital et de droits de vote, organes de Direction et d'Administration et rémunérations qui leur sont allouées, informations sur la politique sociale le cas échéant, etc.
Cet ouvrage se voulant d'initiation, on se contentera de l'examen de la seule liasse fiscale produite par les PME, qui fournit suffisamment de renseignements pour permettre à l'analyste de se forger une opinion et au lecteur de comprendre les grands mécanismes financiers fondamentaux.
Avant d'entamer l'examen proprement dit des documents comptables, étape préalable à leur analyse, il convient de rappeler comment fonctionne une entreprise. Tout le monde en a une idée, mais souvent assez réductrice. Nous allons donc commencer par préciser (ou réviser) certaines notions, en utilisant dorénavant un vocabulaire un peu plus technique. Cette étape permettra ensuite de rentrer beaucoup plus aisément dans celle de l'analyse.

> E

Comment fonctionne une entreprise ?

Quand on pose la question : « qu'est-ce qu'une entreprise ? », la réponse la plus courante est : « c'est une société qui fabrique des marchandises ». Il y a autant d'erreurs ou d'imprécisions que de nombre de mots dans cette phrase. D'abord une « société » n'est qu'une forme d'entreprise. Beaucoup d'entreprises ne sont pas des sociétés. Ensuite, il y a des entreprises qui ne « fabriquent » rien : elles se contentent de revendre en l'état des biens déjà fabriqués (on dira plutôt « ... déjà produits ») par une autre. Enfin, le terme « marchandises » n'est réservé précisément qu'à ces « biens » qui sont revendus en l'état. On ne peut donc pas « fabriquer des marchandises » : on « fabrique » ou on « produit » des biens, et on « vend des marchandises ».

Et il ne s'agit pas que d'un caprice de sémantique : « produire », c'est-à-dire transformer une matière ou un bien en un autre bien un peu plus élaboré, est une fonction spécifique, très différente (certains n'hésitent pas à dire « plus noble »...) de celle qui consiste simplement à acheter un produit déjà élaboré, dit « fini », pour le revendre en l'état. On peut déjà dire que la première activité exigera sans doute plus de compétences et de temps, en un mot plus de qualités, que la seconde. Il y a une grande différence entre l'entreprise qui, à partir de feuilles séchées de tabac, fabrique des cigarettes... et l'entreprise qui se contenter d'acheter à la première des paquets de cigarettes « déjà fabriqués » pour les revendre aux clients fumeurs. La première aura besoin d'usines, de machines, de main d'œuvre, de bureaux d'études ou de recherche pour élaborer des produits nouveaux, de véhicules de transport, etc. et de temps (de « délais de production »), pour passer du stade de la feuille de tabac à celui du paquet de cigarettes. La seconde aura besoin d'un local équipé de quelques étagères et d'une caisse enregistreuse, et d'une ou deux personnes pour prendre le paquet de cigarette sur les dites étagères et le tendre au client.

On dira de la première qu'elle a « ajouté de la valeur » à la feuille de tabac, qu'elle a créé, par son talent et son savoir-faire, une richesse qui ne se trouvait pas en l'état dans la nature... alors que la seconde se contentera de réaliser une petite marge (en l'occurrence très petite sur un paquet de cigarettes !) entre l'action d'achat et l'action de revente, sans créer aucune richesse supplémentaire. Le débitant de tabac n'ajoute aucune valeur au paquet de cigarettes entre le moment où le fabricant lui livre et le moment où lui-même le revend. Cette distinction entre activité de production (qui crée une valeur ajoutée) et activité de négoce (qui dégage une marge) est primordiale et expliquera bien des choses ensuite dans l'analyse.

Comment pourrait-on définir alors une « entreprise » ?

Le plus concrètement possible, on dira que c'est une entité économique qui met en œuvre des moyens matériels, immatériels, financiers et/ou humains,

pour produire (création de valeur ajoutée) ou vendre (en dégageant une marge) des biens, des services ou des marchandises, dans le but de satisfaire les besoins d'une clientèle, et la perspective de réaliser un bénéfice.
Tout est dit dans cette définition, même si elle est forcément un peu réductrice, et l'analyse va permettre de mesurer (ou de comparer avec d'autres...) la performance de la dite entité économique dans chacun de ces domaines, et, le cas échéant, de suggérer des actions correctrices :

- Les moyens matériels sont-ils en adéquation avec l'objet poursuivi ?
- Comment ont-ils été financés ?
- Sont-ils suffisamment « productifs » ?
- Même question sur les moyens humains... Productivité... Niveau de compétence...
- Comment la production, ou la vente, est-elle organisée ? À quels niveaux de compétence ou d'expertise fait-elle appel ? Quel est le « métier » exact de l'entreprise ? Ce métier la conduit-elle à stocker... des matières premières... des produits finis... ?
- Qui sont les clients ? Sont-ils solvables ? Comment payent-ils ? Leurs besoins sont-ils réellement satisfaits ? Comment peuvent-ils évoluer ? L'entreprise a-t-elle anticipé cette évolution ?
- Qui dit « clients », dit aussi « fournisseurs » (de matières... de produits semi-transformés... ou de produits finis). Qui sont ces fournisseurs ? Comment l'entreprise les rémunère-t-elle ?
- Quid enfin de sa rentabilité ? Est-elle d'un niveau suffisant ? Comment cette rentabilité est-elle répartie entre ses différents « partenaires » ?

Quel que soit le secteur d'activité, ce sont toujours les mêmes questions qui reviendront. Le plus souvent les réponses seront fournies par l'examen des documents comptables, ce qui ne dispensera pas d'une certaine réflexion, soit pour comprendre telle facette spécifique de l'entreprise, soit pour confirmer ce que les documents comptables suggéraient déjà.

› Exemples

Considérons deux entreprises dans des secteurs très différents : un fabricant de meubles et une agence matrimoniale... et regardons, d'une part, les différentes caractéristiques possibles de chacune, et, d'autre part, ce que chacune de ces caractéristiques va induire au niveau de leur exploitation et de leurs besoins financiers :

Le fabricant de meubles

- Fabrique-t-il à partir d'éléments déjà semi-ouvrés (planches pré-découpées) ou à partir de bois brut ? Se contente-t-il de faire de l'assemblage ? Fabrique-t-il de grandes quantités industrialisées ou du sur-mesure plus confidentiel ? Les investissements en matériels, les compétences de ses équipes, les délais de production, les stocks à entretenir, seront différents... Les moyens matériels étant différents, les moyens financiers devront l'être également : qui apporte ces moyens : le propriétaire de l'entreprise ou les banques... ?

- Auprès de qui se fournit-il : un ou deux fournisseurs de référence ou une quantité de petits fournisseurs très dispersés ? Le rapport de force sera différent et donc sans doute les prix... les délais de paiement...
- Fabrique-t-il du haut de gamme ou du bas de gamme : les clients étant différents, les circuits de distribution le seront aussi... et sans doute les délais dans lesquels il sera payé...
- Produit-il des articles standards ou un article très spécifique (qu'il soit de haut ou de bas de gamme...) : la politique de prix et la rentabilité seront différentes...
- Que fait ensuite l'entreprise de cette rentabilité : la distribue-t-elle à ses propriétaires (dividendes aux associés par exemple...) ou l'utilise-t-elle pour financer sa croissance ? Dans quelles proportions ?

L'agence matrimoniale

- Est-elle indépendante ou membre d'un réseau de franchise ? Dans les deux cas il y aura un investissement, incorporel (ou immatériel...) s'agissant d'une entreprise de services : soit de la publicité pour faire connaître son enseigne, soit l'acquisition auprès du franchiseur d'un fichier déjà constitué, de logiciels de traitement des candidatures, etc. Par contre, pas ou quasiment pas d'investissements physiques (les locaux peuvent être loués, le mobilier peut être réduit au strict minimum et le matériel informatique sera très peu onéreux...).
- Pas ou quasiment pas de personnel : obligation par conséquent pour le propriétaire/exploitant de cumuler les compétences techniques, commerciales, financières peut-être... et d'être correctement rémunéré à proportion des dites compétences et du volume de travail fourni.
- Pas de fournisseurs : l'entreprise produit ex nihilo un service qui n'existait pas auparavant, même à l'état semi-fini... Évidemment pas de stock...
- Une clientèle par définition très diversifiée : le client étant le consommateur final, le service sera payé au comptant. Il est même probable que le client payera avant d'avoir bénéficié du service (par exemple droit d'inscription dans le fichier...).
- Peu (très peu...) de moyens à mettre en œuvre, donc très peu aussi de besoins financiers...
- La rentabilité sera appréciée ensuite à peu près sur les mêmes critères que ceux que l'on a vus pour le fabricant de meubles.

Nous verrons en fin de chapitre 2 que l'on peut « deviner » le type d'activité d'une entreprise à la seule lecture de son bilan et/ou de son compte de résultat, précisément parce que chaque métier (industrie... négoce de gros... négoce de détail... services...) produit des documents comptables relativement typés.
Avant d'entamer la présentation des documents comptables, il convient de dire un mot des différentes formes juridiques d'entreprises. En réalité l'analyse financière stricto sensu sera assez peu influencée par la forme juridique. Les concepts classiques (investissement, financement, exploitation) seront analysés de la même manière. Par contre, chacune induisant un degré de responsabilité différent pour le ou les entrepreneurs, la solvabilité de l'entreprise sera appréciée différemment.

› L'entreprise personnelle

C'est celle qui appartient en propre à un individu et qui constitue de ce fait un des éléments de son patrimoine au même titre que sa maison ou sa voiture. Peu importe ensuite que cette entreprise utilise une enseigne ou un nom commercial pour se faire connaître... Le « Bar des sports » peut être la propriété de Monsieur Dupont (entreprise personnelle, donc), ou la propriété de la société X (dans laquelle sont associés Monsieur Dupont et son épouse...).
Sous cette forme juridique, l'entrepreneur est responsable financièrement sur la totalité de ces biens. Si son entreprise fait « de mauvaises affaires », ses créanciers (les tiers vis-à-vis desquels elle a contracté des dettes) peuvent se retourner vers son patrimoine personnel. De la même manière, si vous ne remboursez pas le crédit de votre voiture, votre banquier pourra se retourner vers un autre élément de votre patrimoine (par exemple prendre une hypothèque sur votre maison...). En contrepartie, quand l'entreprise fait « de bonnes affaires », l'entrepreneur s'attribue la totalité des bénéfices (qui constituent au demeurant sa seule rémunération). Cette forme d'entreprise, utilisée par les petits commerçants ou les artisans, tend à disparaître précisément en raison de cette responsabilité indéfinie du propriétaire...

› La société

Contrairement à l'entreprise personnelle, la société est la réunion de deux ou plusieurs personnes (appelées « associés », en latin « socius, socii » : compagnon(s)) qui vont mettre en commun des moyens financiers et/ou matériels pour poursuivre ensemble le même objet (on pourrait dire « le même objectif ») et se partager ensuite les bénéfices. Il en existe des formes très variées.
Les deux plus courantes, en matière commerciale, sont la Société A Responsabilité Limitée (SARL) et la Société Anonyme (SA). Dès lors qu'il y a « association » entre deux ou plusieurs personnes (« associés » dans les SARL, « actionnaires » dans les SA), il convient d'en fixer les règles de fonctionnement. Ces règles sont contenues dans un contrat, qui matérialise les accords intervenus entre les associés : l'objet pour lequel ils s'associent, les capitaux que chacun apportera dans la « caisse sociale », la façon dont sera organisé le pouvoir au sein de cette « association », etc. C'est le contrat « social », appelé plus couramment « statuts ». Ces statuts reprendront en outre un certain nombre de clauses légales fixées par le Législateur, notamment le capital minimum à apporter dès le départ par les associés, l'organisation des Assemblées, etc.
Dans les deux formes ci-dessus, la responsabilité financière de chaque associé est limitée (comme l'indiquent bien les mots SARL...) à leurs seuls apports en capital. Il y a donc séparation absolument étanche entre leur patrimoine personnel et celui de la société (sauf quelques rares exceptions décidées judiciairement dans le cadre de certaines procédures collectives*, et qui d'ailleurs ne concernent que des dirigeants...). Si vous devenez actionnaire de la société

Alcatel (en achetant des actions en Bourse), le pire qui puisse vous arriver, en cas de « faillite » d'Alcatel (hypothèse dont la probabilité est proche de 0 !), est de perdre votre mise de fonds... En aucun cas on ne viendra vous demander d'assumer les dettes d'Alcatel...

* **Procédure collective** : lorsqu'une entreprise se trouve dans l'incapacité de faire face à ses engagements financiers (on dira plus loin : « lorsqu'elle ne peut plus faire face à son passif exigible avec son actif disponible... »), elle doit déclarer auprès du Greffe du Tribunal de Commerce dont elle dépend son état de cessation des paiements. C'est l'acte de « dépôt de bilan », appelé ainsi parce que le dirigeant doit « déposer » auprès du Greffe un état de l'actif et du passif de son entreprise (c'est-à-dire un bilan simplifié) à cette date. Si le TC considère que l'entreprise peut encore être sauvée, il va prononcer un jugement dit « *de redressement judiciaire* » qui va ouvrir une période pendant laquelle un Administrateur (nommé par le Tribunal) va explorer toutes les solutions de redressement. Au cours de cette période, aucun créancier n'a le droit d'exercer de poursuites individuelles, c'est-à-dire de procédure visant à obtenir le paiement de **sa** créance. En fonction des chances de succès des mesures de redressement proposées par l'Administrateur, le Tribunal pourra imposer à l'**ensemble des créanciers** (d'où l'adjectif « collective ») des délais de règlement de leurs créances plus longs que les délais contractuels d'origine et même un abattement partiel sur les dites créances (sous de multiples réserves...). En cas d'impossibilité de redressement, le Tribunal prononcera un jugement de *liquidation judiciaire* : tous les actifs de l'entreprise seront liquidés (vendus aux enchères...) et le produit de cette vente servira à désintéresser – très partiellement le plus souvent – les créanciers...

Les associés (ou les actionnaires) ne sont donc pas directement propriétaires de la société à laquelle ils adhèrent, mais de titres de propriété partielle de cette société (parts sociales dans les SARL, actions dans les SA) qui leur sont attribués à proportion de leurs apports en capital. Ces parts, ces actions, donnent vocation à percevoir une partie des bénéfices réalisés par la société (dividendes). On ne s'étendra pas plus longuement sur les autres formes de sociétés (notamment civiles) qui présentent peu d'intérêt dans le cadre de cet ouvrage.

Par contre il convient de mentionner une forme juridique plus récente imaginée par le législateur à la fin des années 80 : l'Entreprise Unipersonnelle à Responsabilité Limitée (EURL) appelée parfois « SARL à associé unique ». C'est une forme qui réunit les avantages de l'entreprise personnelle (non partage du pouvoir ou des bénéfices) et ceux de la SARL (limite de la responsabilité aux seuls apports en capital). Cela dit, la distinction « entreprise personnelle » et « EURL » est très théorique dans la mesure où les créanciers de l'EURL (banquiers, fournisseurs...) ne s'engagent en général que si l'associé unique fournit des garanties personnelles, le plus souvent sa caution... Et dans ce cas, sa responsabilité se trouve engagée comme s'il exploitait en entreprise personnelle !

Nous avons évoqué jusqu'ici deux des composantes de l'environnement dans lequel évolue l'entreprise : la composante économique (activité de production ou de négoce, relations avec les partenaires, clients ou fournisseurs..., capacité à dégager des bénéfices) et la composante juridique (forme de l'entreprise). Nous allons maintenant examiner de manière beaucoup plus détaillée la troisième composante, financière celle-là, qui résulte en fait de la combinaison des deux premières. Nous allons voir successivement :

- comment les documents comptables (bilan et compte de résultat) rendent compte de cette composante, de manière d'ailleurs parfois imparfaite (chapitre 2),
- comment l'analyste « retraite » ensuite les informations qu'ils fournissent pour les rendre précisément plus parlantes (chapitres 3 et 4),
- les outils spécifiques qu'il utilise pour porter un jugement sur la situation financière de l'entreprise (chapitres 5 et 6),
- enfin les questions relatives au financement des entreprises (chapitre 7).

chapitre 2

Les documents comptables

Nous examinerons en détail essentiellement les deux documents de base : le compte de résultat et le bilan, qui sont les deux supports principaux de l'analyse. Nous ne ferons référence à certains éléments de l'Annexe qu'en fonction des besoins de l'analyse à partir du chapitre 3.
Comme son nom l'indique, le compte de résultat est l'état qui permet de déterminer le résultat de l'exercice, c'est-à-dire de la période, en général un an, qui s'écoule entre deux dates d'arrêté des comptes. On dira par conséquent : « le compte de résultat *de l'année 2002* », plutôt que « le compte de résultat *au 31 décembre 2002* ». Très schématiquement le compte de résultat :

- additionne les recettes de la période, c'est-à-dire les produits retirés de l'exploitation, de l'activité économique de l'entreprise,
- additionne les dépenses de la même période, c'est-à-dire les charges générées par cette même activité, et correspondant à des consommations. L'achat d'une machine n'est donc pas une charge d'exploitation : contrairement aux achats de matières ou de marchandises, contrairement aux frais généraux, la machine ne sera pas « consommée » dans l'année. C'est un investissement.
- et, par différence, détermine le bénéfice (produits supérieurs aux charges) ou la perte (charges supérieures aux produits).

C'est donc un compte qui présente une vision dynamique de l'exploitation, qui récapitule des opérations de vente, des opérations d'achat, et des « opérations » de charges, intervenues au cours d'une période.

On comprendra mieux l'architecture du compte de résultat si l'on revient un moment sur les deux objectifs de toute entreprise (voir p. 8) : satisfaire les besoins d'une clientèle et réaliser un bénéfice (un profit). Parce que, si le compte de résultat permet de calculer le résultat de l'exercice (de la période...) exprimé sous la forme « Produits – charges », il permet aussi de visualiser instantanément la relation « satisfaction des besoins de la clientèle » / « Profit ». Les deux notions ont entre elles un lien tellement direct que l'une (n'importe laquelle...) est la condition essentielle de l'autre. Aucune entreprise ne peut satisfaire durablement ses clients sans réaliser un profit, et, inversement, plus le profit sera conséquent plus il sera aisé pour l'entreprise d'améliorer sa performance en termes de satisfaction des besoins de sa clientèle...

C'est ce que montre le schéma ci-dessous :

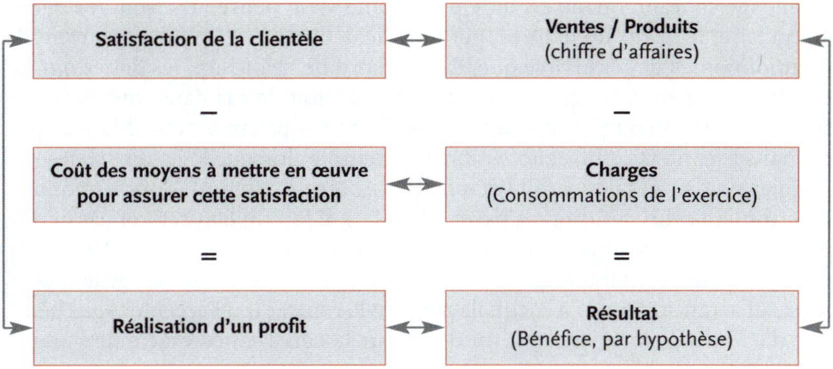

L'entreprise « idéale » est celle qui réalisera le meilleur compromis entre :

– satisfaction la plus élevée possible de ses clients ;
– au moindre coût en termes de moyens à mettre en œuvre ;
– pour son plus grand profit ;

parce que le profit, à son tour, permettra, soit de minorer le coût des moyens à mettre en œuvre, donc de satisfaire encore plus les clients (par exemple en baissant les prix...), soit d'investir dans de nouveaux moyens et donc d'en satisfaire un plus grand nombre... C'est le cercle vertueux de la bonne gestion.

Et l'on verra plus loin que les charges sont exactement l'expression du coût des moyens mis en œuvre :

– matières premières ou marchandises consommées au cours de la période ;
– moyens humains (personnel rémunéré...) ;
– moyens techniques (pour la part qui aura été « consommée » au cours de la période... Si l'entreprise acquiert une machine d'une valeur de 1 000 qui

produira pendant 5 ans, le coût annuel de cette machine ne sera que de 200… On pourrait dire que, chaque année, l'entreprise « consommera » 1/5e de la machine) ;
– moyens financiers (intérêts versés aux apporteurs de capitaux…).

Le bilan, au contraire, est un état qui présente une situation statique de l'entreprise, dont il décrit le patrimoine à une date donnée, celle de la clôture de l'exercice. On parlera donc bien ici du bilan *au 31 décembre 2002* et non du bilan *de l'année 2002*. Le mot « bilan » n'a pas, comme on le voit, le sens qu'on lui donne dans le langage courant. Quand on dit que l'on fait le « bilan de sa vie », on pense à une sorte de liste des bonnes et des mauvaises choses, des bonnes et des mauvaises actions. Rien de tel dans le langage financier. Dans un bilan il n'y a ni bonnes ni mauvaises choses. Il n'y a qu'une description objective (la plus objective possible !) de l'état du patrimoine de l'entreprise à un instant donné.

Mais attention : le mot patrimoine doit être pris au sens strict. Toujours dans le langage courant, quand on dit « patrimoine », on pense : maison, résidence secondaire, tableaux de maîtres, portefeuille de titres… en oubliant souvent de mentionner les dettes ! Parce que, dans l'esprit de beaucoup, les dettes ont un caractère un peu honteux… ce qui n'est pas du tout le cas dans une approche financière. Pour comprendre le sens réel du mot « patrimoine », il faut se placer dans le contexte d'une succession par exemple : lorsque le notaire chargé de « régler une succession » fait l'état du patrimoine du défunt (dont le montant déterminera celui des droits à payer à l'État…), il fait un état actif et passif. On parle d'ailleurs d'actif et de passif de succession… En général les héritiers comprennent vite de quoi il s'agit et d'ailleurs, en présence d'une succession dont le passif serait supérieur à l'actif, ils peuvent la refuser (ou l'accepter sous bénéfice d'inventaire lorsque il y a un doute sur la consistance exacte de l'une et l'autre colonne…).

Le bilan comptable (on dit aussi « financier ») est donc un bilan patrimonial, qui va lister :

- à l'actif : tous les éléments… tous les biens, qui sont la propriété de l'entreprise ;
- au passif : toutes ses dettes ;
- et donner, par différence, ce que l'on pourrait appeler un « patrimoine net », que l'on nomme en fait « situation nette » (qui peut bien entendu être positive ou négative selon le poids relatif des actifs et des passifs).

Examinons maintenant plus en détail. Dans tout ce qui suivra, on se référera à la présentation « liasse fiscale » (voir p. 7). Nous commencerons par le compte de résultat, parce que c'est du compte de résultat que découle toute la vie de l'entreprise et que, en économie libérale, la seule justification de l'entreprise est de dégager un bénéfice.

> A

Le compte de résultat

Reprenons la définition du compte de résultat donnée par l'article 9 du Code de Commerce : « *Le compte de résultat récapitule les produits et les charges de l'entreprise, sans qu'il soit tenu compte de leur date d'encaissement ou de paiement. Il fait apparaître par différence, après déduction des amortissements et des provisions, le bénéfice ou la perte de l'exercice* ».

Deux éléments nouveaux viennent d'apparaître : les dates d'encaissement des produits ou de décaissement des charges ne sont pas prises en compte, d'une part ; d'autre part, il est question d'amortissements et de provisions.

Revenons sur le point relatif aux dates d'encaissement ou de décaissement.

La comptabilité commerciale est une *comptabilité d'engagement* (contrairement à la comptabilité très sommaire que tient une association, par exemple, ou un membre d'une profession libérale, qui est une comptabilité d'encaissement).

En matière commerciale, lorsqu'une entreprise émet une facture à l'intention de l'un de ses clients, elle a réalisé une vente, qu'elle va enregistrer en « Produits » dans son compte de résultat. Peu importe ensuite qu'elle accorde à ce client un délai de paiement de 30 jours ou de 6 mois... La vente constitue un produit dès l'émission de la facture. En droit, la vente est même déclarée parfaite « dès qu'il y a accord – fût-il verbal – sur la chose et sur le prix ».

De la même manière, lorsque l'entreprise reçoit une facture de son fournisseur, elle enregistre cette facture en « Charges » (achats ou frais généraux selon le cas), quelle que soit la date à laquelle elle la paiera ensuite.

On peut comprendre, dès ce stade, que « bénéfice » ne signifiera pas automatiquement « argent en caisse », puisque ce bénéfice résultera de la seule différence entre produits et charges alors que ces produits ne seront peut-être pas encore payés ni ces charges encore décaissées ! Certes, ils et elles le seront un jour (on l'espère, au moins pour les produits !). Si cet événement intervient avant la fin de l'exercice, on pourrait penser que le bénéfice se retrouve alors dans la trésorerie. C'est vrai, mais sous de multiples réserves que nous verrons ultérieurement. En réalité, les ventes réalisées fin décembre ont très peu de chances d'être effectivement encaissées le 31 (date supposée de clôture de l'exercice), sauf activité exclusive de vente au détail qui suppose, en général, un paiement comptant (lorsque l'on a rempli son caddie au supermarché, on en paye la valeur en passant à la caisse, et non pas 30 jours plus tard).

Le problème se complique encore un peu avec la présence de charges « déductibles » (nous dit le Code de Commerce), mais qui, elles, ne seront pas décaissées : les amortissements et les provisions.

Amortissement : constatation comptable de la dépréciation d'un bien, en général pour cause de vieillissement ou d'obsolescence. On sait qu'une voiture d'occasion vaut moins cher que la même voiture neuve, et qu'elle continuera régulièrement à perdre de la valeur avec le temps. C'est la même chose pour une usine, une machine, un camion... Simplement, lorsqu'il s'agit d'un véhicule personnel, on ne peut déduire de ses revenus cette perte annuelle de valeur (hélas !), alors que l'entreprise, elle, peut le faire. La comptabilité va constater ce vieillissement annuel, de manière assez théorique d'ailleurs, en enregistrant dans son compte de résultat une charge, qu'elle ne décaissera jamais bien sûr, mais qui viendra, comme les charges décaissables (achats, frais de personnel, etc.) en diminution de ses produits, donc de son bénéfice et donc de son impôt.

Provision : constatation comptable de l'existence d'un risque. L'entreprise a consenti à tel client un délai de paiement de 60 jours... A l'échéance (si le client n'a pas payé...), ou même avant la survenance de l'échéance, l'entreprise peut considérer qu'elle court un risque important de non-paiement de sa facture. L'administration fiscale admet dans ce cas qu'elle puisse comptabiliser et déduire de ses revenus le montant correspondant au risque raisonnable encouru. Cette provision (le terme est assez parlant...) s'apparente assez à une « cagnotte » fiscale, c'est-à-dire à des sommes qui viennent en déduction des produits, donc des bénéfices et de l'impôt... Mais ce n'est pas une « cagnotte » financière : ces sommes ne se trouvent sur aucun compte en banque, pas plus que sous forme de billets dans un tiroir du bureau du PDG ! Comme les amortissements, les provisions sont donc une charge qui ne sera pas décaissée.
On peut provisionner tous les risques que l'on veut, mais toutes les provisions ne sont pas forcément déductibles fiscalement parlant. On peut – on doit, même – provisionner tout risque identifié : tel client qui risque de ne pas payer, telle partie d'un stock qui s'est démodé, tels titres de participation d'une filiale en mauvaise santé, le risque de perdre un procès, et même une charge future (à la fin des années 90, l'administration avait admis que les entreprises puissent provisionner la charge correspondant au coût informatique du passage de l'an 2000...).

Nous reviendrons longuement sur ces notions d'amortissements et de provisions. Il suffit de retenir, à cet instant, qu'il s'agit d'opérations comptabilisées comme des charges (venant donc en déduction des produits...) bien qu'elles ne donnent lieu à aucune sortie de trésorerie, à aucun décaissement.

A › 1 L'architecture du compte de résultat

Il suffit de reprendre la définition du Code de Commerce pour comprendre que l'on trouvera d'abord les produits (les recettes...), puis les charges (les dépenses d'exploitation...) et enfin le résultat proprement dit (bénéfice ou perte). Mais on comprend en même temps que, si les produits peuvent être regroupés dans une même rubrique, ce ne sera pas forcément le cas pour les charges qui peuvent être de nature très différente. Les achats de marchandises ou de

matières premières sont des charges au même titre que le versement de dommages et intérêts auquel un Tribunal a pu condamner l'entreprise... Même si les deux viennent en déduction des produits, il convient de les isoler dans des rubriques spécifiques.
Le compte de résultat présente de ce fait une architecture à trois étages correspondant aux trois activités possibles d'une entreprise, classées de la plus systématique à la moins systématique :

• ›1 L'activité économique proprement dite, ou activité « d'exploitation »

On y trouvera essentiellement *les produits et les charges directement liés à l'exploitation.* C'est bien l'activité la plus systématique : s'il n'y a pas exploitation il n'y a pas entreprise. On retrouvera à cet étage les amortissements et les provisions, au moins ceux et celles qui concernent l'exploitation : amortissement de l'outil de travail, provisions sur les stocks, les clients..., puisque, aussi bien l'outil, que les stocks ou les clients, sont partie prenante de l'exploitation. Ce premier étage dégagera un premier résultat dit « d'exploitation » qui exprime, en quelque sorte, la performance purement économique de l'entreprise sur l'exercice de son métier : si ce métier consiste à produire des bouchons de champagne à partir de plaques de liège, l'exercice de cette activité est-il, *en soi,* rentable ? Permet-il, avec les recettes qu'il génère, de payer les achats de liège, le personnel, les frais généraux et de supporter la charge que constitue pour l'entreprise le vieillissement (ou l'entretien... ou le renouvellement...) de son outil ?

• ›2 L'activité dite financière

C'est l'activité que va déployer l'entreprise par rapport à ses finances. Soit elle dispose de capitaux inutilisés pour l'exploitation et elle va les placer (elle encaissera alors des produits financiers, correspondant à l'intérêt de ses placements) ; soit au contraire elle manque de capitaux et elle va alors les emprunter (elle devra dans ce cas décaisser des charges d'intérêts). On trouvera donc « à cet étage », des produits financiers, puis des charges financières (les deux pouvant cohabiter lorsque l'entreprise est tantôt en excédent de capitaux tantôt en insuffisance...) et, par différence, un résultat financier. Cette activité est moins systématique que l'exploitation... À la limite, une entreprise pourrait n'avoir aucune activité financière (ni prêteuse ni emprunteuse). Dans ce cas le résultat financier serait de 0.

• ›3 L'activité exceptionnelle

Elle peut générer, ici aussi, des produits (par exemple revente d'une machine...) et/ou des charges (indemnité de licenciement...). L'entreprise ne revend pas tous les jours une machine d'occasion (ce n'est pas son métier...), et, Dieu merci ! elle ne licencie pas non plus tous les jours... Par différence, le compte de résultat fera ressortir un résultat exceptionnel.

Le résultat final (avant impôt) sera la somme algébrique de ces trois résultats intermédiaires. C'est ce résultat qui déterminera le montant de l'impôt et, une fois celui-ci déduit, le résultat net de l'exercice (bénéfice ou perte).

Produits d'exploitation – Charges d'exploitation (décaissables ou non décaissables*)
= Résultat d'exploitation (+ ou –)

Produits financiers – Charges financières (décaissables ou non décaissables**)
= Résultat financier (+ ou –)

Produits exceptionnels – Charges exceptionnelles (décaissables ou non décaissables***)
= Résultat exceptionnel (+ ou –)

Résultat d'exploitation + Résultat financier + Résultat exceptionnel – Impôt
= Résultat net (+ ou –)

* dotation aux amortissements et aux provisions
** dotation aux provisions sur des éléments du patrimoine ayant un caractère financier (exemple, des titres de participation dans une filiale... une créance financière...)
*** provision exceptionnelle... valeur comptable nette d'un élément sorti du patrimoine « fixe » de l'entreprise (un immeuble, un matériel...). Supposons un matériel acquis pour 500 il y a 4 ans, et ayant été amorti pour 400. À la fin de la 4e année, sa valeur patrimoniale nette est de 100 (500 – 400). Si l'entreprise revend alors ce matériel d'occasion (quel qu'en soit le prix) elle s'appauvrit patrimonialement de 100. Cet appauvrissement sera comptabilisé comme une charge exceptionnelle, mais ne donnera évidemment pas lieu à un décaissement de trésorerie.

A ›2
Le compte de résultat ligne par ligne

L'exercice est un peu fastidieux ! Aussi ne nous attarderons-nous que sur les lignes présentant une petite difficulté (renvoi aux références de la liasse fiscale).

› **FC – Ventes de marchandises** : recettes provenant de ventes de biens achetés en l'état, c'est-à-dire ayant déjà subi toutes les transformations. Il peut s'agir de stylos billes vendus par une papeterie, comme d'appartements vendus par un marchand de biens...

› **FF à FN – Production** : produits provenant d'une activité industrielle (ou de service – **FI**). Prenons l'exemple d'une entreprise qui fabrique des charpentes métalliques à partir de fer acheté à une aciérie. Tout au long de l'année, elle va produire ses charpentes, dont elle vendra sans doute la plupart, à un prix par définition supérieur à son prix de revient. La production ainsi vendue sera comptabilisée ligne **FF**.
Mais il est probable aussi qu'une petite partie de cette production ne sera pas vendue dans l'exercice. Le jour de l'arrêté des comptes, l'entreprise constatera une certaine quantité de charpentes (produits finis) en stock, qui sera sans

doute écoulée dans les premières semaines de l'exercice suivant. Cette partie de la production, véritable création de richesse (par rapport à la barre de fer brute achetée à l'aciérie) mais qui n'a pas encore été vendue, sera enregistrée en production stockée ligne **FM**, à son prix de revient. En réalité cette ligne enregistrera la variation (Δ) du stock de produits finis entre le début (1er janvier) et la fin (31 décembre) de la période.
Il est possible enfin que cette même entreprise, à l'occasion d'une extension, utilise ses propres charpentes métalliques (sorties de ses ateliers) pour construire sa nouvelle usine. Cette production spécifique, qui n'est ni vendue ni stockée en attente de vente, ne va donc pas participer à l'échange économique. Elle ne va pas « circuler » entre fournisseur et client. Elle va au contraire entrer dans le patrimoine « fixe » de l'entreprise. On dira qu'elle est immobilisée (ligne **FN**).

› **FO – Subventions d'exploitation** : aides publiques reçues par l'entreprise pour compenser un handicap ayant pesé sur l'exploitation (par exemple aides « Borotra » reçues par les entreprises françaises du secteur textile en 1996 après la dévaluation de la Lire italienne...).

› **FP – Reprises sur amortissements et provisions, transferts de charges** : on mélange ici des choses de nature assez différentes. Nous avons vu plus haut que l'entreprise pouvait constater comptablement, chaque année, la dépréciation de la valeur d'un élément de son patrimoine au cours de cette même année. C'est l'amortissement, comptabilisé en charges, même si cette charge n'est pas décaissable.
Même démarche pour les provisions qui constatent l'existence d'un risque, d'un aléa. Mais si le risque ne survient pas ? Si le client, que l'on croyait insolvable, finit par payer ce qu'il devait ? Si le procès que l'on craignait perdre est finalement gagné ? Dans tous ces cas, on dira que la provision initiale qui avait constaté ces risques, comptabilisée en charges peut-être deux ou trois années auparavant, est devenue sans objet. Comme cette charge avait permis de réaliser, à l'époque, une économie d'impôt, et que l'administration fiscale aime bien « retrouver ses petits », on va devoir maintenant constater un produit (non encaissable bien sûr) qui viendra augmenter le résultat, et donc l'impôt... On appelle cette opération une « reprise de provisions ».
Pour les amortissements, c'est un peu différent. On ne peut pas dire a posteriori qu'un amortissement n'était pas justifié. Contrairement à la provision, qui peut faire l'objet d'une appréciation subjective, l'amortissement est de droit. Les éventuelles reprises ne serviront par conséquent qu'à rétablir le plus souvent une erreur d'écriture de l'exercice précédent.
Les transferts de charges peuvent concerner deux types de situation.
Il est d'abord question de charges : on a donc à faire à une opération qui a été comptabilisée dans un premier temps dans un poste de charges mais dont on

considère qu'elle devrait plus logiquement être comptabilisée dans un autre. Par exemple, une indemnité de licenciement classée en frais de personnel a un caractère suffisamment exceptionnel pour mériter d'être plutôt reclassée sans doute en charge exceptionnelle. Dans ce cas, on annulera la première charge par le compte de produits « Transfert de charges », puis, on la constatera en charge exceptionnelle. Au total, le résultat n'en sera pas modifié. On a opéré un transfert d'un compte de charges à un autre compte de charges...
Mais on peut aussi considérer que certaines charges ont plus un caractère d'investissement (dépense correspondant à un engagement de capital dans le temps, activité non directement d'exploitation) que de charge déductible des produits. Ce sera le cas par exemple de frais de constitution d'un catalogue utilisable pendant 3 ou 4 ans... Certes, c'est une charge d'exploitation, mais il ne serait pas logique de l'imputer en totalité sur un seul exercice puisqu'elle générera des produits sur plusieurs. On va donc la transférer du compte de résultat (en l'annulant par inscription dans le compte de produits « Transfert de charges ») directement au bilan (ligne **CL**). Traitée désormais non plus comme une charge mais comme un investissement, donc comme un élément du patrimoine actif de l'entreprise, on l'amortira au même titre que les autres (usine, outil de travail...). On retrouve le détail de cet amortissement ligne **SM** du feuillet 2055 de la liasse fiscale. On dit d'une charge transférée du compte de résultat au bilan qu'elle a été « activée » (c'est-à-dire inscrite à l'actif).

› **FP – Autres produits** : ceux non directement liés à l'exercice de l'activité économique de base, sans être pour autant financiers ou exceptionnels.

exemple :
loyers perçus de la location d'une partie d'un atelier au profit d'un tiers, royalties perçues sur un brevet ou une licence...

› **FS – Achats de marchandises** : pas de difficulté. Il s'agit de l'achat de biens destinés à être revendus en l'état.

› **FT – Variation (Δ) de stock de marchandises** : compte directement lié au précédent. Pour comprendre comment les deux se combinent, il convient de raisonner en termes de « consommation ».

› **Exemple.** Supposons une exploitation qui vient de démarrer (par exemple vente d'ordinateurs portables). Les prévisions ont conduit à acheter à un fournisseur 100 ordinateurs à 1 000 euros, soit des achats annuels qui se sont montés à 100 000 euros. Mais il se trouve que l'entreprise n'en a vendu que 90 au cours de l'exercice. Il lui reste donc un stock de 10, qu'elle n'a pas encore « consommés ». Ces 10 ordinateurs, qu'elle a réellement achetés (même s'ils n'ont peut-être pas encore été payés...), sont donc devenus, pour un temps, un élément de son patrimoine, et à ce titre apparaîtront dans son bilan actif pour leur valeur, soit 10 × 1 000 € = 10 000 €... Sa consommation au cours de l'exercice aura été de 90 × 1 000 € = 90 000 €.

Cette situation se traduira comptablement de la manière suivante :

Achats d'ordinateurs (ligne **FS**)	100 000
Δ de stock d'ordinateurs (ligne **FT**)	– 10 000*
Consommation de marchandises	90 000

* Lorsque le stock de marchandises augmente au bilan, il y a accroissement du patrimoine dû au fait que tous les achats n'ont pas été consommés). L'accroissement au bilan d'un stock consommable (marchandises, matières), qui constate un enrichissement, se traduira par une Δ négative du même stock au compte de résultat (une variation négative comptabilisée en charges équivaut à un produit, ou, si l'on préfère : Δ (–) en charges = produit = enrichissement, ou encore [(–) × (–) = +]. Et inversement… Supposons, l'exercice suivant, un stock de départ de 10 000 € (en fait le stock final de l'an dernier). Au cours de ce second exercice, l'entreprise va acheter encore 100 ordinateurs à 1 000 €. Mais il se trouve qu'elle a mal apprécié la demande et qu'elle en vend 106. Elle vendra donc les 100 achetés dans l'exercice et prélèvera sur son stock les 6 qui lui manquent. En fin d'exercice 2, son stock ne comptera plus que 4 ordinateurs à 1 000 € = 4 000 €. Son patrimoine s'est appauvri de 6 000 € par rapport au 1er janvier… Au compte de résultat elle inscrira :

Achats de marchandises	100 000
Δ stock marchandises	+ 6 000 (baisse équivalente de son stock au bilan)
Donc consommation	106 000

› **FU et FV – Postes d'achats et de Δ de stock** : ils concernent ici les matières premières ou les biens que l'entreprise achète en vue d'une transformation. Mêmes observations que pour les marchandises (notamment Δ de stock au compte de résultat et au bilan).

› **FW – Poste de frais dits « généraux »** : loyers versés, honoraires, frais de publicité, mais aussi frais occasionnés par le recours à des travailleurs intérimaires considérés comme des individus « donnés en location » par la société d'intérim… Nous y reviendrons.

› **FX – Impôts et taxes** : ne comprennent pas l'impôt sur les bénéfices, traité à part (ligne **HK**), mais seulement les droits et taxes liés à l'exploitation (qu'elle soit ou non bénéficiaire), par exemple la taxe professionnelle, les droits d'enregistrement, les timbres fiscaux… Ce poste ne comprend pas non plus la taxe sur la valeur ajoutée (TVA). *La comptabilité commerciale est tenue hors taxe, la TVA n'ayant strictement aucune influence sur le résultat.* L'entreprise ne fait que la collecter pour le compte de l'État.

› **FY et FZ – Frais de personnel.** Pas de commentaires. On distingue les salaires bruts (**FY**) et les charges sociales (**FZ**).

› **GA et GB – Amortissements et provisions sur immobilisations.** Il s'agit de la constatation du vieillissement ou de la perte de valeur d'éléments du patrimoine de l'entreprise qui ont un caractère stable, fixe (donc immobile… donc immobilisé) : constructions, matériels, etc. qui vont se déprécier dans le temps.

Au bilan, ces éléments sont inscrits pour leur valeur brute d'acquisition, diminuée dans une seconde colonne du montant cumulé des dépréciations constatées année après année. Ces dépréciations annuelles sont inscrites au compte de résultat ligne **GA** (dotation aux amortissements).

Certains actifs immobilisés ne s'amortissent pas parce que, logiquement, ils ne se déprécient pas dans le temps. C'est le cas des terrains (sauf quelques exceptions), des fonds de commerce, des participations détenues dans une filiale... Il peut se faire néanmoins qu'ils perdent de leur valeur dans le temps, par exemple la filiale, florissante autrefois, et qui vient à faire de mauvaises affaires. Dans ce cas on n'amortira pas mais, bien sûr, on provisionnera...

› **Exemple.** Soit la configuration suivante sur les comptes aux 31 décembre 2000 et 2001 :

	Brut	Am./ Pr. 00	Net 00	Am./ Pr. 01	Net 01
Constructions*	10 000	7 000	3 000	8 000	2 000
Installations techniques**	5 000	2 000	3 000	3 000	2 000
Autres immobilisations**	5 000	1 000	4 000	2 000	3 000
Participations (filiale)	5 000	0	5 000	4 000	1 000
Prêt consenti à la filiale	2 000	0	2 000	2 000	0

* On suppose les constructions amortissables linéairement sur 10 ans (soit 1 000 par an)
** On suppose ces immobilisations amortissables linéairement sur 5 ans (soit 1 000 par an).
En fait, il existe plusieurs règles d'amortissement admises par l'administration, les deux principales étant *l'amortissement linéaire*, réparti sur la durée de vie économique du bien considéré, et *l'amortissement dégressif* (qui va en diminuant dans le temps).

Au compte de résultat de l'année 2001

Dotations aux amortissements sur immo. (**GA**) **3 000** (1 000 sur chacun des trois premiers postes)

Dotation aux provisions sur immo. (**GB**)* **6 000** (4 000 + 2 000 sur les deux derniers postes)

* En fait ces provisions seront plutôt comptabilisées ligne **GQ** (dotations financières aux provisions) car elles concernent des éléments d'actifs financiers.

› **GC – Dotations aux provisions sur actifs circulants** : (ainsi appelés par opposition aux actifs immobilisés que nous venons de voir), c'est-à-dire essentiellement « stocks » et compte « clients ». Ces dotations vont constater le risque de perte de valeur sur un stock ou sur une créance détenue sur un client... Elles seront inscrites ligne GC et viendront s'ajouter à celles éventuellement constituées antérieurement et déjà inscrites au bilan.

› **Exemple.** Considérons la configuration suivante aux bilans* des 31 décembre 2000 et 2001 :

	Brut 00	Prov. 00	Net 00	Brut 01	Prov. 01	Net 01
Stock matières 1res	5 000	0	5 000	3 800	500	3 300
Stock produits finis	3 000	1 000	2 000	4 000	1 000	3 000
Créances sur clients	12 000	1 500	10 500	14 000	800	13 200

* Observons déjà la différence entre actif immobilisé (bilan précédent) et actif circulant : l'actif immobilisé a une valeur brute stable dans le temps (sa valeur d'origine), alors que la valeur des éléments de l'actif circulant se modifie chaque jour (et donc *a fortiori* d'un 1er janvier à un 31 décembre).

Au compte de résultat de l'exercice 2001 (on en profitera pour faire un rappel sur les Δ de stocks)

Production vendue de biens (**FF**) ?
Production stockée (**FM**) **1 000** (accroissement du stock de produits finis)
Reprises sur provisions (**FP**) **700** (clients provisionnés pour 1 500 en 00 et pour 800 en 01)
Achats de matières premières (**FU**) ?
Δ stock de matières premières (**FV**) **+ 1 200**
(l'entreprise a consommé ses achats de l'année + un prélèvement de 1 200 sur son stock initial)
Dot. aux prov. sur mat. prem. (**GC**) **500** (0 en 00 et 500 en 01)

› **GD – Provisions pour risques et charges** : il ne s'agit plus de provisions qui vont constater une perte de valeur d'un élément de l'actif (stock, clients...), mais plutôt de l'anticipation d'un décaissement probable de capitaux à une date encore indéterminée (souvenons-nous de l'exemple du procès dont on attend l'issue...). Comme cette provision ne peut aller diminuer aucun compte d'actif, on va l'inscrire dans un compte qui augmentera le passif (lignes **DP** ou **DQ**). En termes de situation nette, diminuer l'actif ou augmenter le passif est équivalent :

Actif brut	5 000	Actif brut	5 000
Provision	**1 000**	Provision	**0**
Actif net	4 000	Actif net	5 000
Passif	**2 000**	Passif	**3 000**
Sit. nette	+ 2 000	Sit. nette	+ 2 000

› **GE – Autres charges** : poste symétrique de « Autres produits » (**FQ**)

› **GG – Résultat d'exploitation** = **FR – GF**

› **GH et GI** – Résultat d'opérations réalisées avec une autre entreprise (exemple d'entreprises du BTP qui coopèrent sur un chantier, et se répartissent ensuite le bénéfice ou la perte...).

› **GJ à GO – Produits financiers** : ils peuvent être de plusieurs natures : dividendes perçus de filiales (**GJ**) ou intérêts perçus (**GL**) sur des prêts consentis par l'entreprise à des tiers (qui peuvent être aussi des filiales... sachant que la filiale peut aussi consentir des prêts à sa société mère...) ; produits enregistrés à l'occasion de la revente de valeurs mobilières de placement (actions de SICAV par exemple...) ; différences positives de change (**GN**), etc.

Différences positives de change (**GN**) : gain exceptionnel réalisé sur une créance ou une dette libellée en devise étrangère entre le moment où l'opération initiale a été enregistrée et le moment où elle se dénoue. Exemple d'une vente réalisée en mars pour un montant de 1 000 USD ($), le $ valant 1 € le jour d'émission de la facture (paiement prévu fin mai). L'entreprise enregistre en mars une vente de 1 000 €. Fin mai, son client américain règlera 1 000 $, mais il se trouve que, ce jour-là, le $ cote à Paris 1,05 €. L'entreprise réalise un gain non prévu de 50 € (ligne **GN**) : lorsqu'elle vendra les 1 000 $ encaissés, elle percevra effectivement de sa banque 1 050 € (pour une vente enregistrée initialement pour 1 000 €). Si le $ avait valu 0,97 € le 31 mai, elle aurait au contraire comptabilisé une différence négative de change de 30 €, ligne **GS**.

› **GQ à GT – Charges financières** : les dotations financières aux provisions constateront la dépréciation des éléments financiers du patrimoine, par exemple baisse du cours des actions de SICAV... Il s'agit de constater simplement une baisse de valeur, l'entreprise étant toujours propriétaire des actions. Si, par contre, elle enregistre réellement une perte le jour où elle les revend, ce n'est plus une provision qu'elle comptabilisera (en **GQ**), mais la perte réelle en **GT**.
La ligne la plus importante de la rubrique « Charges financières » est celle concernant les intérêts payés par l'entreprise à ses créanciers (**GR**) parce qu'elle est directement fonction de son endettement. Comme ce dernier reste un indicateur pertinent de sa bonne ou de sa mauvaise santé, on verra plus loin le traitement que l'analyse lui réserve.

› **GV – Résultat financier (+ ou –)** : différence entre **GP** et **GU**

› **HA à HC – Produits exceptionnels** : sur opérations de gestion (**HA**) (par exemple pénalités perçues par l'entreprise sur une opération commerciale...) ; ou sur opérations en capital (**HB**) : on inscrira sur cette ligne le montant de la vente d'un élément immobilisé du patrimoine, tandis qu'on inscrira sur la ligne **HF**, en charges, le montant de la valeur comptable nette au bilan de cet élément (voir ci-dessous). La ligne **HC** concerne des reprises de provisions exceptionnelles passées sur des exercices antérieurs (par exemple des provisions dites « réglementées » que l'on trouve ligne **DK** au bilan).

› **HE à HG – Charges exceptionnelles** : sur opérations de gestion (**HE**), par exemple amendes fiscales ou pénales que l'entreprise aurait supportées ; sur opérations en capital (voir ci-dessus) ; dotations exceptionnelles aux provisions (**HG**) (dotations aux provisions réglementées ou ayant un caractère très exceptionnel...).

› **HI – Résultat exceptionnel (+ ou –)** : différence entre **HD** et **HH**.

Mécanismes comptables des opérations exceptionnelles en capital (lignes **HB** et **HF**).

› **Exemple.** Soit l'extrait ci-dessous des bilans aux 31 décembre 2000 et 2001. Comment va-t-on comptabiliser la vente, le 1er janvier 2002, des matériels A et C pour respectivement 1 500 et 1 800 ?

	Brut 00	Amort 00	Net 00	Amort 01	Net 01
Matériel A	5 000	3 000	2 000	4 000	1 000
Matériel B	2 500	1 500	1 000	2 000	500
Matériel C	10 000	6 000	4 000	8 000	2 000

Compte de résultat de l'année 2002
Produits exceptionnels sur opérations en capital (**HB**) **3 300*** (prix de vente des deux matériels)
Charge exceptionnelle sur opérations en capital (**HF**) **3 000** (valeurs nettes des deux matériels au jour de la revente : perte d'un élément du patrimoine, donc appauvrissement...)
Résultat exceptionnel (**HI**) **300*** (par différence)

* L'entreprise va effectivement *encaisser en trésorerie* 3 300 (chèque que lui remettra l'acheteur des matériels) mais elle n'augmentera son résultat brut que de 300 (qui supporteront d'ailleurs l'impôt...). En réalité, elle s'est bien enrichie des seuls 300 de résultat, puisqu'elle a sorti de son patrimoine un élément physique qui valait 3 000 (les matériels A et C), et qu'elle y a entré un élément financier (trésorerie encaissée à l'occasion de cette vente) qui vaut 3 300.

› **HJ – Participation des salariés** : compte qui enregistre les charges supportées par l'entreprise au titre de la participation des salariés aux bénéfices. Cette participation n'ayant aucun caractère systématique (il faut qu'il y ait bénéfice pour pouvoir y participer...), elle ne peut pas logiquement être agrégée aux frais de personnel qui sont supportés par l'entreprise qu'elle soit bénéficiaire ou déficitaire.

› **HK – Impôt sur les bénéfices** : c'est ce que l'État prélève sur le résultat bénéficiaire de l'entreprise, équivalent de l'IRPP pour les salariés. En général la

ligne ne concerne que les entreprises constituées en société. Dans la suite de notre propos, nous utiliserons souvent les initiales IS (Impôt sur les Sociétés) pour désigner cet impôt.
Le bénéfice dégagé par les entreprises personnelles sera, quant à lui, déclaré par le propriétaire de l'entreprise dans une rubrique « Bénéfices industriels et commerciaux » (BIC) de sa déclaration de revenus (éventuellement après avoir profité d'un abattement s'il adhère à un Centre de Gestion...).

› **HN – Résultat net (+ ou –) :** différence entre **HL** et **HM**. En première analyse, ce résultat va venir enrichir d'autant l'entreprise. Il va venir augmenter son patrimoine, son actif net. Il va constituer une ressource nouvelle qui permettra de financer sa croissance, d'investir dans de nouvelles machines... sur de nouveaux marchés... On retrouvera donc ce résultat dans le bilan, ligne DI du passif.
Au fait, pourquoi au passif ? C'est une bonne question, qui va servir de transition pour aborder maintenant l'examen du bilan.

> B
Le bilan

Il y a plusieurs manières de définir le bilan.

• **Celle du comptable**, qui dira que l'on trouve à l'actif les soldes débiteurs des comptes à report à nouveau et, au passif, les soldes créditeurs... C'est bien technique et bien compliqué pour qui n'est pas comptable !

• **Celle de l'économiste**, qui dira par exemple que le bilan est un état qui rend compte des trois grandes fonctions (on dit parfois « ... des trois grands cycles ») de l'entreprise : la fonction de financement, la fonction d'investissement et la fonction – ou le cycle – d'exploitation. C'est vrai, dans une certaine mesure, mais si l'on dit cela à un patron de petite PME, il se demande s'il n'a pas changé de planète !

• **Celle du petit patron**, pour qui le bilan est, souvent exclusivement, un document qui indique le bénéfice ! En général, lorsque l'on entend : « Cette année j'ai un bon bilan », il faut comprendre : « Cette année j'ai fait un bon résultat ». C'est très réducteur, et on peut trouver un « bon » bilan avec des résultats médiocres, ou inversement de bons résultats sur un bilan qui constate par ailleurs une situation préoccupante...

• **Celle du banquier**, qui va focaliser sur deux ou trois chiffres, et qui considère que le bilan ce sont d'abord des dettes (au moins celles que l'entreprise lui doit !), et, accessoirement, quelques actifs qu'il pourra le cas échéant prendre en garantie... C'est presque aussi réducteur que l'approche du petit patron...

• **Celle de l'analyste financier professionnel**, pour qui le bilan – et le compte de résultat – est un instrument de mesure de la valeur théorique de l'entreprise, valeur à comparer en permanence avec celle que lui donnent les marchés financiers. Ce n'est pas faux, mais la finalité d'une entreprise n'est pas d'être soupesée 250 fois par an (nombre approximatif de jours de Bourse...) pour savoir s'il est intéressant de l'acheter ou de la vendre !

Aucune de ces définitions, de ces approches, n'est fausse. Simplement chacune aborde la question sous un angle d'attaque différent. Il n'est pas anormal que le petit patron – ou le gros actionnaire, d'ailleurs – soit obnubilé par les bénéfices... Il n'est pas plus anormal que le banquier regarde les dettes à la loupe... Il est tout à fait légitime, pour l'économiste, de mettre les choses en perspective et de s'intéresser aux choix de gestion qui vont expliquer comment se combinent entre elles les trois fonctions décrites plus haut... Enfin, on ne saurait reprocher au comptable son approche purement technique : c'est celle qui lui permet d'arrêter les comptes et donc de fournir aux autres la « matière première » de leur analyse...

Mais aucune n'est entièrement vraie... Un bilan, c'est un peu un condensé, une synthèse, de toutes ces définitions. En première approche, on pourrait le définir comme « un état financier qui décrit, à un instant donné – le seul jour de l'arrêté – les ressources dont disposait l'entreprise *à cet instant* (passif) et les utilisations (les emplois...) qu'elle en faisait, *à cet instant également* (actif) ». C'est la lecture de droite à gauche (dans le sens **emplois ← ressources**). Mais on peut aussi lire le bilan de gauche à droite, si l'on dit que « l'actif est un état de l'ensemble des besoins à la date d'arrêté, et le passif un état de l'ensemble des financements mobilisés pour satisfaire à ces besoins » – (lecture de gauche à droite, **besoins → financements**). Comme, par définition, toutes les ressources ont été utilisées, qu'elles ont toutes « servi à quelque chose », ou que tous les besoins ont été financés, on explique au moins déjà pourquoi l'actif égale le passif ! Très rapidement, pour répondre à la question évoquée page 28, le résultat sera inscrit au passif parce qu'il constitue l'une des ressources – donc des financements – que l'entreprise pourra utiliser comme bon lui semble.

Et ce qui est vrai pour une entreprise l'est aussi pour un enfant de 10 ans... Donnez-lui 50 € : il dispose de 50 € de ressources. Avec ces ressources, ce capital, il achète un CD pour 15 €. Il lui reste 35 € qu'il met dans son porte-monnaie. Le soir même, son bilan se présenterait de la manière suivante :

Actif		**Passif**	
Un CD	15	Capital reçu (et stipulé non remboursable)	50
Porte-monnaie	35		
	50		50

Si on lui avait prêté ces 50 €, au lieu de les lui avoir donnés, il aurait au passif, non plus « capital reçu », mais « dette vis-à-vis de... », toujours pour 50 €, ce qui ne modifierait pas l'égalité actif/passif.

On peut continuer la démonstration. Le lendemain, sur les 35 € restants, il retire 5 € pour acheter des chewing-gum qu'il va consommer dans la journée. Comme il y a achat de matières consommables, il faut établir un compte de résultat...

Ventes de marchandises, ou de biens, ou de services	0
Achats de marchandises	5
Δ de stock de marchandises (puisque tout a été consommé dans la journée)	0
Résultat net	– 5

Nouveau bilan à J + 1 au soir :

Actif		Passif	
CD	15	Capital reçu	50
Porte-monnaie	30	Résultat	– 5
	45		45

et ainsi de suite...

Nous sommes là dans une approche purement patrimoniale. Cette situation nous dit la consistance du patrimoine de l'enfant. Mais que va-t-il faire du CD ? L'écouter une fois ou 300 fois ? Le ranger ensuite sur une étagère ou le revendre à un ami ? À quel prix ? Et le prochain CD... ? Si, au lieu de l'acheter, il l'enregistrait ? Le plaisir d'écoute serait identique... Il en retirerait le même « bénéfice ». Or, si un CD vaut 15 €, la copie vaut tout au plus 2 ou 3 €. Les deux apporteront pourtant strictement le même service. Si, dans le premier cas, l'enfant a un patrimoine « physique » de 15 €, dans le second il n'est que de 2 ou 3 €. On aura deux bilans très différents pour un « bénéfice économique » identique... On voit bien les limites du bilan patrimonial.

Et pourtant, c'est bien un bilan patrimonial que chaque entreprise établit. Mais même de ce point de vue, il est faux. Supposons un terrain acquis en 1975 pour 20 000 F (prix du marché de l'époque). Entré au bilan en 1975 pour 20 000 F, il apparaît toujours pour cette valeur en l'an 2002 (sauf réévaluation...), même si entre temps les prix des terrains identiques ont été multipliés par 20 ou 50. Peut-on alors se fier au bilan, même avec son approche patrimoniale, s'il rend aussi mal compte de la consistance de ce patrimoine ?

On pourrait multiplier les critiques, sans grand intérêt. Tout a été dit sur les insuffisances de cette approche patrimoniale, sans y trouver de substitut convaincant, même si chaque modification de plan comptable a amélioré la « lisibilité économique », notamment en 1982 avec les informations que l'on trouve dans les Annexes très complètes des grandes entreprises.

Et puis n'oublions pas que le bilan est, certes, un état financier et comptable, mais établi en fonction de règles – parfois d'opportunités – fiscales. Cette seule

considération permet de comprendre que l'information qu'il donne peut s'en trouver biaisée. Quelle est la réalité d'un stock constitué de millions de planches de bois (de toutes qualités, longueurs, épaisseurs, essences...), que le dirigeant provisionnera ou déprovisionnera (action de reprendre une provision – cf ligne **FP** du compte de résultat) d'une année sur l'autre en fonction de considérations fiscales ou d'image de son entreprise ? Quid de la santé financière réelle d'une filiale lourdement déficitaire dans un grand Groupe qui pratique l'intégration fiscale ?
Comme on ne peut faire qu'avec ce que l'on a, nous allons nous contenter du seul bilan disponible, celui que l'entreprise présente sous la forme exigée par l'Administration fiscale. On verra du reste que, malgré toutes ses insuffisances, on peut tout de même avoir une opinion assez précise d'une entreprise à partir de ce seul bilan.
Nous procéderons comme pour le compte de résultat, en décrivant d'abord l'architecture générale du bilan, puis en revenant de manière plus détaillée sur les lignes qui méritent un développement spécifique. On passera peut-être un peu vite sur celles qui présentent moins d'intérêt au niveau de l'analyse (soit parce qu'elles « pèsent » peu sur le total, soit parce qu'elles ne sont utilisées que dans quelques activités très typées). Nous nous référerons toujours aux repères de la liasse fiscale (feuillets 2 050 et 2 051).

B ›1
L'architecture du bilan

Si nous revenons sur la définition de l'entreprise, on trouvera dans l'état patrimonial que constitue le bilan, d'une part tous les éléments qu'elle utilise pour réaliser son objectif économique (dans une société, on dira « son objet social »), et d'autre part toutes les ressources mises à sa disposition pour se procurer ces éléments. Dans notre exemple, l'objectif de l'enfant était d'acheter un CD et des chewing-gums, et ses ressources correspondaient au don de 50 € qu'il avait reçu. Le bilan d'une entreprise (on supposera pour la suite que cette entreprise est une société...) va présenter la même architecture.

- De manière un peu plus schématique, **le passif** va identifier deux grandes catégories de ressources :
  - celles qui appartiennent en propre à l'entreprise : mises à sa disposition au départ par les associés, et/ou générées par son exploitation au fil des années. Nous appellerons ce premier ensemble de ressources « les fonds propres », c'est-à-dire ceux qui lui appartiennent en propre, qu'elle ne doit rembourser à personne...
  - celles prêtées par divers partenaires (banquiers, fournisseurs, État...), que nous appellerons pour le moment « dettes ».

• **L'actif**, de son côté, va aussi distinguer deux grandes catégories d'emplois (sous-entendu « ... qui ont été faits de ces ressources ») :
- les emplois stables, ou fixes, ou immobilisés (terrains, constructions, machines...) ;
- les emplois non stables, c'est-à-dire les éléments du patrimoine dont la consistance va se modifier en permanence en fonction des nécessités de l'exploitation. Les stocks, par exemple, augmentent ou baissent tous les jours, et même plusieurs fois par jour (chaque fois que l'entreprise livre un client, qu'elle reconstitue ensuite son stock, pour le vendre à nouveau...). Pour cette raison, ces emplois sont dits « circulants ».

Dans le bilan de l'enfant, nous avions à J + 1 :

Fonds propres	45
Emplois stables (immobilisés)	15 (le CD est un investissement qui, par définition, va mettre du temps à se périmer ou à s'user. Une fois entré dans le patrimoine, il n'en ressortira que s'il est revendu... ou détruit... ou perdu...).
Emplois circulants	30 (montant du contenu du porte-monnaie appelé à évoluer tous les jours, qu'en finance on appellera « trésorerie »).

Si l'on regarde les choses d'un peu plus près, on observera que les ressources et les emplois sont classés suivant une certaine logique. Plus on descend du haut vers le bas du bilan, plus la ressource devient précaire et plus la « durée de vie » de l'emploi se raccourcit (ou moins il est stable, si l'on veut). On dira aussi qu'au passif *les ressources sont classées par degré croissant d'exigibilité,* et qu'à l'actif *les emplois sont classés par degré croissant de liquidité :*

Exigibilité : date ou période à partir de laquelle le créancier peut exiger de son débiteur le remboursement ou le paiement des sommes avancées. Lorsqu'un banquier prête sur une durée de 5 ans, avec un remboursement *in fine* (en fin de période), il ne peut rien exiger avant 5 ans. Par contre, dès la fin de la 5e année, le remboursement devient exigible...
Les fonds propres, et singulièrement le capital mis à la disposition de la société par les associés, n'ont évidemment pas vocation à être remboursés (sinon il n'y aurait plus de société !). Ils ne sont pas exigibles et de ce fait cette partie spécifique des fonds propres sera inscrite sur la première ligne du haut du passif.
Au contraire, le fournisseur qui accepte d'attendre 30 ou 60 jours pour être payé, consent de fait un crédit à l'entreprise. Il lui procure donc une ressource, mais très vite exigible..., même si elle est renouvelée ensuite. Ce que l'entreprise doit à ses fournisseurs sera donc classé plutôt dans le bas du passif. On comprend au passage pourquoi il n'est pas honteux d'avoir des dettes ! C'est même souvent un signe de bonne santé, car on ne prête qu'aux riches. Si le fournisseur consent des délais de paiement, c'est parce qu'il pense que l'entreprise pourra le rembourser le moment venu, précisément parce que sa situation financière ne motive pas de réserves.

Liquidité : caractère de ce qui est disponible, délai dans lequel on peut disposer d'un bien. Quand une entreprise achète un terrain pour y construire une usine, elle n'envisage pas de le revendre au bout de 8 jours pour « récupérer son argent » ! Un immeuble a donc une très faible liquidité et sera classé dans le haut de l'actif.
Inversement, la trésorerie disponible sur le compte en banque de l'entreprise est très liquide. Il suffit de tirer un chèque pour en disposer. Le plan comptable l'appelle d'ailleurs « disponibilités » et le classe tout en bas du bilan. C'est presque de l'argent « liquide ».
Par contre un stock, s'il est plus liquide qu'une usine, l'est moins qu'un compte en banque. Il ne suffit pas de vouloir le vendre, pour arriver à le vendre. Et même une fois vendu il ne sera peut-être pas payé immédiatement par le client. On dira qu'il est semi-liquide... On le trouvera donc dans le « milieu » de l'actif, entre les éléments très immobilisés (l'usine...) et les éléments très liquides (le compte en banque).

Ces notions d'exigibilité et de liquidité sont essentielles au niveau de l'analyse. On comprend aisément que, si une entreprise ne disposait que de ressources très rapidement exigibles (crédits bancaires très courts, crédit très court des fournisseurs, très peu de ressources propres), elle ne pourrait gérer que dans la précipitation... dans l'instant... Ses créanciers ne lui laisseraient pas le temps de souffler, de prendre le recul nécessaire à la réflexion stratégique, de bâtir quelque chose de durable, et au total elle serait vite condamnée.
De manière identique, une entreprise très peu liquide, dont les emplois immobilisés représenteraient par exemple 80 % de son bilan, ressemblerait un peu à un sumotori japonais ! Beaucoup de puissance mais aucune agilité, aucune réactivité, aucune adaptabilité aux circonstances ou aux aléas... Un poids lourd, certes, mais qui met du temps à bouger ! Sans compter que, comme le sumotori, son entretien coûtera cher : il faudra financer ces énormes emplois stables en faisant appel soit aux actionnaires (qui demanderont des dividendes), soit aux banques (qui demanderont des intérêts *et* le remboursement de leurs avances).
On verra plus loin, dans les chapitres consacrés à l'analyse proprement dite, que, selon l'adage latin, « la vertu se situe au milieu ». Ni trop (de dettes... d'immobilisations... de fonds propres... de trésorerie... – oui, même de trésorerie – ... de stock...) ni trop peu. Pour assurer à son entreprise une croissance harmonieuse, la moins cahoteuse possible, le dirigeant devra toujours avoir le souci de l'équilibre et de la mesure dans ses arbitrages quotidiens :

- « investir massivement » ou « ne pas investir du tout »...
- « s'endetter pour la totalité » ou « Tout financer sur fonds propres »...
- « faire un gros chiffre d'affaires peut-être peu rentable » ou « Privilégier la rentabilité immédiate sans préparer l'avenir »...
- « faire un sprint » ou « Tenir un marathon »...

Personne ne prétend que c'est facile et il serait naïf de sous-estimer le facteur « chance » qui fait parfois à lui seul la différence entre l'entreprise qui réussit et celle qui échoue. Mais au moins, en respectant quelques règles d'équilibre qui le plus souvent procèdent du simple bon sens, n'aura-t-on rien à se reprocher si la chance un jour ne sourit plus.

B ›2
Le bilan ligne par ligne

On commencera par l'examen des comptes du passif, parce que c'est la démarche la plus logique. Avant d'acquérir le premier élément de son patrimoine, avant d'investir dans son premier actif, l'entreprise doit trouver des ressources. Et puis, restons en bons termes avec les banquiers : c'est toujours le passif qu'ils regardent en premier !

› **DA – Capital social ou individuel (dont versé...)** : compte qui va enregistrer le montant des sommes mises par les associés d'une société (capital social) ou par le propriétaire de l'entreprise (capital individuel) à la disposition de cette dernière. On rappellera que le législateur a fixé à 37 000 € le montant minimum du capital des sociétés anonymes ne faisant pas appel public à l'épargne (c'est-à-dire non cotées). Ce minimum constitue le seul gage (la seule « garantie ») des créanciers de la société et les seuls capitaux que les associés (en l'occurence les « actionnaires », s'agissant d'une SA) peuvent perdre. Pour les SARL, l'obligation de déposer un capital minimum de 7 500 € (depuis le 1er janvier 2000) a été supprimée par la loi n° 2003-721 du 1er août 2003 pour l'initiative économique, dite « loi Dutreil » : ces sociétés peuvent donc désormais être constituées avec un capital symbolique (1 €... ou même moins !). Cette disposition, qui vise à simplifier la création d'entreprises, est considérée par beaucoup comme un leurre, personne ne pouvant sérieusement soutenir que l'on peut entreprendre, quoi que ce soit d'ailleurs, en ne « risquant » dans l'entreprise qu'un euro ! Pour les entreprises personnelles, pas de capital minimum non plus, ce qui se conçoit mieux ici dans la mesure où l'entrepreneur répond des dettes de son entreprise sur son patrimoine personnel.
La mention « *(dont versé...)* » de la ligne **DA** concerne les sociétés dotées, à leur création, d'un capital *dont une partie seulement* a été effectivement versée dans la caisse sociale. Cette partie est aujourd'hui fixée à 50 %, le solde devant être versé ensuite dans les 5 ans. Même dans le cas où il n'est pas intégralement versé

› **Exemple.** Supposons une SA qui se constitue au capital de 50 000 € dont 30 000 € seulement libérés. Le soir de la constitution, son bilan se présentera ainsi :

Actif		Passif	
Capital souscrit non appelé (**AA**)	20 000	Capital social (**DA**) (dont versé : 30 000)	50 000
Caisse (ou banque) (**CF**)	30 000		
	50 000		**50 000**

On comprend aisément que les 20 000 € non appelés (non versés...) ne peuvent pas être considérés comme un élément du patrimoine (ou alors « en creux ») et cependant on les trouve à l'actif. Au cours de l'analyse, il conviendra donc de réserver à ce poste un traitement spécial.

(on dira « libéré », c'est-à-dire « libre... disponible »), le capital de 37 000 € sera représenté par des actions qui auront trouvé souscripteur. On dira que le capital est souscrit, une partie seulement étant libérée. La partie non libérée pourra être « appelée » par la société à tout moment sur décision de son Conseil d'Administration (au plus tard dans les 5 ans). Tant que cette part non libérée n'est pas appelée, la société ne dispose évidemment pas des fonds correspondants.

› **DB – Primes d'émission, de fusion, d'apport** : partie des apports de nouveaux fonds qui n'a pas été incorporée directement au compte précédent. Ce compte est utilisé, comme son nom l'indique, à l'occasion d'opérations de fusion, d'apport, ou d'émission de nouvelles actions.

› **Exemple.** Soit une SA au capital de 500 000 € (500 k€) constitué de 5 000 actions de 100 €. Quelques années après sa création, elle est évaluée 3 millions d'€ (3 M€), somme correspondant à ce que les actionnaires pourraient en retirer s'ils la vendaient (cette somme ne figure pas dans le bilan : elle résulte d'une simple évaluation...). Entre temps, la société n'a enregistré aucune augmentation de capital (ses bénéfices ont été soit distribués aux actionnaires, soit mis en réserve – cf. ci-après –). Les fondateurs, limités financièrement à titre personnel, souhaitent faire « rentrer » un nouvel actionnaire Z qui se propose de réaliser un apport de 750 k€ pour soutenir la croissance de l'entreprise.

Si cet apport était incorporé directement au capital social, ce dernier passerait à 1,25 M€ (0,5 M€ + 0,75 M€), constitué de 12 500 actions, Monsieur Z détenant alors 60 % (0,75 M€ = 60 % de 1,25 M€) d'une société qui vaut maintenant 3,75 M€ (les 3 M€ de l'évaluation + 0,75 M€ nouvellement apportés...). Alors qu'il n'aurait apporté que 0,75 M€, M. Z se trouverait à la tête d'un patrimoine de 2,25 M€ (60 % de 3,75 M€) ! On comprend bien que ce n'est pas envisageable pour les anciens actionnaires...

Le raisonnement sera donc le suivant : avant l'apport de Z, la SA valait 3 M€. Avec ce nouvel apport elle vaudra 3,75 M€. M. Z ayant apporté 0,75 M€, sa part dans la société ne peut représenter que 20 % (0,75 M€ / 3,75 M€), et il ne pourra donc détenir que 20 % des actions du nouveau capital social.

Nouveau capital social = x = 500 k€ + 20 % de x (ou : 500 k€ + 0,20 x). Équation simple qui nous donne : x = 500 k€ / 0,80 = 625 k€.

Nouveau capital social : 625 k€, dont 500 k€ anciens actionnaires et 125 k€ Monsieur Z. Monsieur Z détiendra bien ainsi 20 % des actions (125/ 625).

Son apport total étant de 750 k€, on en inscrira 125 en capital social (augmentation de capital en ligne **DA**) et la différence, soit 625 k€ en prime d'émission ligne **DB**. La société enregistrera bien 750 k€ de nouvelles ressources (125 + 625) au passif, et une augmentation de 750 k€ de ses emplois dans son compte en banque à l'actif (égalité du nouveau bilan).

› **DC – Écarts de réévaluation** : constatation au passif de la différence entre la valeur d'origine d'un élément d'actif immobilisé et sa valeur réévaluée (remise à la valeur du jour...).

› **DD à DI – Postes de réserves (DD à DG), report à nouveau (DH) et résultat de l'exercice (DI).** Ces postes enregistrent (pour simplifier) les opérations d'affectation du résultat de l'exercice par l'Assemblée Générale des actionnaires. Le résultat, richesse nette créée par l'entreprise, constitue évidemment une ressource nouvelle et, à ce titre, vient s'inscrire au passif. Mais, sur ce résultat, les actionnaires peuvent exercer des arbitrages : soit ils s'en distribueront une partie sous forme de dividendes, soit ils le laisseront (tout ou partie) à la disposition de l'entreprise, sous forme de mise en réserves ou d'augmentation de capital...

› **Exemple.** Soit le bilan au 31/12/N qui se présentait ainsi :

Réserve légale : par exemple **100** (plafond = 10 % du capital social de 1 000)
Réserves statutaires et réglementées : on supposera **100** également (il s'agit de réserves dont les statuts prévoient la constitution et de réserves à constituer dans le cadre de législations spéciales... Voir les renvois (3) et (4) au bas du feuillet 2 051). Il n'y a pas lieu d'augmenter non plus ces deux comptes de réserves.
Autres réserves : 200 (ce sont des réserves facultatives, non plafonnées, décidées par l'Assemblée Générale des actionnaires).
Report à nouveau : 235 (correspondant à la partie des bénéfices des années précédentes qui n'aurait été ni distribuée aux actionnaires ni mise en réserves).
Résultat de l'exercice : 442. C'est le résultat qui apparaît ligne **HN** du compte de résultat de l'année N et qui est inscrit à ce poste le 31/12/N, avant que l'on sache par conséquent ce que la société en fera. Le feuillet 2 051 précise d'ailleurs en titre « Bilan passif **avant** répartition (du résultat) ».

L'Assemblée Générale qui s'est tenue le 15/06/N +1 a décidé de distribuer 150 de dividendes aux actionnaires, et de mettre en réserves facultatives 150 également.

Le bilan **après** répartition se présentera comme suit :
Réserve légale : 100 (inchangé)
Réserves statutaires : 100 (inchangé)
Autres réserves : 350 (200 au titre des existantes + 150 décidées par l'AG du 15 juin)
Report à nouveau : 377, soit : [235 + (442 de résultat – 150 de dividendes – 150 de réserves)]
Résultat : 0 (tout le résultat a maintenant été réparti).

Avant répartition, nous avions un total de **capitaux propres** de : 1 000 (**DA**) + 100 (**DD**) + 100 (**DE** et **DF**) + 200 (**DG**) + 235 (**DH**) + 442 (**DI**) = **2 077.**
Après répartition, nous aurons : 1 000 (**DA**) + 100 (**DD**) + 100 (**DE** et **DF**) + 350 (**DG**) + 377 (**DH**) + 0 = **1 927.** Nous avons donc « perdu » 150 au passif (correspondant aux dividendes versés) et forcément 150 à l'actif (correspondant à la diminution des disponibilités (**CF**) par suite des chèques établis au profit des actionnaires).

› **DJ – Subventions d'investissement** (aides versées par les collectivités ou l'État).

› **DK – Provisions réglementées** : provisions autorisées par une disposition fiscale spécifique...

› **DM – Titres participatifs** : autres fonds propres (appelés aussi « quasi fonds propres »). Il s'agit de titres bâtards entre action (part de capital et donc titre de propriété) et obligation (part de prêt et donc titre de créance), représentant des capitaux apportés par des non actionnaires et donnant droit à perception d'un intérêt et en général à une sur-rémunération assise sur les bénéfices (participation aux dits bénéfices, d'où l'adjectif « participatif »).

› **DN – Avances conditionnées** : consenties en général par des associés (souvent par une société mère à sa filiale) et dont le remboursement est soumis à certaines conditions convenues au départ.

› **DP et DQ – Provisions pour risques et charges** : compte qui enregistre en cumulé les provisions comptabilisées chaque année en charges (ligne **GD** du compte de résultat).
Selon le cas, et en fonction de l'objectif de l'analyse, on considérera que les fonds propres s'arrêtent soit à la ligne **DL** (vrais fonds propres), soit à la ligne **DO** (si par exemple les avances conditionnées n'ont pas, en fait, vocation à être remboursées un jour...), soit même parfois à la ligne **DR** (notamment s'il n'y a que des provisions pour des risques dont l'éventualité paraît peu probable et qui, de ce fait, ressemblent plus à des réserves qu'à des provisions... L'analyse montrera qu'il faut tout de même être prudent dans ce type d'approche).

› **DS – Obligations convertibles** : capitaux apportés par des prêteurs et représentés par des titres de créance (les obligations) qui donnent droit à perception d'un intérêt mais aussi à la possibilité de convertir un jour ces titres de créance en titres de propriété (actions). Ici aussi, on devra se poser la question : dettes ? ou fonds propres ?

› **DT – Autres emprunts obligataires** : idem ci-dessus sauf possibilité de conversion (donc dette sans aucun doute...).

› **DU – Emprunts et dettes auprès des établissements de crédit** : tous emprunts contractés auprès des banques, qu'ils soient sur une durée courte (quelques jours parfois pour un découvert...) ou très longue (jusqu'à 20 ou 25 ans dans certains cas...). Les emprunts n'apparaissent au bilan que pour le montant du capital restant dû. C'est donc un poste de ressources qui ira en diminuant dans le temps (sauf souscription de nouveaux emprunts...). Pour faciliter l'analyse, l'Administration a prévu un renvoi, ligne **EH**, sur lequel on inscrit la partie de ces dettes correspondant à des avances très courtes (découverts ou facilités de caisse appelés « concours bancaires courants ») ne pouvant pas être traités, on le comprendra, comme s'il s'agissait d'un prêt à 10 ans....

› **DV – Emprunts et dettes financières diverses** : autres dettes, financières mais non bancaires (avances consenties ponctuellement par les associés, dépôts de fonds reçus de tiers pour garantir le bon dénouement d'une opération...).
Les lignes **DS** à **DV** regroupent les dettes (mais on rappelle qu'en matière financière « dette » = « ressource ») d'origine strictement financière, c'est-à-dire non directement liées à l'exploitation économique de l'entreprise. Si, au lieu d'endetter leur société, les actionnaires préfèrent la doter de très importants fonds

propres, c'est un choix qui n'aura aucune incidence sur l'exploitation proprement dite de l'entreprise (à l'économie des frais financiers près...).
Par contre les lignes **DW** à **DY**, que nous allons voir maintenant, ont, quant à elles, un lien direct avec l'exploitation et en général leur importance est proportionnelle au volume d'activité de l'entreprise (à son chiffre d'affaires, pour simplifier).

› **DW – Avances reçues sur commandes** : lorsque l'entreprise reçoit une commande qui l'oblige à constituer un stock spécifique par exemple, ou tout simplement lorsque le rapport de force avec son client le permet, elle peut lui demander de régler une avance (qui représentera 10, 20 %... peut-être plus du montant de la facture définitive). Cette avance est bien une ressource pour l'entreprise, mais c'est aussi une dette : si le bien n'est pas livré, ou si les travaux ne sont pas exécutés, elle devra la rembourser à son client.

› **DX – Dettes fournisseurs** : montant des sommes qui sont dues aux fournisseurs à raison des biens ou des marchandises qu'ils ont facturés et pour lesquels ils ont consenti des délais de paiement (cette pratique, très courante en France, est connue sous le nom de « crédit inter-entreprise »). Ce compte enregistre donc une dette TTC : ce que l'on doit à un fournisseur c'est le dernier chiffre au bas de sa facture. C'est une évidence, mais il convient de la rappeler car, dans l'analyse, on sera conduit à comparer cette dette (TTC) au montant total des achats réalisés auprès des fournisseurs au cours de l'année, (lignes **FS** et **FU** du compte de résultat), qui, eux, sont exprimés hors taxes. Comme les autres, cette dette est évidemment une ressource : tant que le fournisseur n'exige pas le paiement de sa facture, l'entreprise peut utiliser cette trésorerie non décaissée...

› **DY – Dettes fiscales et sociales** : on comprend qui sont les créanciers (État, Sécurité sociale, caisses de retraites...). En général l'entreprise ne règle ce type de dettes que le mois ou le trimestre suivant celui au cours duquel elles ont été constatées. Ici aussi, non décaissement immédiat, donc opportunité, entre temps, d'utilisation de la trésorerie, donc ressource...

› **DZ – Dettes sur immobilisations** : crédit consenti par un fournisseur d'immobilisations (machine acquise par l'entreprise et facturée le 20 décembre : au 31 décembre – date supposée de l'arrêté – la machine est bien dans l'actif de l'entreprise, même si elle ne la réglera peut-être que le 5 janvier... On inscrit donc au passif la contrepartie de cette augmentation de l'actif).

› **EA – Autres dettes** : ristournes à accorder aux clients, ou avoirs à établir en leur faveur...

› **EB – Produits constatés d'avance** : comme leur nom l'indique... Exemple : l'entreprise encaisse le 1er décembre un loyer trimestriel correspondant à la période 1.12/ 28.2. Deux mois de produits concernent en fait l'exercice suivant, mais ont été constatés déjà au 31 décembre de l'exercice qui s'achève.

› **ED – Écart de conversion passif :** profit de change *latent* à la date de clôture de l'exercice.

› **Exemple.** L'entreprise a facturé à un client américain 1 000 $ le 10 décembre, payables le 28 février. Au 10 décembre le $ cotait 1,02 €. Donc enregistrement d'une vente pour 1 020 €.
31 décembre : arrêté du bilan. On ignore par définition combien cotera le $ le 28 février suivant, mais on sait qu'au 31 décembre il cote 1,07 €. L'entreprise, dont le bilan doit présenter une image fidèle du patrimoine, va faire apparaître à la date d'arrêté (sur son compte « clients » ligne **BX** à l'actif) une créance sur un client américain qui, ce jour-là, a bien une valeur de 1 070 €. Il y a donc, ce jour-là, une plus-value « virtuelle » de 50 € sur cette créance (un profit « potentiel »), que l'on fera apparaître dans ce compte ligne **ED**. On retrouve, en net, le montant d'origine de la créance, soit 1 020 €, puisque : actif 1 070 € (–) passif 50 € = 1 020 €.
À ne pas confondre avec « Différences positives de change », ligne **GN** au compte de résultat, où sont enregistrés les gains réalisés *effectivement* sur une opération libellée en devise étrangère.
Lorsque l'on parle « d'opérations » libellées en devises, il peut s'agir aussi bien de vente que d'achat, de créance que de dette. Exemple : endettement de 100 000 $ auprès d'une banque américaine quand le dollar vaut 0,98 €. Il y aura présence d'un écart de conversion passif au bilan si, *alors que le prêt n'est pas encore remboursé,* le dollar cotait 0,91 € lors d'une date d'arrêté. On aurait de ce fait :
Dette auprès banque américaine : 91 000 € (100 000 $ à 0,91 €)
Écart conversion passif : 7 000 €
On retrouve ici aussi le montant d'origine de la dette (98 000 €) : dette 91 000 € + écart conversion de 7 000 €...

Regardons maintenant les comptes d'actif. Ils se présentent sous la forme de trois colonnes :
– montant brut du poste,
– amortissement ou provision affectant le poste concerné,
– montant net : brut – (amortissement ou provision).
Sur tous les postes de l'actif, par principe, on peut être amené à constater une dépréciation de valeur (sauf quelques rares exceptions), contrairement aux postes de passif pour lesquels les valeurs correspondantes peuvent être justifiées au centime près (on ne peut pas décider par exemple que l'on ne doit que 100 à sa banque si on lui doit 110 !).

› **AA – Capital souscrit non appelé :** ce compte a déjà été vu avec le commentaire sur la ligne **DA**. La colonne « Amortissements/Provisions » ne peut pas être renseignée (grisée sur le feuillet 2 050), ce poste n'ayant aucune valeur marchande en soi. On peut revendre à un tiers une usine... un camion..., mais certainement pas une dette des associés vis-à-vis de la société !

› **AB – Frais d'établissement :** frais de constitution de la société, d'augmentation de capital... qui seront amortis au maximum sur une période de 5 ans... Ici aussi, on ne peut parler véritablement d'actif.

› **AD – Frais de recherche et développement (R et D)** : dépenses engagées dans la recherche industrielle, qui peuvent, elles, avoir une valeur marchande. L'acquéreur éventuel de la société payera, d'une manière ou d'une autre, les efforts qu'elle a consentis en matière de recherche. Ces frais s'amortissent comme les précédents sur 5 ans normalement.

› **AF – Concessions, brevets…** : montant pour lequel des brevets, concessions, licences d'exploitation, ont été acquis. Ce poste s'amortit en général sur la durée de vie économique du brevet ou de la licence concerné.

› **AH – Fonds de commerce** : montant pour lequel l'entreprise a acquis un fonds de commerce (FDC), une clientèle, un droit au bail. Ne peut pas s'amortir mais peut faire l'objet d'une provision si les circonstances le justifient (survenance d'un événement qui aurait fait perdre une valeur significative à ce fonds ou à cette clientèle). Lorsque l'entreprise exploite uniquement un fonds qu'elle a créé, donc qui valait 0 à l'origine, ce poste n'est pas renseigné.

› **AJ – Autres immobilisations incorporelles** : celles qui n'apparaîtraient pas dans les comptes précédents…

› **AL – Avances et acomptes sur immobilisations incorporelles** : sommes versées à titre d'acomptes sur l'acquisition d'immobilisations incorporelles.

› **AN – Terrains** : dont l'entreprise est propriétaire… Ne s'amortissent pas, mais dans certains cas on peut provisionner.

› **AP – Constructions** : dont l'entreprise est propriétaire. S'amortissent sur des durées longues (10 à 20 ans).

› **AR – Installations techniques, matériel et outillage industriels** : la consistance du poste se comprend à son intitulé. Amortissement sur 5 à 10 ans selon la nature…

› **AT – Autres immobilisations corporelles** : véhicules, matériel informatique… Amortissement sur 3 à 5 ans selon la nature.

› **AV – Immobilisations en cours** : sous-entendu « en cours d'installation à la date d'arrêté ».

› **AX – Avances et acomptes** : idem **AL** mais ici sur immobilisations corporelles.

› **CS – Participations dans des sociétés filiales** de groupes établissant des comptes consolidés… Peuvent se provisionner.

› **CU – Autres participations** : investissement réalisé dans l'acquisition de titres de sociétés non filiales. Peuvent être provisionnés.

Filiale : société détenue à plus de 50 %
Participations : titres représentatifs d'une société détenue à + de 10 % (et moins de 50 %)
Titres de placement : détention à moins de 10 %

› **BB – Créances rattachées à des participations** : avances consenties à des sociétés dans lesquelles l'entreprise détient une participation au capital. Chez la société bénéficiaire, ces avances seront comptabilisées à son passif (ressource pour elle...) lignes **DN** ou **DV** selon le cas. Ce poste peut faire l'objet de provisions : cas où le remboursement de ces avances paraîtrait compromis.

› **BD – Autres titres immobilisés** : titres de placement, en général.

› **BF – Prêts** : consentis aux salariés, en général... Peuvent faire l'objet d'une provision.

› **BH – Autres immobilisations financières** : dépôts versés à des tiers à titre de caution, ou de garantie du bon dénouement d'une opération.
Les lignes **AA** à **BH** regroupent donc les immobilisations, c'est-à-dire les emplois qui ont un caractère stable, durable.
Selon les types d'entreprises, on ne retrouvera que certaines de ces immobilisations, par exemple uniquement des immobilisations financières dans les sociétés dont le seul objet est de détenir des participations dans d'autres sociétés. Ces sociétés sont dites « de portefeuille » ou « holding » (de l'anglais *to hold* : détenir). Elles ne possèdent en propre ni terrain, ni usine, ni matériel (sauf informatique et, peut-être, voiture de fonction pour le dirigeant !).
Dans certaines autres, on ne trouvera que des immobilisations incorporelles (ou en tout cas ces dernières représenteront l'essentiel des immobilisations) : par exemple chez une entreprise qui n'exploiterait qu'un fonds de commerce en ville... Chez d'autres enfin, le bilan ne comportera que des immobilisations corporelles.
On trouve même fréquemment des entreprises qui n'ont pas d'immobilisations du tout (ou quasiment pas), simplement parce qu'elles ne sont pas propriétaires (toujours l'approche patrimoniale du bilan...) des matériels qu'elles mettent en œuvre pour exploiter leur activité : cas des entreprises locataires de leurs matériels (ou leurs terrains... ou leurs usines...), soit sous forme de location classique, soit via un contrat de crédit-bail. Nous reviendrons sur le mécanisme du crédit-bail chapitre 3.

› **BL – Matières premières** : stock de matières premières pour la valeur qu'il présente au jour de l'arrêté des comptes (valorisation au prix d'achat). Ce stock peut faire l'objet d'une provision si nécessaire.

› **BN et BP** : En cours de production (biens ou services) : produits et/ou travaux en cours... Provision possible.

› **BR – Produits intermédiaires et finis** : stock de produits finis... valorisé au prix de revient pour l'entreprise. Provision possible.

› **BT – Stock de marchandises** : valorisé au coût d'achat. Provision possible.
L'analyse nous conduira à examiner de près l'importance relative des stocks, qui sont un clignotant souvent assez pertinent de la bonne ou de la mauvaise santé financière d'une entreprise.
En ce qui concerne leur évaluation, on se contentera de rappeler que l'entreprise a le choix entre plusieurs méthodes, pour les matières premières et les marchandises (coût moyen pondéré, premier entré – premier sorti, dernier entré – premier sorti...), sous réserve qu'elle n'en change pas chaque année (ou alors qu'elle le dise dans l'annexe...). Pour les encours ou les produits finis, c'est normalement le prix de revient au jour de l'arrêté des comptes qui sera retenu. Encore faut-il savoir ce que l'on va mettre dans ce prix de revient... En tout état de cause l'analyste ne peut que faire confiance aux comptes qui lui sont présentés (*a fortiori* lorsqu'ils ont été certifiés par un Commissaire aux Comptes).

› **BV – Avances et acomptes versés sur commandes** : poste symétrique de celui que l'on trouve au passif ligne **DW**.

› **BX – Clients** : montant TTC des sommes dues par les clients à la date de clôture des comptes à raison des ventes que l'entreprise a réalisées et pour lesquelles elle a accepté un paiement différé. Lorsque l'on compare le montant de ce poste au montant total des ventes de l'exercice, c'est-à-dire au chiffre d'affaires, il faut se souvenir que celui-ci est exprimé hors taxe au compte de résultat.

› **BZ – Autres créances** : détenues sur des tiers autres que les clients (l'État, le personnel de l'entreprise, parfois les associés...). On rappellera à cet égard que, hors les avances de trésorerie auxquelles peut donner lieu une gestion centralisée de Groupe de Sociétés, un associé n'a pas le droit de se faire consentir une avance par « sa » société. Il peut être titulaire d'un compte courant *créditeur* (avance consentie par lui, et inscrite ligne **DV** au passif), mais pas d'un compte courant *débiteur* (qui serait compris dans la ligne **BZ** avec détail et rappel ligne **VC** feuillet 2057).

› **CB – Capital appelé non versé** : phase qui suit celle inscrite ligne **AA**. Ici le capital est appelé mais les actionnaires ne l'ont pas encore versé. C'est un « faux » actif, comme celui de la ligne **AA** (que l'on appellera souvent « actif fictif » ou « actif sans valeur » ou même simplement « non-valeur »).

› **CD – Valeurs mobilières de placement** : supports de placements de trésorerie pour l'entreprise (assimilables à des quasi disponibilités, *a priori*).

› **CF – Disponibilités** : comme leur nom l'indique, fonds immédiatement disponibles pour l'entreprise, en clair ses avoirs sur son compte en banque...

› **CH – Charges constatées d'avance** : poste symétrique à celui de produit ligne **EB** au passif.

› **CL – Charges à répartir** : charges transférées du compte de résultat (ligne **FP** et **A1** sur feuillets 2 052 et 2 053) au bilan. Seul apparaîtra le montant net, l'amortissement étant détaillé feuillet 2 055 ligne **SM**.

› **CM – Primes de remboursement des obligations** : montant des primes qui seront versées aux prêteurs obligataires.

› **Exemple. Mécanisme (simplifié) des primes de remboursement :** soit une société qui lance (qui « émet... ») un emprunt obligataire de 5 M€. Pour être sûre de trouver des souscripteurs, elle peut utiliser plusieurs moyens : un taux d'intérêt attractif... une durée assez courte... une prime. Cette dernière représentera la différence entre le montant versé par le prêteur (souscripteur) à l'émission de l'emprunt et le montant nominal de l'obligation. Par exemple, la société émettra 50 000 obligations de 100 € de nominal qui pourront être souscrites pour 95 €. Chaque souscripteur ne versera effectivement que 95 € mais la société remboursera 100 € à l'échéance.
Au bilan, le jour de la clôture de l'émission, nous aurons :

Actif		Passif	
Caisse (**CF**)	4 750 000	Dette obligataire (**DT**)	5 000 000
Prime remb. oblig. (**CM**)	250 000		
	5 000 000		**5 000 000**

› **CN – Écart de conversion actif** : poste symétrique à celui du passif ligne **ED**. A l'actif il s'agira d'une perte latente sur opération en devises.

> C Résumé

a › Le compte de résultat

• Décrit de manière assez pertinente l'*activité* de l'entreprise. Dès les trois premières lignes, le lecteur sait s'il a à faire à une entreprise de négoce (ventes de marchandises), de production (vente de biens, donc transformation, donc activité industrielle), ou de services, et peut comparer l'évolution de l'*activité* par rapport à l'exercice précédent (rappelé colonne de droite), et surtout de la *rentabilité* (résultat net, en première approche).

• Permet, à partir de ce qui précède, d'avoir tout de suite une idée de la physionomie que présentera le bilan correspondant en termes d'investissements physiques (activité industrielle = besoin de machines...), de niveau probable de stock (une entreprise de services n'a rien à stocker...), et même de niveau d'endettement (a priori probabilité de dettes si activité industrielle... et d'absence de dettes si activité de service).

• Permet aussi, à la simple lecture des lignes de charges, et sans avoir besoin d'aucune calculette, d'affiner très vite cette première idée.
- Achats de matières par rapport à la production vendue de biens : écart de valeur faible = petite transformation (par exemple assemblage d'éléments prédécoupés...) et donc sans doute peu d'outil de travail ; au contraire, écart de valeur important = transformation lourde, donc outil de travail conséquent, délais de fabrication longs, etc... (par exemple, fabrication d'un avion de chasse !).
- Les frais de personnel, corrélés avec l'effectif (ligne **YP** feuillet 2 058-C), vont donner une indication du niveau de technicité de cette transformation. Il faut avoir en tête des repères simples : un SMIC annuel revient à l'entreprise à peu près 15 k€. Si l'on trouve un effectif de 30 personnes et des frais de personnel de 550 k€, le coût moyen unitaire d'un salarié (calcul mental) est de l'ordre de 18 k€ (SMIC + 20 %), donc sans doute faible technicité... Si, pour 30 personnes, on a 1 500 k€ de frais de personnel : coût unitaire autour de 50 k€, donc technicité évoluée.
- Le résultat financier est lui aussi très éloquent : présence de gros produits financiers = trésorerie importante et donc, a priori bonne santé financière. Présence de grosses charges financières (au-delà de 3 ou 4 % du chiffre d'affaires, toujours par calcul mental) = endettement important, mais aucune autre conclusion pour le moment... (et surtout pas « mauvaise santé »).

b › Le bilan

• Donne l'état de la situation patrimoniale active et passive de l'entreprise au jour de la clôture de l'exercice (la veille ou le lendemain le bilan serait différent...).

• Distingue, au sein de ce patrimoine :
- à l'actif, la partie stable (ou fixe ou immobilisée) des emplois (terrains, usines, matériels...), qui regroupe l'essentiel de l'outil de travail, et la partie (stocks, clients...) qui regroupe « l'outil » d'exploitation,
- au passif, mais de manière moins contrastée qu'à l'actif, la partie stable des ressources (fonds propres, dettes dont le remboursement est étalé ou différé dans le temps...), et la partie issue de l'exploitation (essentiellement res-

sources fournies par les fournisseurs lorsqu'ils accordent des délais de paiement),
- enfin, tantôt à l'actif, tantôt au passif, et parfois des deux côtés..., la trésorerie (qui sera donc soit « active », soit « passive »).

- Permet, par lecture directe :
- d'apprécier l'importance des fonds propres au sein des ressources : fonds propres/total des ressources (c'est-à-dire total du bilan...),
- d'apprécier le degré de vieillissement de l'outil de travail (importance de son amortissement par rapport à sa valeur brute...),
- d'apprécier, au sein de l'actif, le poids relatif de l'outil de travail et de « l'outil » d'exploitation (on verra plus loin que chacun génère un besoin de financement spécifique et une partie de l'analyse devra dire si ces financements, procurés par les ressources inscrites au passif, ont été répartis judicieusement),
- d'apprécier l'évolution entre N-1 et N de postes remarquables : capitaux propres, dettes bancaires, immobilisations nettes, stocks nets, trésorerie...
- de confirmer les premières impressions dégagées par la lecture du compte de résultat : niveau de l'endettement et frais financiers..., importance de l'outil de travail et complexité supposée de l'activité de transformation (pour les activités industrielles)...
- et d'en donner de nouvelles : présence de provisions, éventuellement importantes, sur le compte « clients » ligne **BY** (doutes sur la solvabilité globale de la clientèle)... ou sur les stocks lignes **BM** à **BU** (doutes sur leur gestion)... ou sur les immobilisations financières lignes **CT** à **BI** (doutes sur la pertinence de ces investissements spécifiques)...

> D Remarques

On notera que, jusqu'ici, on n'a utilisé ni calculette, ni outil d'analyse complexe, ni vocabulaire sophistiqué. Pourtant, ce qui paraissait initialement sans doute un peu hermétique doit commencer à s'éclairer. Au minimum on ne doit plus faire de confusion désormais entre les termes suivants.

- **Produit** (recette issue d'une exploitation) et **profit** (bénéfice, ou : produits – charges).
- **Charge** (dépense d'exploitation, en général consommée dans l'exercice) et **investissement** (engagement d'un capital dont on attend un profit étalé dans le temps).
- **Perte** (déficit d'exploitation) et **dette** (capital prêté par un tiers).
- **Amortissement** (dépréciation pour cause de vieillissement) et **provision** (dépréciation liée à un risque).

On aura compris aussi que :

- le compte de résultat renseigne sur la performance de l'activité économique,
- le bilan renseigne sur les arbitrages opérés entre les sources – les ressources – de financement (passif) et les opportunités d'investissement (actif),
- avoir des dettes n'a rien de honteux, à condition qu'elles soient maîtrisées et que la charge de remboursement du capital et de paiement des intérêts soit supportable par l'exploitation,
- faire des pertes n'a rien de rédhibitoire, à condition qu'elles ne soient pas chroniques, que l'on en ait identifié la cause et que l'on y ait remédié,
- faire des bénéfices (ligne **HN**), même récurrents, n'est pas un indicateur infaillible de bon pronostic vital (il faut savoir ce que l'entreprise fait de ces bénéfices),
- il n'y a aucun lien de cause à effet entre bénéfice et trésorerie disponible, pas plus qu'entre perte et découvert en banque,
- la TVA n'a aucune incidence sur le niveau des résultats (mais qu'elle en a, assez directement, sur le niveau de la trésorerie).

À titre de « révision générale » de ces deux premiers chapitres, et d'introduction aux suivants, nous allons nous livrer à un exercice consistant à retrouver, pour chaque jeu de documents financiers (compte de résultat et bilan), l'entreprise qui les a produits. À ce stade, la calculette est toujours inutile ! Un peu de bon sens et de réflexion doivent suffire à trouver la solution.

> E

Exercice d'application corrigé

E › 1

Énoncé

Soit six entreprises qui ont la même taille (100 M€ de chiffre d'affaires) et la même forme juridique (SA au capital social de 750 k€), mais que tout distingue ensuite : le niveau des résultats, l'importance du personnel, les immobilisations, les dettes, etc. Ces entreprises exercent les métiers suivants (dans le désordre) :

› **Agence immobilière** installée au centre d'une grande ville universitaire, spécialisée dans la gestion de 2 500 logements pour étudiants... À titre accessoire, intervient également comme intermédiaire dans des transactions sur immeubles (maisons, appartements...) et fonds de commerce.

› **Supermarché** (enseigne nationale) installé en périphérie d'une ville moyenne. Propose tous rayons y compris bricolage. 13 caisses en sortie.

› **Entreprise de négoce de matériaux et d'articles de construction** : fers pour béton armé, briques, moellons, plâtre, portes, fenêtres… ainsi que divers petits outillages : perceuses, matériel de peinture, de pose de papiers peints, etc. Clients : essentiellement des entreprises du bâtiment (artisans). Fournisseurs : les grands fabricants français de matériaux et d'outillage (Lafarge… Facom… Lapeyre…).

› **Parc d'attraction** installé sur la côte atlantique (10 km de l'océan) offrant des produits traditionnels : piscines, toboggans, montagnes russes, manèges pour enfants, etc. À titre accessoire, cette affaire exploite également un petit snack et trois bars. Clientèle : familles.

› **Entreprise de fabrication de produits et articles pour animaux de compagnie** : produits d'alimentation (conserves de viande ou de poisson et produits secs de type croquettes), divers articles (litières, produits de toilettage, laisses, colliers, etc.). Fournisseurs : les abattoirs et conserveries de poisson qui revendent leurs déchets, les industriels du bois qui fournissent des copeaux et sciures entrant dans la composition des litières, etc… Les petits articles (laisses, colliers…) sont importés d'Asie. Clients : les animaleries de centre ville (« Pet shops ») et les enseignes de la grande distribution…

› **Entreprise de collecte et négoce de céréales** (essentiellement maïs) installée dans le département du Gers (gros producteur de maïs). Accessoirement, cette entreprise fait aussi le négoce de semences et d'engrais. Fournisseurs : pour le maïs, les agriculteurs locaux ; pour les semences et engrais, de grosses multinationales. Clients : pour le maïs, les gros fabricants de farine ; pour les engrais et semences, les agriculteurs locaux.

E ›2
Problématique bilans / comptes de résultat

Chacune de ces entreprises présente l'un des bilans et comptes de résultat suivants.
Il s'agit d'attribuer à chacune les documents comptables la concernant.
Pour les besoins de la cause, les chiffres sont un peu caricaturaux. Globalement, ils sont tout de même assez proches des bilans et comptes de résultat que présenterait une entreprise « type » du secteur concerné…
Cet exercice doit permettre de se familiariser avec les notions de « ressources » et « emplois » (ou « besoins » et « financements »), celles de chiffre d'affaires et de consommation, et surtout d'acquérir les réflexes de base permettant de vérifier la cohérence et la relation entre elles des informations données par le compte de résultat avec celles données par le bilan (et inversement…) : « ventes » renvoie

logiquement à « clients »... « Achats » renvoie à « fournisseurs », mais aussi à « stocks »... « Dettes » renvoie sans aucun doute à « frais financiers »... Activité de production (transformation...) renvoie à « immobilisations »... etc.

› Entreprise A

Compte de résultat (12 mois)

Chiffre affaires	100 000
Achats	20 000
Charges externes	10 000
Frais de personnel	40 000
Dot. amortiss.	10 000
Frais financiers	2 000
Impôt société	7 000
Résultat net	11 000

Bilan (au 31.03)

Immo nettes	40 000	Fonds propres	35 000
Stocks	15 000	Dettes banc. MT	35 000
Clients	30 000	Fournisseurs	5 000
Banque	5 000	Banque	15 000
	90 000		**90 000**

› Entreprise B

Compte de résultat (12 mois)

Chiffre affaires	100 000
Achats	76 000
Charges externes	8 000
Frais de personnel	8 000
Dot. amortiss.	2 000
Frais financiers	1 000
Impôt société	2 000
Résultat net	3 000

Bilan (au 30.06)

Immo nettes	9 000	Fonds propres	13 000
Stocks	15 000	Dettes banc. MT	5 000
Clients	28 000	Fournisseurs	25 000
Banque	3 000	Banque	12 000
	55 000		**55 000**

› Entreprise C

Compte de résultat (12 mois)

Chiffre affaires	100 000
Achats	90 000
Charges externes	3 000
Frais de personnel	5 000
Dot. amortiss.	500
Frais financiers	1 000
Impôt société	1 000
Résultat net	1 500

Bilan (au 31.12)

Immo nettes	2 000	Fonds propres	2 000
Stocks	2 000	Dettes banc. MT	–
Clients	–	Fournisseurs	28 000
Banque	26 000	Banque	–
	30 000		**30 000**

› Entreprise D

Compte de résultat (12 mois)

Chiffre affaires	100 000
Achats	20 000
Charges externes	40 000
Frais de personnel	20 000
Dot. amortiss.	8 000
Frais financiers	2 000
Impôt société	4 000
Résultat net	6 000

Bilan (au 30.09)

Immo nettes	60 000	Fonds propres	35 000
Stocks	1 000	Dettes banc. MT	30 000
Clients	1 000	Fournisseurs	–
Banque	3 000	Banque	–
	65 000		**65 000**

› Entreprise E

Compte de résultat (12 mois)

Chiffre affaires	100 000
Achats	83 000
Charges externes	5 000
Frais de personnel	4 000
Dot. amortiss.	2 000
Frais financiers	1 000
Impôt société	2 000
Résultat net	3 000

Bilan (au 31.10)

Immo nettes	11 000	Fonds propres	10 000
Stocks	70 000	Dettes banc. MT	5 000
Clients	2 000	Fournisseurs	33 000
Banque	–	Banque	35 000
	83 000		**83 000**

› Entreprise F

Compte de résultat (12 mois)

Chiffre affaires	100 000
Achats	1 000
Charges externes	17 000
Frais de personnel	80 000
Dot. amortiss.	200
Frais financiers	200
Impôt société	600
Résultat net	1 000

Bilan (au 31.12)

Immo nettes	1 000	Fonds propres	2 000
Stocks	–	Dettes banc. MT	1 000
Clients	2 000	Fournisseurs	1 000
Banque	1 000	Banque	–
	4 000		**4 000**

Dettes bancaires MT = moyen terme... Les fonds propres sont donnés après répartition du résultat.

E ›3 Correction

L'exercice ne présentait pas de grosses difficultés compte tenu du caractère très typé des bilans et comptes de résultat proposés. On pouvait procéder par élimination (en commençant à traiter les cas les plus « évidents », par exemple les entreprises fonctionnant sans stock...) ou par analyse. Certains renseignements étaient déterminants (nature des clients, des fournisseurs, bien sûr type d'activité, parfois date de clôture du bilan...), d'autres tout à fait secondaires (nombre de caisses dans le supermarché...).

› **Agence immobilière** : entreprise de services, donc pas de stock *a priori*, pas ou peu de crédit fournisseurs, peu d'immobilisations, forte valeur ajoutée comme toute entreprise de services, beaucoup de personnel (vente de savoir-faire, de talent commercial...). Les seuls documents comptables présentant ces critères sont ceux de **l'entreprise F**. On retrouve un faible niveau de stock dans d'autres bilans : par exemple C, mais avec de très gros achats (donc négoce...) ou D, mais avec de très grosses immobilisations (incompatibles avec une agence immobilière).

› **Supermarché** : entreprise de négoce à marge commerciale faible, ne nécessitant pas de grosses immobilisations. Pas de crédit à consentir à ses clients (paiement comptant), important crédit fournisseurs (donc BFR sans doute négatif, donc trésorerie large). Ce ne pouvait être que **l'entreprise C** : stocks = 8 j d'achats, grosse trésorerie en raison d'un BFR fortement négatif (Stocks + clients – fournisseurs = – 26 000) et d'un FDR nul (2 000 – 2 000). FDR – BFR = + 26 000 de trésorerie d'ailleurs placée puisque présence au compte de résultat de produits financiers (1 000).

› **Négoce de matériaux** : activité de grossiste (clientèle constituée d'artisans), donc présence *a priori* de crédit clients. Mais présence aussi a priori de crédit fournisseurs. Marge commerciale sans doute faible, mais plus élevée néanmoins que le supermarché. Stock constitué sans doute de nombreuses références (pour répondre à une demande très diversifiée) d'articles qui ne se périment pas. Des immobilisations plus importantes qu'un supermarché (sans doute véhicules de transport, grues, etc... pour manutentionner ou livrer des articles pondéreux). On pouvait, l'espace d'une seconde..., hésiter peut-être entre les entreprises B et E (niveau des achats...) mais éliminer tout de suite après E en raison du poids exorbitant des stocks (qui représentent 303 j d'achat c'est-à-dire 84 % !) et de la faiblesse du crédit clients (6 jours) incompatible avec une activité de négoce entre professionnels... Il ne restait donc que **l'entreprise B** : marge commerciale relativement faible, gros crédit inter-entreprise, immobilisations assez conséquentes...

› **Parc d'attraction** : activité de services donc peu d'achats (sauf activité de bar...), peu de stock, pas de crédit clients (clientèle familiale) sauf peut-être à quelques groupes ou tour-opérateurs... Mais très certainement de grosses immobilisations correspondant aux multiples attractions proposées. Seule **l'entreprise D** répond à ces critères.

› **Entreprise de fabrication de pet-foods** : entreprise typiquement industrielle (transformation), donc grosse valeur ajoutée, donc a priori gros BFR (peu de ressources en provenance des fournisseurs, gros crédit client en faveur de la grande distribution ou des pet-shops et sans doute stock relativement important à la fois de MP, d'encours de production et de produits finis). Importantes immobilisations sans aucun doute (usine, matériels). Il s'agit donc de l'**entreprise A**.

› **Entreprise de collecte et négoce de céréales** : certes il ne reste que **l'entreprise E** ! C'est donc forcément celle-là, mais essayons de justifier les postes les plus significatifs. Entreprise de négoce, donc faible marge commerciale (voir montant des achats). Importantes immobilisations : en capacités de stockage, en matériel de séchage, en matériels de transport... Très gros stock à la date d'arrêté (31.10), parce qu'à cette date la collecte vient de se terminer (encore fallait-il savoir que le maïs se récolte en octobre...), et gros crédit-fournisseurs (les achats de maïs étant réglés aux agriculteurs sous 15 j à 3 semaines, l'entreprise reste leur devoir au 31.10 tous ses achats depuis le 12 ou le 15 octobre... Le maïs étant ensuite revendu aux entreprises de l'agro-alimentaire sur la période novembre-mars, peu de crédit clients puisque, à cette date, les ventes n'ont pas commencé. Le financement de ce besoin exceptionnel au 31.10, notamment en raison du stock, se fait par un crédit bancaire à court terme (dit « de campagne » car limité à cette période annuelle très critique). On voit d'ailleurs que ce crédit n'est utilisé que ponctuellement au niveau relativement faible des frais financiers... Pour aller plus loin, à quelle date le bilan devrait-il être clôturé pour donner une image moins « tendue » de la situation financière ? Sans doute fin février ou fin mars (le stock serait écoulé et le crédit de campagne remboursé, mais l'entreprise commencerait peut-être à stocker des semences et des engrais, second volet de son activité), ou alors fin août (stock de semences et d'engrais écoulé, et pas encore de stock de maïs..., donc sans doute besoin de trésorerie au plus bas). Retenons que la date de clôture de l'exercice est déterminante sur la physionomie du bilan des entreprises à activité saisonnière, tout en étant complètement neutre sur leur compte de résultat (quelle que soit la date d'arrêté, il y aura toujours 12 mois de ventes, 12 mois d'achats, 12 mois de frais généraux, etc. et donc le même résultat).

chapitre 3

L'approche analytique du compte de résultat

La présentation du compte de résultat suivant le modèle fiscal répond à une logique intéressante qui distingue l'activité d'exploitation proprement dite, puis l'activité financière et enfin l'activité exceptionnelle. Elle n'en demeure pas moins entachée d'insuffisances aux yeux de l'analyste. Essentiellement parce qu'elle globalise (ou agrège) des éléments qu'il conviendrait d'isoler si l'on veut mieux comprendre les choix de gestion opérés par le dirigeant.
Quelques exemples de ces insuffisances.

- La ligne **FL** donne un chiffre d'affaires qui comprend des recettes pouvant être issues de trois activités différentes. Si toutes les entreprises avaient des comptes aussi simples que ceux qui sont décrits à l'application du chapitre précédent, ce ne serait pas très gênant. Malheureusement ce n'est pas le cas. Souvent les trois activités cohabitent : pensons par exemple à une entreprise qui ferait du négoce de matériels agricoles (ventes de marchandises ligne **FC**), mais qui aurait en outre une activité de fabrication de petits outils de jardin (ligne **FF**), et enfin une activité de maintenance de ces matériels (prestations de service ligne **FI**)... Même si l'addition des trois donne bien le chiffre d'affaires, il serait intéressant de pouvoir mesurer par exemple la marge dégagée par chacune...
- Les lignes **FM** à **FQ** additionnent ensuite des produits dits « d'exploitation » (voir indication verticale en marge...). Pour la production stockée et immobili-

sée, c'est le cas. Pour les subventions d'exploitation, on peut en discuter : ce sont certes des produits qui sont liés à l'exploitation (revoir explication de la ligne **FO**) mais qui ne proviennent pas *directement* de cette exploitation. C'est une richesse qui ne procède ni du talent de l'entreprise, ni de son savoir faire, ni de la mise en œuvre de son outil : c'est de l'argent tombé du ciel ! Les reprises et les transferts de charges ne sont pas plus des produits d'exploitation : les reprises viennent annuler une provision antérieure et les transferts viennent annuler - pour changer sa destination - une charge de l'exercice : ce sont par essence des produits fictifs... Quant aux autres produits (**FQ**), si l'on met dans ce compte le loyer encaissé par une entreprise du secteur aéronautique de Toulouse sur un bureau qu'elle possède à Paris, l'exploitation a-t-elle quelque chose à y voir ?

• La ligne **FW** quant à elle fonctionne un peu comme un « pot commun » dans lequel on va retrouver des charges qui n'ont de comparable entre elles que leur nature juridique, mais certainement pas leur nature économique, notamment les redevances de crédit-bail et les charges liées au recours à du personnel intérimaire :

Mécanisme du crédit-bail : lorsque une entreprise a besoin d'investir dans un immeuble (usine... atelier) ou un matériel (machine, véhicule), elle a la possibilité d'acquérir en propre ce bien (solution qui paraît peut-être la plus « logique ») ou de le faire acquérir par une société spécialisée auprès de laquelle elle souscrira ensuite un contrat de location avec possibilité, au terme de ce contrat, de l'acheter pour une valeur très faible (valeur résiduelle). Concrètement, la société de crédit-bail va acquérir, en le finançant par un emprunt, le bien désigné par l'entreprise bénéficiaire, le rentrer dans son propre bilan (puisqu'elle en sera propriétaire), et donc l'amortir dans son propre compte de résultat. Ce bien sera ensuite donné en location à l'entreprise bénéficiaire qui réglera tous les mois une facture de loyer, enregistrée, comme les autres loyers, en « charges externes » (**FW**). La période de location correspond en général à la durée sur laquelle la société de crédit-bail peut amortir ce bien. Si, pour l'entreprise bénéficiaire, l'opération s'analyse juridiquement comme une prise en location, d'un point de vue économique elle ressemble beaucoup à un « investissement » classique. Le matériel (ou l'usine) pris en location aura, pour le bénéficiaire, strictement la même utilité économique que si elle en était propriétaire. Et, de fait, le loyer payé par l'entreprise peut s'analyser financièrement comme une mensualité de remboursement d'emprunt. La plupart des dirigeants de PME font d'ailleurs rarement la différence... L'analyste, en général, ne la fera pas non plus, considérant que le crédit-bail n'est qu'une forme alternative de financement (par rapport au crédit bancaire direct), et il « retraitera » cette information à l'aide des renseignements qu'il trouvera par ailleurs : lignes **HP** et **HQ** feuillet 2053, d'une part, et lignes **YQ** et **YR** feuillet 2058-C d'autre part.

Le personnel intérimaire : c'est aussi une alternative au recrutement de personnel salarié, auquel l'entreprise aura ponctuellement recours pour répondre à une pointe de production (saisonnalité ou commande exceptionnelle). Ce personnel est recruté par la société d'intérim et donné ensuite « en location » (pourrait-on dire...) à l'entreprise qui en exprime le besoin. Cette dernière réglera à la société d'intérim une facture de prestation de services (donc « charge externe »), comprenant la rémunération du personnel en question et la marge de l'agence. C'est un personnel qui coûtera ponctuellement plus cher qu'un personnel régulièrement salarié, mais sur une période courte en général (mieux vaut payer 5 000 € à la société d'intérim pour la « location » d'un collaborateur pendant deux mois, que 2 000 € par mois pendant 12 mois pour le même collaborateur salarié régulier de l'entreprise, si celle-ci n'en a besoin que pendant ces deux mois-là. Mais, de fait, ce collaborateur aura, au cours de ces deux mois, la même utilité économique qu'un collaborateur salarié : il a, comme lui, une tête, deux bras et deux jambes ! L'analyste retraitera donc cette charge comme une charge directe de personnel en la retirant de la ligne **FW** pour l'incorporer à la ligne **FY** + **FZ**). L'information est fournie feuillet 2058-C ligne **UY**.

L'approche analytique du compte de résultat va conduire à le « re-construire » suivant un schéma, prévu d'ailleurs par le Plan Comptable Général de 1982 (PCG 82) mais rarement utilisé par les petites PME, qui va isoler des soldes caractéristiques (production, consommation, valeur ajoutée, excédent d'exploitation...) de la gestion de l'entreprise, appelés pour cette raison « Soldes Intermédiaires de Gestion » ou « S.I.G. » (voir annexe 2 modèle de tableau de construction des SIG). Cette nouvelle « construction » servira en outre de point de départ pour le calcul de la capacité de l'entreprise à dégager les ressources nécessaires à son financement, en abrégé : « capacité d'autofinancement », ou « CAF ». Ce concept de CAF est fondamental en analyse financière, comme on le verra dans les développements à venir.
Avant de s'entraîner à construire un tableau des SIG (en fin de ce chapitre), nous allons les passer en revue un par un pour comprendre d'abord leur signification et leur utilité.

> A

La Marge Commerciale

Premier solde intermédiaire qui indique la marge réalisée par une entreprise sur sa seule activité de négoce. Elle ne résulte pas – comme on le croit souvent – de la différence entre « Ventes de marchandises » et « Achats de marchandises », mais entre « Ventes... » et « Consommation de marchandises ». Elle intègre donc la variation positive ou négative du stock de marchandises.

› **Exemple.** Soit une entreprise présentant les comptes suivants :

Stock de marchandises au 1er janvier N (stock initial SI)	3 000
Ventes de marchandises année N	50 000
Achats de marchandises année N	40 000
Stock de marchandises au 31 décembre N (stock final SF)	5 000

On obtient :
Achats consommés au cours de N = 40 000 + 3 000 (SI) – 5 000 (SF) = 38 000
Marge commerciale = 50 000 (Ventes N) – 38 000 (achats consommés) = 12 000. En réalité, pour réaliser 50 000 de ventes, l'entreprise a pu limiter sa consommation de marchandises à 38 000. Elle n'a pas été obligée de consommer ses 40 000 d'achats.

Sur le feuillet 2 052 de la liasse fiscale, ces comptes seraient présentés de la manière suivante :

Ventes marchandises (**FC**)	50 000	
Achats marchandises (**FS**)	40 000	
Δ stock marchandises (**FT**)	(2 000)*	c'est-à-dire SI – SF

* En général, sur la liasse fiscale, les chiffres négatifs sont présentés entre parenthèses

La marge commerciale se calculera donc ainsi :

FC – (**FS** + **FT**), **FT** étant pris pour sa valeur algébrique, soit :

50 000 – [40 000 + (2 000)] = 12 000

Si nous avions eu au contraire une Δ de stock ligne **FT** de 2 000 (donc signe positif), la marge aurait été de : 50 000 – (40 000 + 2 000) = 8 000. En effet, dans ce cas, l'entreprise aurait revendu non seulement les 40 000 achetés dans l'exercice mais aussi les 2 000 prélevés sur son stock initial, pour ne réaliser toujours que 50 000 de ventes. On comprend que la performance commerciale n'est pas la même !

• › Utilité de ce premier solde de gestion

Elle est essentiellement d'ordre comparatif. Il sera intéressant de comparer les taux respectifs de marge commerciale de l'entreprise A part rapport à B, sous réserve qu'elles exercent toutes les deux *strictement* le même métier, en faisant : **marge commerciale/ventes de marchandises.** La marge commerciale de 12 000 ci-dessus correspond à un taux de marge commerciale de 24 %.

Il sera surtout intéressant de comparer l'évolution dans le temps de ce taux de marge commerciale au sein de la même entreprise, sur 3 ou 4 exercices consécutifs.

- Un taux stable ou en croissance lente serait un indicateur plutôt positif : entreprise en phase de maturité, bien installée sur son marché.
- Une évolution en dents de scie révélerait une incapacité à maîtriser le marché (ou à tout le moins des difficultés). C'est le caprice du client qui fait la loi...
- Une évolution à la baisse (lente...) pourrait avoir deux significations contradictoires :

– Soit l'entreprise est de moins en moins performante... Baisse des prix pour suivre la concurrence... produit vieillissant et maintien du chiffre en sacrifiant ses marges... On pourra porter ce diagnostic lorsque, parallèlement à cette évolution, le chiffre d'affaires (CA dorénavant...) connaîtra sur la même période une stagnation ou, pire, une baisse.

– Soit au contraire cette évolution procédera d'une politique commerciale agressive de gain de parts de marché (PDM...) et elle s'accompagnera alors d'une croissance du CA.

Le taux de marge commerciale mesure, par rapport à un CA de 100, la différence entre ce CA et le coût des marchandises qu'il a fallu consommer pour le réaliser. À ne pas confondre avec le taux appliqué à un prix d'achat pour obtenir un prix de vente. Lorsqu'un commerçant dit : « J'applique un taux de marge de 24 % », il signifie qu'il vendra 124 ce qu'il a acheté 100. Et on s'arrête là. On ne cherche pas à savoir si, sur ce qu'il a acheté 100, il a tout vendu, ou seulement la moitié, ou rien du tout... L'approche financière va au-delà.

> B La production

Après l'activité de négoce et la marge commerciale qu'elle dégage, l'analyste va s'intéresser à la production de l'entreprise. Le chiffre d'affaires, comme son nom l'indique, se limite à ce que l'entreprise a vendu. La notion de « production » va au-delà et concerne ce qu'elle a produit, qui peut avoir été vendu, ou stocké (par définition, en attente d'être vendu), ou immobilisé, c'est-à-dire, dans ce dernier cas, entré dans son patrimoine stable.

La production peut être définie aussi comme l'ensemble des biens ayant subi une transformation à l'occasion de leur passage dans les locaux de l'entreprise. Il ne s'agit pas d'ailleurs que de biens industriels. Les services sont aussi une production de l'entreprise. Ils sont même souvent le fruit d'une création pure... Si la production industrielle consiste à transformer un bien (ou une matière première...) en un autre bien plus élaboré, c'est-à-dire à créer une richesse qui se mesurera par la différence de valeur entre les deux, l'activité de service va créer une richesse souvent à « partir de rien », en ne mettant en œuvre que de la matière grise. Lorsqu'une entreprise de maintenance de matériel informatique intervient sur un ordinateur « en panne » pour en faire, après son intervention, un ordinateur « en état de marche », elle a bien créé une richesse qui se mesurera par le prix que le propriétaire de l'ordinateur accepte de payer pour pouvoir le ré-utiliser normalement. Ce prix est indépendant de celui de l'ordinateur lui-même. La richesse créée est toujours égale à la satisfaction d'un besoin.

Le solde « Production » sera donc la somme algébrique des quatre seuls postes du compte de résultat concernés par l'activité économique de transformation : lignes **FF** + **FI** + **FM** + **FN**. Ne pas oublier que **FM** représente ce que l'entreprise a ajouté (+) ou repris (–) sur son stock de produits finis, qui se mesure par la différence entre son stock final et son stock initial. C'est un poste de variation de stock (seulement en valeur, d'ailleurs, et non en volume... Le stock peut avoir diminué en volume, et sa valeur avoir augmenté du fait d'une hausse des prix...).

› Exemple. Une entreprise présente les comptes suivants :

Stock de produits finis au 1er janvier N (**BR** au bilan)	5 000
Stock de produits finis au 31 décembre N (**BR** au bilan)	1 000
Production vendue de biens (année N) (**FF** au compte de résultat)	50 000
Production vendue de services (année N) (**FI**)	7000
Production stockée (année N) (**FM**)	(4 000)
Production immobilisée (année N) (**FN**)	800

L'entreprise a bien vendu pour 57 000. Mais elle n'a pas produit 57 000 au cours de l'année N, puisque 4 000 proviennent d'un prélèvement sur son stock initial de 5 000, stock initial qui, par définition, résultait de la production de l'année N-1. Au cours de la seule année N, elle aura produit : 50 000 + 7 000 + (4 000) + 800 = **53 800**.

• › Utilité du solde « Production »

Comme souvent en analyse financière, le solde en valeur nominale n'a pas une grande signification. Qu'une entreprise réalise une production de 10 000 ou de 1 milliard, l'information en soi présente peu d'intérêt, si ce n'est pour constater – mais il ne faut pas être un génie pour cela – que la seconde est plus « grosse » que la première... Encore que cette information, même à l'état brut, donne déjà certaines idées sur les moyens que chacune a dû mettre en œuvre pour réaliser ces chiffres : il est à peu près certain par exemple que la seconde utilise plus de matériel, sans doute plus de personnel, que la première. On peut imaginer aussi que, de ce fait, elle mettra en œuvre plus de capitaux, qu'il lui faudra donc des actionnaires « solides » et/ou des banquiers fidèles. Qu'enfin, pour rémunérer ces partenaires, elle devra dégager plus de résultat que la première, en valeur absolue bien sûr, mais aussi en valeur relative (résultat/production).
Ce solde va surtout servir de point de départ à l'analyse de la productivité, c'est-à-dire à l'examen de la « capacité à produire un certain volume à partir de certains moyens ». Si deux entreprises produisent 10 000, l'une avec un outil qui a coûté 2 000, l'autre avec un outil de 3 000, on dira que l'outil de la première est plus productif que celui de la seconde **(production/actif immobilisé)**. Mais peut-être la seconde utilise-t-elle moins de personnel... On mesurera donc aussi la productivité spécifique des individus **(production/effectif employé)**... Enfin, le volume de production sera fonction de l'ensemble des capitaux mis en œuvre (pour entretenir un stock, pour financer les délais de paiement consentis aux clients...), et on sera donc conduit à comparer aussi la productivité de tous ces capitaux. Nous y reviendrons dans l'analyse détaillée de certains ratios (chapitre 5).
Comme en matière de marge commerciale, l'analyse de la productivité (par exemple de l'outil industriel...) doit toujours être prudente. Si un outil de 2 000 permet de produire 10 000, on dira que 1 € investi (dans l'outil...) permet de produire 5 €. Si l'année suivante, l'entreprise réalise un investissement supplémentaire de 1 000, et ne produit que 12 000, on pourra dire que 1 € investi n'a produit que 4 € (12 000/3 000) et, en première analyse, en conclure que la productivité a baissé. C'est peut-être vrai, mais c'est peut-être faux, pour plusieurs raisons :

- D'abord on sait bien qu'un investissement nouveau ne produit pas instantanément au maximum de ses capacités (délais de formation du personnel..., de réglage des machines... etc.). Il y a toujours une certaine inertie entre le moment où le matériel entre dans l'usine et le moment où il travaille au plein de ses capacités.
- Ensuite, lorsque l'on mesure les capitaux investis dans l'outil, c'est toujours à la date d'arrêté de l'exercice. Le nouveau matériel a-t-il été acquis 11 mois auparavant... ou seulement 15 jours ? Ce ne sera pas la même chose ! Parfois l'information est disponible, parfois elle ne l'est pas.

• Enfin, de quelle production parle-t-on ? Les 2 000 de production supplémentaire, dans notre exemple, sont-ils constitués strictement des mêmes biens que les 10 000 de l'année précédente ? On ne peut comparer la productivité réalisée par un atelier qui fabrique des motos de 125 cc avec celle réalisée, dans la même entreprise, par un atelier qui fabrique des 500 cc...

Le solde « production » permet de mesurer ou de comparer une productivité, non une rentabilité. La rentabilité est la capacité à dégager un bénéfice. On peut très bien trouver une entreprise A qui produit 10 000 avec un outil de 2 000 et un effectif de 40 personnes, et une entreprise B (même secteur d'activité évidemment...) qui produit aussi 10 000 avec un outil de 3 000 et 50 personnes. De toute évidence la productivité de A est meilleure... Mais si A ne réalise que 800 de bénéfice alors que B en réalise 1 000, c'est évidemment B qui est plus rentable. Il sera intéressant dans cette hypothèse de comprendre pourquoi la performance de A en termes de productivité ne se retrouve pas dans sa rentabilité... C'est l'analyse des soldes intermédiaires suivants qui fournira la réponse.

> C
La Valeur Ajoutée

C'est un solde majeur de l'analyse du compte de résultat. Il indique le volume de richesse nette créée par l'entreprise qui se mesure par la différence entre ce qu'elle a produit et ce qu'elle a consommé pour réaliser cette production. La consommation ne se limite pas aux seules matières premières ou produits semi-élaborés qui seront transformés pour donner un produit fini. L'entreprise va aussi consommer de l'énergie (pour faire fonctionner ses machines...), des prestations fournies par des tiers (maintenance du matériel, recours à des Conseils qui vont facturer des honoraires, abonnements à des documentations techniques...), des services (publicité, téléphone...), autrement dit tout ce qui sera nécessaire à la réalisation de cette transformation.
La différence (production – consommation) exprime donc bien la valeur que l'entreprise a réellement ajouté (grâce à son talent, son savoir-faire...) à la valeur d'origine de ce qu'elle a consommé.
Le calcul de ce solde est relativement aisé. En première approche, il résultera de la différence : Production – consommations en provenance des tiers, c'est-à-dire :
Solde calculé précédemment – [(**FU** + **FV**) + **FW**], sachant que (**FU** + **FV**) exprimera la consommation, au cours de l'exercice, des seules matières premières et approvisionnements. On retrouve, dans cette définition de la consommation de matières, le calcul que nous faisions pour la consommation de marchandises, c'est-à-dire : achats + Δ de stocks (+ ou –). Si une entreprise achète 1 000 au cours de l'exercice mais que son stock final constate un accroissement de 200 par rapport à son stock initial, elle n'a consommé que 800. Le bilan au 31.12.N et le compte de résultat de l'exercice N présenteront les comptes ci-dessous :

Stock matières premières (stock final au bilan) (**BL**)	300
Achats matières premières (**FU**)	1 000
Δ stock matières premières (**FV**)	(200)

On en déduit :

Consommation : **FU** + **FV** = 800
Stock initial : Stock final + Δ = 300 + (200) = 100

Le calcul de la consommation de matières ne pose donc pas de problème. Celui des autres consommations (**FW**) demandera parfois des retraitements. Souvenons-nous de la critique que nous faisions en début de ce chapitre sur les inévitables mélanges, au sein de ce poste, de charges n'ayant pas de caractéristiques économiques communes : crédit-bail, personnel intérimaire. La valeur ajoutée est l'expression : Production – consommations en provenance des tiers. Il ne faut donc retenir dans l'équation que les consommations provenant réellement de l'extérieur de l'entreprise. Or la rémunération du personnel est une consommation interne à l'entreprise... L'obligation d'amortir l'outil de production, pour pouvoir le renouveler ensuite, est aussi une consommation interne... C'est pourquoi les charges liées à ces deux postes (**FY**, **FZ**, **GA**...) ne sont pas prises en compte pour le calcul de la valeur ajoutée.

Et si l'on souhaite faire une analyse fine de la façon dont se forme le résultat étape par étape, on va évidemment considérer que le personnel intérimaire doit être traité comme le personnel salarié de l'entreprise, et venir s'ajouter aux frais de personnel (**FY** + **FZ**)... On considérera de même (au niveau de l'analyse uniquement...) que le matériel acquis en crédit-bail doit être traité comme du matériel propre de l'entreprise, et, à ce titre, amorti comme ce dernier. Autrement dit, on considérera que ces deux postes spécifiques de consommation (qui représentent bien, juridiquement, des consommations « externes »), sont, en fait, de réelles consommations internes d'un point de vue économique.

Dans le calcul de la valeur ajoutée, on ne retiendra donc que la partie « externe » de la ligne **FW**, c'est-à-dire après déduction des loyers de crédit-bail (**HP** + **HQ**) et du personnel intérimaire (**YU** sur 2058-C). Certains analystes, qui souhaitent aller au fond des choses, retraiteront parfois la sous-traitance (comprise dans cette ligne **FW** et détaillée ligne **YT** feuillet 2058-C). Outre qu'il est toujours difficile de savoir ce que recouvre exactement la sous-traitance, ce retraitement ne semble pas s'imposer dans la mesure où il s'agit toujours d'une consommation externe... On se contentera par conséquent des retraitements sur le crédit-bail et le personnel intérimaire pour bâtir les SIG.

Enfin, même si la marge commerciale (1er SIG) n'est pas à proprement parler une richesse créée par l'entreprise (pas de transformation...), on ne peut pas faire comme si elle n'existait pas ! L'entreprise de négoce crée bien un peu de valeur : entre le producteur de cigarettes qui vend au débitant de tabac et ce dernier qui vend au consommateur final, certes le paquet de cigarettes n'a subi aucune transformation, mais il a tout de même gagné de la valeur : livré par cartons de 100 cartouches, il a été mis en étagère, présenté de manière à susciter l'achat..., autrement dit, il a été « mis en valeur ». Même l'accueil de la vendeuse contribue à ajouter de la valeur à ce paquet de cigarettes... La preuve ? Il sera choisi par préférence au même paquet vendu au même prix chez un concurrent. Lorsque l'on dit : « Je préfère acheter mes cigarettes chez X plutôt que chez Y », on manifeste que le paquet vendu par X a plus de valeur, *à nos yeux,* que celui vendu par Y...

En dernier ressort, la valeur ajoutée s'exprimera donc :

(Marge commerciale + Production) – consommation en provenance des tiers

En se référant aux repères de la liasse fiscale, on aura :

(Marge commerciale + production) – [(FU + FV) + (FW – HP – HQ – YU)]

› **Exemple.** Soit une entreprise qui présente les comptes suivants :

Ventes de marchandises (FC)		3 000
Production vendue de biens (FF)		19 000
Production vendue de services (FI)		1 000
Production stockée (FM)		(2 000)
Achats de marchandises (FS)		1 900
Δ de stock de marchandises (FT)		600
Achats matières premières (FU)		10 000
Δ stock matières premières (FV)		(1 000)
Achats et charges externes (FW)		2 000
dont crédit-bail (HP)	*400*	
dont personnel intérim (YU)	*200*	

Marge commerciale :

FC – (FS + FT) = 3 000 – (1 900 + 600) = 500

Production :

(FF + FI + FM + FN) = 19 000 + 1 000 + (2 000) + 0 = **18 000**

Valeur ajoutée :

Marge commerciale + production – consommations externes (sauf crédit-bail et intérim)

[(500 + 18 000)] – [10 000 + (1 000)] – [2 000 – (400 + 200)] = **8 100**

• › Utilité du solde « Valeur ajoutée »

On rappellera, pour mémoire, que la valeur ajoutée est d'abord un solde utilisé en macro-économie : la Production Intérieure Brute d'un pays est constituée de la somme des valeurs ajoutées par toutes les entreprises de ce pays, autrement dit la somme des richesses qu'elles ont créées.

Pour l'analyste financier, la valeur ajoutée est un solde qui va renseigner sur le degré d'intégration de l'entreprise. On dit d'une entreprise qu'elle est plus ou moins « intégrée » selon qu'elle maîtrise un processus de production plus ou moins long : celle qui fabrique des meubles à partir d'éléments déjà finis qu'elle se contente d'assembler est moins intégrée que celle qui fabrique les mêmes meubles à partir de troncs d'arbres... La seconde devra connaître plusieurs métiers (choix des essences d'arbres, sciage, rabotage, découpe et assemblage), investir dans une ligne de production plus complète, donc mettre en œuvre plus de capitaux... alors que la première aura un fonctionnement plus léger : moins de savoir-faire, moins de machines, moins de capitaux et, au total, logiquement moins de résultat. On mesure en général ce degré d'intégration par le ratio **Valeur ajoutée/Production** :

- moins de 30 % : production peu intégrée,
- de 30 à 60 % : production relativement intégrée,
- plus de 60 % : production très intégrée (cas typique de la production de services...).

Si le degré d'intégration a une incidence directe sur le volume des capitaux à mettre en œuvre, l'analyste examinera l'origine de ces capitaux, leur coût, leur répartition, etc... aussi bien pour ceux qui ont été investis dans l'outil que pour ceux qui financent le cycle d'exploitation. Nous y reviendrons avec l'examen du bilan.

Enfin, l'analyste va chercher à comprendre comment cette valeur ajoutée a été répartie entre les agents économiques qui ont apporté leur concours à sa création. Ils peuvent être classés en quatre catégories, chacun apportant une contribution plus ou moins importante :

- d'abord le personnel de l'entreprise, qui a apporté son travail,
- puis l'État, qui apporte à l'entreprise des infrastructures (routes pour transporter ses marchandises, écoles et hôpitaux pour former ou soigner son personnel, organismes divers pour l'aider à exporter, etc.),
- puis les créanciers, qui apportent des capitaux,
- enfin, l'entreprise elle-même, qui met un outil ou un fonds de commerce à la disposition de l'exploitation, qui a mobilisé des capitaux auprès de ses actionnaires, etc.

La valeur ajoutée, produite par la combinaison des efforts de ces quatre partenaires, va aussi leur être *intégralement* redistribuée :

- par le biais des frais de personnel pour les salariés,
- par le biais des impôts et taxes pour l'État,
- par le biais des frais financiers pour les prêteurs.
- après qu'elle aura rémunéré ces trois premiers partenaires, le solde résiduel de valeur ajoutée rémunérera l'entreprise. Il représentera son potentiel d'autofinancement, sa « capacité d'autofinancement » ou « CAF ». C'est dire aussi que ce solde peut être nul, voire négatif...

En première approche, on peut donc écrire l'équation :

Valeur ajoutée – frais de personnel – impôts – frais financiers – CAF = 0

ou encore :

Valeur ajoutée – frais de personnel – impôts – frais financiers = CAF

On peut aussi, et généralement c'est ce que l'on fait, mesurer la part de la valeur ajoutée qui va à chacun de ceux qui y ont contribué. On mesurera par exemple :

Frais de personnel/valeur ajoutée (ou VA)
État/VA
Créanciers/VA
CAF/VA

(dont le total donnera toujours 100 %). Ces ratios expliqueront en général assez bien les choix ou arbitrages de gestion de l'entreprise : moins de personnel salarié signifie souvent plus de machines (pour simplifier...), donc plus de capitaux à mobiliser : le premier ratio baissera, alors que le 3e et le 4e progresseront... Comme toujours, c'est l'évolution de ces ratios dans le temps qui présentera de l'intérêt.

> D
L'Excédent Brut d'Exploitation (EBE)

C'est le solde qui vient après la Valeur Ajoutée. Il s'obtient en retranchant de cette dernière les impôts et taxes (**FX**) et les frais de personnel (**FY** + **FZ** + **HJ** + **YU**). Constatons que l'on a inclus dans ces derniers le coût du personnel intérimaire (**YU**) que l'on avait exclu de la ligne **FW**. Par contre l'impôt sur les bénéfices (**HK**) reste classé au bas des SIG (à la place qu'il occupe en fait dans le compte de résultat). Il ne serait pas choquant de l'agréger, uniquement dans l'approche SIG bien entendu, à la ligne **FX**, quitte à débaptiser alors l'avant-dernier SIG (que nous verrons plus loin).
Si le compte de résultat fait apparaître des subventions d'exploitation, on les rajoutera à la valeur ajoutée pour obtenir l'EBE.
L'EBE mesure la performance économique de l'entreprise, celle que réalise sa seule exploitation, avant prise en compte de décisions « politiques » ou d'incidences fiscales qui n'affecteront, elles, que le résultat final : politique de provisionnement, d'amortissement, de financement, et donc niveau de l'IS qui en résultera... On pourrait dire aussi que l'EBE est la première mesure réelle de la rentabilité de l'exploitation avant qu'elle ne soit « polluée » par des opérations qui lui sont étrangères :

- payer des frais financiers, ou percevoir des produits financiers, n'est pas lié à l'exploitation mais à une physionomie particulière du bilan...
- un produit ou une charge exceptionnelle résulte, comme son nom l'indique, d'une opération non directement liée à l'exploitation... C'est le cas des opérations regroupées lignes **HA** à **HG** mais aussi de celles comptabilisées **FQ** et **GE** ou **GH** et **GI**.
- provisionner ou ne pas provisionner, telle partie du stock ou du compte

« clients », est une décision du dirigeant, parfois à but fiscal, mais certainement pas une opération d'exploitation…

• même l'impôt sur les bénéfices a un caractère exceptionnel puisqu'il n'est du que s'il y a bénéfice (hors l'impôt forfaitaire…), alors que les impôts comptabilisés ligne **FX** (taxe professionnelle, par exemple…) sont dus quel que soit le niveau du résultat.

› **Exemple.** Reprenons l'exemple du compte de résultat simplifié du paragraphe (p. 60) ci-dessus, que nous allons continuer à « descendre » :

Impôts et taxes (**FX**)	700	
Frais de personnel (**FY** + **FZ**)	4 000	
Dotations aux amortissements* (**GA**)	1 000	
Dotations aux provisions* (**GB** à **GD**)	300	
Résultat financier (**GV**)	(500)	(charges > produits)
Résultat exceptionnel** (**HI**)	200	
Participation des salariés (**HJ**)	200	
Impôt sur les bénéfices – IS*** (**HK**)	400	
Résultat net (**HN**)	600	

* Montant de la dotation de l'année qui vient augmenter les amortissements et les provisions déjà inscrits au bilan. Dans notre compte de résultat il n'y a pas de reprise. Nous aurons donc un accroissement net au bilan…

** Positif, donc produits exceptionnels > charges exceptionnelles

*** On retiendra un taux d'imposition de 40 % (pour arrondir). Le bénéfice brut étant ici de 1 000, l'impôt est donc de 400 et le résultat net de 600. IS = impôt sur les sociétés…

Pour calculer l'EBE, il faut repartir de la valeur ajoutée, soit 8 100, et retrancher les impôts et taxes (sauf l'IS qui restera classé au bas du tableau des SIG – voir ci-après), et les frais de personnel (FDP). Pour ces derniers, on n'oubliera pas de réintégrer le coût du personnel intérimaire (que l'on avait exclu des charges externes (**FW**) pour calculer la VA), soit 200, ainsi que le coût de la participation, soit 200 également.

EBE = Valeur ajoutée – Impôts et taxes – FDP = 8 100 – 700 – (4 000 + 200 + 200) = **3 000**.

• › Utilité de l'EBE

Mesure de la rentabilité des seules opérations d'exploitation, l'EBE mesure aussi la rentabilité des capitaux que cette exploitation a consommés (ou des capitaux dont l'entreprise a besoin pour fonctionner…). On pourra donc comparer utilement ce taux de rentabilité avec celui que l'on aurait pu attendre d'un autre investissement. Si le « capitaliste », c'est-à-dire le détenteur de capitaux, a le choix entre un placement bancaire ou monétaire et un placement dans une entreprise commerciale ou industrielle, il va comparer l'espérance de rentabilité de chaque formule. Si le placement bancaire – par définition non risqué – offre une rentabilité de 4 %, il est logique et légitime d'attendre du placement industriel un taux d'au moins 7 ou 8 %, la différence constituant la rémunération du risque (… de tout perdre !). On utilise parfois le terme « marge opérationnelle » pour désigner l'EBE… (mais attention au sens des multiples adjectifs qui, en finance, peuvent être accolés au mot « marge »).

L'EBE est aussi la mesure primaire du potentiel de trésorerie dégagé par l'exploitation. Il s'agit bien d'une mesure « primaire », qui va donc être affectée par d'autres éléments, et d'un « potentiel », c'est-à-dire d'une base de départ. L'EBE n'est ni la trésorerie que l'on va retrouver au bilan, ni la variation de trésorerie entre deux bilans. Ce concept de « potentiel de trésorerie » (et d'ailleurs tout ce qui concerne la trésorerie en général) doit donc être manipulé avec précaution comme nous le verrons au chapitre 6.
L'EBE est un solde de gestion qui jouit actuellement d'une certaine faveur ! On commence même à voir des annonces de vente de fonds de commerce qui indiquent le CA et l'EBE, là où, autrefois, on indiquait le CA et le résultat... C'est évidemment beaucoup plus logique puisque l'EBE n'est pas affecté par les décisions financières (l'EBE sera le même que l'acquisition soit financée par des fonds propres ou de la dette...) ; dans le cas d'un fonds de commerce, il ne sera même pas affecté par des arbitrages d'amortissement (un fonds de commerce ne peut pas s'amortir...). Indiquer l'EBE à un acquéreur éventuel revient à lui dire : « Voilà ce que dégage l'exploitation de ce fonds. Qu'ensuite vous le financiez par un emprunt ou par vos propres économies, c'est votre problème... L'exploitation stricto sensu dégage bien cet excédent ».
Mais il ne faut pas pour autant en occulter certains défauts :

- Le tableau des SIG considère comme « exceptionnels » les autres produits (**FQ**) et les autres charges (**GE**) parce qu'ils ne sont pas directement liés à l'exploitation (et sont donc exclus de l'EBE). En fait, pour en être sûr, il faudrait connaître la consistance exacte de ces postes. Lorsque l'on comptabilise *chaque année* en « autres charges » des redevances versées sur l'exploitation d'un brevet, on pourrait tout aussi bien les comptabiliser en « charges externes », et l'EBE en tiendrait alors compte.

- L'EBE ne tient aucun compte non plus des charges éventuellement transférées (au bilan ou à un autre compte de charges...) comprises dans la ligne **FP** et dont la liasse fiscale donne le détail ligne **A1** feuillet 2053. Or, si l'on a transféré ces charges, c'est précisément parce qu'elles ne sont plus assimilées soit à des charges externes (**FW**) soit, le cas échéant, à des charges de personnel (**FY** + **FZ**). Elles sont reclassées, en général, en exceptionnel ou même parfois en investissement au bilan (« charges à répartir » ligne **CL**). Or l'EBE les considère, dans l'un et l'autre cas, comme des charges d'exploitation courante... (Cette critique vaut aussi pour la VA, mais à un moindre degré : d'abord les charges dont il s'agit peuvent avoir été classées en FDP, ce qui n'aurait alors pas d'incidence ; par ailleurs ces charges sont généralement d'un montant assez faible et elles pèsent donc relativement moins sur la VA que sur l'EBE).

Au-delà de l'EBE, tous les SIG suivants vont maintenant être affectés par des opérations procédant de choix à caractère financier, comptable ou fiscal, relativement indépendants de l'exploitation courante.

> E
Le résultat d'exploitation

L'EBE était un excédent *brut*. Le résultat d'exploitation aurait pu aussi bien s'appeler excédent *net* ou ENE. Ce solde va en effet intégrer des éléments négligés par l'EBE et pourtant assez proches de l'exploitation, notamment les amortissements et les provisions.

S'il est vrai que l'EBE représente le solde : Produits d'exploitation – charges d'exploitation avant prise en compte d'autres choix de gestion, il n'est pas pour autant un résultat. Les amortissements et les provisions, notamment, sont par essence liés à l'exploitation (même si leur calcul ou leur niveau peuvent différer d'un exercice à l'autre en fonction de considérations financières ou fiscales) : pour exploiter... il faut un outil et il faut donc l'amortir ; pour exploiter encore, il faut en général des stocks et surtout des clients dont la qualité ou la solvabilité pourront évoluer dans le temps et donner lieu à provisionnement. Nous sommes donc bien dans l'exploitation.

Pour l'essentiel, ce sont les amortissements et les provisions (nettes des reprises) qui vont affecter l'EBE pour donner le « Résultat d'exploitation ». On y affectera aussi les autres produits et les autres charges non encore pris en compte, ce qui, en première approche, donnera le calcul suivant :

EBE + reprises (FP) + aut. prod. (FQ) – amort. (GA) – Prov. (GB à GD)
– aut. charges (GE)

N'oublions pas cependant que les amortissements du compte de résultat (**GA**) ne concernent, par définition, que ceux relatifs à l'outil compris dans le patrimoine de l'entreprise, dans ses immobilisations. Celui reçu en location dans le cadre d'un contrat de crédit-bail ne se trouve pas dans le bilan et ne s'amortit pas. Mais comme il donne lieu à versement d'une redevance (loyer...), nous étions d'accord pour considérer cette redevance comme une mensualité (ou une trimestrialité...) de remboursement d'emprunt. Nous l'avions donc exclue du poste « charges externes » ligne **FW** (pour un montant de 400 dans notre compte de résultat simplifié). Il va falloir maintenant la réintégrer « quelque part » (sous peine de ne pas retrouver le bon résultat net au bas du tableau des SIG...).

Assimilable à un remboursement d'emprunt, on va traiter cette redevance annuelle de crédit-bail (lignes **HP** + **HQ**) comme on le ferait d'une véritable annuité d'emprunt, en considérant qu'une partie (3/4 en général) « ressemble » à un remboursement de capital, et l'autre partie (1/4) « ressemble » à un paiement d'intérêts... Certains analystes répartissent 2/3 – 1/3... Cela a peu d'importance et est purement conventionnel. L'essentiel est que chacun sache à quoi sert ce retraitement, d'une part, et surtout qu'il ne change pas ensuite de méthode... On retraitera donc de la manière suivante :

- La partie « capital » (3/4) sera réintégrée aux amortissements de l'exercice (mais il faudra être prudent sur l'interprétation que l'on fera ensuite de ces amortissements...)
- La partie « intérêts » (1/4) sera réintégrée dans les charges financières (ligne **GR**) et viendra donc diminuer le résultat financier de la ligne **GV** du compte de résultat. Même attitude prudente sur ce que l'on fera dire à ce nouveau résultat financier.

Après ces retraitements, le SIG **« résultat d'exploitation »** issu de notre exemple de compte de résultat, se calculera :

3 000 – (1 000 + 300)* – 300 = **1 400** (pas d'autres produits, d'autres charges, ni de reprises)

* 1 000 (ligne **GA**, c'est-à-dire dotation normale aux amortissements) + 300 (3/4 de la redevance de crédit-bail de 400).

Utilité de ce solde

Il représente la contribution de l'exploitation, au sens maintenant tout à fait complet du terme, à l'enrichissement du patrimoine de l'entreprise (éventuellement à l'appauvrissement lorsque ce solde est négatif). À condition d'interpréter, le cas échéant :

- Le montant des dotations aux amortissements en fonction du mode de calcul retenu (linéaire ou dégressif), que l'on trouvera feuillet 2055 cadre B.
- Le niveau des provisions ou des reprises : une absence de provisions peut-être le meilleur signe de santé qui soit (qualité des stocks, des clients...) ou le plus mauvais (on évite de provisionner pour préserver un maigre résultat et éviter de faire apparaître des pertes... qui finiront par apparaître un jour ou l'autre de toutes façons...). Parfois c'est une reprise (c'est-à-dire un produit fictif) qui sera comptabilisée pour donner une apparence de redressement (bien illusoire...) à une exploitation déclinante...

C'est un solde de gestion qui se rapproche beaucoup du solde financier **GG** du compte de résultat, intitulé aussi « résultat d'exploitation », dans la mesure où, comme ce dernier, il prend en compte tous les éléments de l'exploitation (à la « participation des salariés » et au retraitement des « intérêts » de crédit-bail près...).

Plus que le solde en soi, ce sont certaines de ses composantes que l'analyste examinera de plus près, notamment les provisions. En supposant qu'elles sont arrêtées selon un principe de prudence, on s'intéressera, par exemple, à la part du compte clients ainsi provisionnée pour apprécier la solvabilité de la clientèle... On essaiera aussi de savoir, parmi les provisions pour risques et charges, quelles sont celles qui constituent de réelles provisions et celles qui s'apparentent plutôt à des réserves.

Une provision qui aurait le caractère d'une vraie réserve devra un jour ou l'autre être reprise (lorsqu'il ne sera plus possible de la justifier). L'impôt dont l'entreprise avait fait l'économie (lorsque la décision de provisionner a été prise) sera finalement payé lorsque la provision sera reprise. Il n'y aura donc eu que décalage dans le temps du paiement de cet impôt (ce qui est parfois très appréciable !).

Pour toutes ces raisons, la comparaison de ce solde avec celui dégagé par une entreprise concurrente (comparaison inter-entreprises) ou celui dégagé au cours d'un exercice différent (comparaison temporelle), peut s'avérer délicate et pas toujours pertinente. De même, il faut se défier d'un solde unique (celui de l'exercice N...) pour porter un jugement définitif sur une entreprise. Peut-être, précisément sur cet exercice N, ce solde était-il anormalement élevé ou anormalement bas pour des raisons purement circonstancielles.

> F
Le résultat courant avant impôts

Solde très voisin de celui du compte de résultat qui porte le même nom, ligne **GW**, et qui intègre, comme lui, le résultat des opérations financières (qui ont pu dégager des profits ou des pertes).

Concrètement, on obtient ce solde de la manière suivante :

Résultat exploitation +/– op. en commun (+ GH ou – GI) + rés. financier (GV)

le résultat financier étant amputé de la part des « intérêts » de crédit-bail (1/4 de la redevance).

En reprenant notre même exemple, on obtient le **résultat courant avant impôts** :

1 400 + [(500) – 100*] = **800**

* 1/4 de la redevance de crédit-bail de 400

• › Utilité de ce solde

Il exprime l'enrichissement de l'entreprise après prise en compte du coût de ses financements extérieurs (*uniquement du coût*, c'est-à-dire des seuls intérêts...). Comme pour le solde précédent, on examinera plus volontiers sa composante principale : « charges financières », que l'on pourra rapporter au chiffre d'affaires (ratio fétiche des banquiers... parmi quelques autres !), ou, mieux, à l'EBE. Le chiffre d'affaires peut être trompeur : dans le négoce, il peut connaître des croissances très rapides qui ne s'accompagneront pas – loin s'en faut souvent – de la même croissance de l'EBE... On fera donc plutôt appel au ratio : **charges financières/EBE**, en considérant qu'il est souhaitable qu'il ne dépasse pas 30 à 35 %... Et pour ceux qui veulent à tout prix les comparer au CA, qu'ils considèrent que le clignotant orange s'allume, assez souvent, à partir d'un ratio de 2,5 %...

> G
Le résultat de l'exercice

Dernier SIG, qui va permettre de retrouver le résultat ligne **HN** du compte de résultat, qui prend en compte les opérations exceptionnelles et l'IS. Le calcul en est simple :

Résultat courant avant IS + résultat exceptionnel (HI en valeur algébrique) – IS (HK)

Soit dans notre exemple :

800 + 200 (exceptionnel positif) – 400 = 600

C'est le résultat qui sera reporté ligne **DI** du bilan avant répartition, établi le dernier jour de la période concernée par le compte de résultat.

• › Utilité du solde

Peu utile en tant que dernier SIG, dans la mesure où l'on connaît ce chiffre par lecture directe au compte de résultat. Comme il est « facile à trouver », c'est aussi l'un de ceux que l'on va voir en priorité, et c'est sans doute un tort, pour plusieurs raisons :

- D'abord parce que, comme les deux SIG qui le précèdent, ce solde est largement affecté par des décisions politiques d'amortissement ou de provision,
- Et surtout parce que, celui-ci spécialement, est pollué par les éléments exceptionnels dont il n'est pas toujours aisé de dire s'ils sont réellement exceptionnels ou si, bien qu'étant traités comme tels par le plan comptable, ils n'ont pas en définitive un caractère récurrent...

On trouvera en annexe 2 un tableau récapitulatif des soldes intermédiaires de gestion.

> H
La Capacité d'Autofinancement ou CAF

Ce n'est pas un solde intermédiaire de gestion. C'est plutôt un agrégat de plusieurs éléments issus du compte de résultat. À ce titre, il paraît logique de lui réserver une place dans ce chapitre.

Appelée parfois aussi Marge Brute d'Autofinancement (MBA) ou cash-flow (littéralement « flux de trésorerie »...), la CAF représente la part de la valeur ajoutée qui n'a pas été distribuée aux tiers : personnel, État, créanciers. On pourrait dire aussi qu'elle est la ressource nette dégagée par l'activité de l'entreprise hors éléments exceptionnels liés à une cession d'actif (revente d'un élément du patrimoine immobilisé). C'est une notion qui va donc largement au-delà du bénéfice de l'exercice. Le bénéfice résulte de la différence : Produits – charges, mais, parmi ces charges, les dotations aux amortissements et aux provisions notamment ne donnent pas lieu à décaissement. Ces charges, qui sont simplement « calculées », constituent donc une ressource qui reste au sein de l'entreprise.

Le calcul de la CAF ne devrait pas poser de problème. La CAF est l'expression du potentiel de financement interne dégagé par l'entreprise au cours d'un exercice donné, que l'on pourrait exprimer de manière simple par l'équation :

Produits encaissables – charges décaissables

Jusque-là, tout le monde est d'accord. Les choses commencent à se compliquer lorsque l'on entre dans le calcul détaillé de ce potentiel. Que faut-il y mettre ? À partir de quels éléments le calcule-t-on : ceux donnés par le compte de résultat ou ceux fournis par le tableau des SIG ? Comment faut-il traiter le résultat exceptionnel ? S'il est positif, quelle qu'en soit l'origine, y compris revente d'un élément de l'actif immobilisé, ce résultat a bien contribué à la création de ce potentiel... S'il est négatif, il faut y regarder de plus près : peut-être provient-il d'opérations qui n'ont pas donné lieu à une consommation d'autofinancement (voir plus bas le cas de la valeur comptable des actifs cédés – VCEAC)... Certes ces querelles sont assez théoriques et souvent les différences d'approche portent sur des nuances. Mais il faut néanmoins bien les maîtriser pour savoir de quoi l'on parle, même si, dans le quotidien de l'analyse on se contentera de l'approche beaucoup plus pragmatique qui consiste à dire : puisque la CAF est la différence « produits encaissables – charges décaissables », il suffit de faire le calcul à l'envers, et d'écrire :

CAF = résultat net + charges non décaissables*

* dotation aux amortissements et aux provisions + VCEAC

Si l'on procède au calcul à partir des SIG, on obtiendra une CAF différente de la précédente dès lors que les amortissements intègrent ceux de crédit-bail... même si la formule est identique à celle ci-dessus.

Toujours à partir des SIG, on peut aussi calculer la CAF par une approche soustractive, comme on l'a vu (p. 61).

CAF = Valeur ajoutée – coût du personnel – coût de l'État – coût des créanciers en se souvenant que la VA n'intègre pas les autres produits et les autres charges, qu'il faudra donc y rajouter..., ni les transferts de charges dont nous verrons plus loin (application p. 71 et suivantes) qu'il faut aussi les rajouter. Cette application permettra de mieux comprendre les mécanismes de calcul et les différences de chaque approche.

› **Exemple.** Essayons simplement, dans un premier temps, de calculer la CAF à partir de l'exemple de compte de résultat qui nous a servi de « fil rouge » (voir p. 60 et 63). Souvenons-nous des chiffres à prendre en compte :

Valeur ajoutée : 8 100

Frais de personnel retraités de la participation et de l'intérim : **4 400**

État : 1 100 (impôts et taxes + IS)
Créanciers : 600 (vraies charges financières + « intérêts » de crédit-bail)
Dotation aux amortissements : 1 300 (1 000 de « vrais » amortissements et 300 de crédit-bail)
Dotation aux provisions : 300
Résultat exceptionnel : + 200
Résultat net : + 600

– *Commençons par la formule de calcul qui part du résultat net :*
CAF = 600 + 1 300 (amortissements retraités) + 300 (provisions) = **2 200**
– *Appliquons maintenant celle qui part de la valeur ajoutée :*
CAF = 8 100 – 4 400 (FDP retraités) – 1 100 (impôts) – 600 (frais financiers retraités) = 2 000, total auquel il convient de rajouter le résultat exceptionnel de 200, partie intégrante du « résultat net » au calcul précédent, ce qui nous donne bien une CAF de 2 000 + 200 = **2 200.**
– *La CAF calculée à partir du compte de résultat, avant retraitement en SIG, serait différente :*
1re formule : 600 + 1 000 (amortissements) + 300 (provisions) = **1 900**
2e formule : 7 500 (VA non retraitée) – 4 200 (FDP hors intérim) – 1 100 (impôts) – 500 (fr. fi.) = 1 700, auxquels il faut rajouter l'exceptionnel de 200 (même démarche que ci-dessus), soit 1 700 + 200 = **1 900.**

Quelle est la « bonne » CAF, demandera-t-on ? Les deux ! Tout dépend de ce que l'on souhaite leur faire dire :

- la CAF calculée à partir des SIG est une CAF économique qui considère notamment que la redevance de crédit-bail est une ressource qui va permettre de prendre en charge le remboursement du... crédit-bail, comme s'il s'agissait d'une dette au sens juridique du terme, ce que le crédit-bail n'est pas,
- la CAF calculée à partir du compte de résultat semble plus proche de la réalité financière : elle servira effectivement, au moins en partie, à rembourser de vraies dettes du bilan,
- enfin, dans les deux cas, nous avons convenu que le résultat exceptionnel était un vrai potentiel de financement. Or, en réalité, nous n'en savons rien, à défaut de détail des comptes. Nous verrons annexe 4 comment on retraite en général ce résultat exceptionnel, et de manière un peu plus approfondie encore chapitre 6.

• › Utilité de la CAF

Ressource interne de l'entreprise, par opposition à celles qui sont fournies par des tiers (prêts bancaires ou autres...), la CAF peut avoir trois destinations... trois utilisations différentes :

- une partie permettra de rembourser le capital des emprunts contractés par l'entreprise (la partie remboursable dans l'année),
- une autre partie ira rémunérer les actionnaires (les associés dans une SARL...) sous forme de dividendes,

• le solde constituera une ressource nette laissée à la disposition de l'entreprise pour investir, financer sa croissance, ou simplement consolider sa situation financière, c'est-à-dire augmenter le patrimoine net de l'entreprise.
La CAF est ainsi une mesure à la fois *de la rentabilité* et de la solvabilité de l'entreprise : de la rentabilité parce qu'elle découle directement du résultat dégagé par son activité ; *de la solvabilité,* parce qu'elle représente le meilleur gage qui soit pour les créanciers. Inutile de dire que les banquiers regardent la CAF à la loupe !

> I Exercice d'application corrigé

I >1 Énoncé

À partir du compte de résultat (incomplet) page suivante de la SA Matagri :

- retrouver le résultat net (taux d'IS : 40 %)
- construire le tableau des SIG
- calculer la CAF de l'exercice (selon les deux méthodes).

On sait par ailleurs que :

- Les charges externes (**FW**) comprennent :
– Des redevances de crédit-bail (**HP**) pour **2 065**
– Du personnel extérieur à l'entreprise (**YU**) pour **84**
– De la sous-traitance (**YT**) pour **2 867**
- La ligne « Reprises... » (**FP**) se ventile :
– Reprises de provisions pour **1 801**
– Transferts de charges (**A1**) pour **1 143**

Compte de résultat Matagri SA de l'exercice 2001 (12 mois)
– clôture au 31 décembre

Ventes de marchandises	FC	173 803
Production vendue de services	FI	16 916
Production stockée	FM	(92)
Subventions d'exploitation	FO	48
Reprises sur amortissements et provisions, transfert de charges	FP	2 944
Autres produits	FQ	653
Achats de marchandises (y compris droits de douane)	FS	146 421
Variation de stock (marchandises)	FT	1 014

.../...

Autres achats et charges externes	FW	17 858
Impôts, taxes et versements assimilés	FX	2 342
Salaires et traitements	FY	14 553
Charges sociales	FZ	6 409
Dotations aux amortissements sur immobilisations	GA	1 147
Dotations aux provisions sur actif circulant	GC	2 749
Dotations aux provisions pour risques et charges	GD	105
Autres charges	GE	311
Résultat d'exploitation	GG	
Produits financiers de participation	GJ	500
Autres intérêts et produits assimilés	GL	728
Intérêts et charges assimilées	GR	1 314
Résultat financier	GV	
Résultat courant avant impôts	GW	
Produits exceptionnels sur opérations de gestion	HA	172
Produits exceptionnels sur opérations en capital	HB	100
Reprises sur provisions	HC	313
Charges exceptionnelles sur opérations de gestion	HE	272
Résultat exceptionnel	HI	
Impôts sur les bénéfices	HK	
Bénéfice ou perte	HN	

Il est suggéré de commencer par compléter le compte de résultat pour se familiariser avec les calculs intermédiaires, la terminologie... et repérer les (petits) pièges, avant de s'attaquer aux SIG.

I ›2 Corrigé

• ›1 Résultat net

Il fallait commencer par trouver un certain nombre de résultats intermédiaires (exploitation, financier, exceptionnel...), puis appliquer le taux d'IS (40 %) sur le résultat brut ainsi déterminé. À titre pédagogique, on isolera aussi les agrégats : chiffre d'affaires, produits d'exploitation, charges d'exploitation.

Chiffre d'affaires : 190 719 (ventes de marchandises + production vendue de services)

Total produits d'exploitation : 194 272 (CA + production stockée en valeur algébrique + subventions + reprises et transferts de charges + autres produits)

Charges d'exploitation : 192 909 (total des charges de « achats de marchandises » à « autres charges »). La Δ de stock de marchandises de + 1 014 corres-

pond à une charge : diminution du stock au bilan, donc appauvrissement du patrimoine. La *consommation de marchandises* de l'exercice se monte en l'occurrence à 146 421 + 1 014 = 147 435.
Résultat d'exploitation : 1 363 (produits – charges)
Résultat financier : – 86 (Produits de participation + autres produits – charges d'intérêts)
Résultat courant avant impôts : 1 277 (Résultat exploitation + résultat financier)
Résultat exceptionnel : 313 (les trois premiers postes sont des produits, le 4e est une charge)
Impôt sur les bénéfices : 636 (somme des résultats intermédiaires, exploitation + financier + exceptionnel, ce qui constitue le résultat brut, soit 1 590, auquel on applique le taux d'IS de 40 %)
Résultat net : 954 (1 590 – 636)

› 2 Construction du tableau des SIG

Elle ne présentait pas de difficultés majeures. On pourra se reporter à l'annexe 2 pour se remettre en mémoire les différents soldes intermédiaires.

Ventes de marchandises	173 803
(–) coût d'achat des marchandises vendues (achats + Δ de stock = 146 421 + 1 014)	(–) 147 435
= **Marge commerciale**	**26 368**
Production (production vendue + production stockée)	**16 824**
Consommation en provenance des tiers (charges externes – Ct bail – intérim)	15 709
(Production + marge commerciale) – consommations externes = **Valeur ajoutée**	**27 483**
(+) subventions d'exploitation	(+) 48
(–) impôts et taxes	(–) 2 342
(–) frais de personnel (salaires + charges + intérim)	(–) 21 046
= **EBE**	**4 143**
(+) reprises de provisions (y compris exceptionnelles) et transferts de charges	(+) 3 257
(+) autres produits	(+) 653
(–) dotations aux provisions	(–) 2 854
(–) amortissements (1 147) et amortissements de Ct bail (3/4 de 2 065 = 1 549)	(–) 2 696
(–) autres charges	(–) 311
= **Résultat d'exploitation**	**2 192**
(+) résultat financier (– 86) et intérêts de Ct bail pour 1/4 de la redevance (– 516)	(–) 602
= **Résultat courant avant impôts**	**1 590**
(+) résultat exceptionnel (produits sauf reprises – charges = 0)	0
(–) impôt sur les sociétés	(–) 636
= **Résultat de l'exercice**	**954**

Il fallait se souvenir de quelques principes.

- La production de l'exercice comprend celle qui a été vendue **et** celle qui a été stockée (et même celle qui aurait été immobilisée s'il y en avait eu ici). La production stockée (– 92) représente la Δ de stock entre les produits finis en début d'exercice et ceux à la date de clôture. En l'occurrence, l'entreprise a déstocké 92. Au cours de l'exercice, elle n'a donc produit que 16 824. Elle a vendu l'intégralité de cette production + 92 de production de l'exercice précédent, soit au total 16 916.
- Il fallait penser à retrancher des charges externes la redevance de crédit-bail et le coût du personnel intérimaire, pour les réintégrer ensuite aux amortissements (3/4 du Cbail), aux charges financières (1/4 du Cbail) et aux frais de personnel (intérim).
- Les reprises de provisions comprennent aussi les reprises exceptionnelles. Du coup, le résultat exceptionnel revient à 0 (l'égalité produits (272) et charges (272) est une pure coïncidence...).

• ›3 Calcul de la CAF

Nous avons vu qu'il pouvait résulter de deux approches :

- **Soustractive** : valeur ajoutée – personnel – État – créanciers + retraitements produits et/ou charges encaissables et/ou décaissables non pris en compte par la valeur ajoutée.
- **Additive** : résultat net + dotations (amortissements et provisions) – reprises de provisions

Approche soustractive		Approche additive	
Valeur ajoutée	27 483		
(–) personnel	(–) 21 046		
(–) État	(–) 2 978	Résultat net	954
(–) créanciers	(–) 602	(+) dotations amortissements	(+) 2 696
(+) subventions	(+) 48	(+) dotations aux provisions	(+) 2 854
(+) autres produits	(+) 653	(–) reprises (313 + 1 801)	(–) 2 114
(+) transferts de charges*	(+) 1 143		
(–) autres charges	(–) 311		
CAF	**4 390**		**4 390**

* *Transferts de charges* : Comme ils se rapportent à une charge (on ignore laquelle...) qui n'a pas été éliminée, il faut les considérer comme un produit encaissable et donc les rajouter à la valeur ajoutée (déjà diminuée de la charge correspondante...). D'ailleurs, dans l'approche additive, on part bien d'un résultat qui intègre à la fois la charge transférée (diminution du résultat) et le produit fictif du transfert (ré-augmentation du résultat à due concurrence).

Dans l'approche « tableau de flux » (chapitre 6), la CAF est toujours calculée à partir du résultat net dont on retranche les produits exceptionnels sur opération en capital (PCEA : Produit de Cession d'un Élément d'Actif). Ces produits spécifiques sont en effet repris plus bas dans le tableau de flux, au sein des opérations de l'activité investissement / désinvestissement. De même, on rajouterait à ce résultat net les charges exceptionnelles sur opérations en capital (VCEAC : Valeur Comptable d'un Élément d'Actif Cédé) qui ne sont pas décaissables. Elles n'expriment que la perte d'un élément du patrimoine immobilisé (pour sa valeur nette), sans sortie de trésorerie... Ce qui donnerait dans notre exemple : 4390 – 100 + 0 (pas de VCEAC) = 4290.

chapitre 4

L'approche analytique du bilan

De même que le compte de résultat, tel qu'il se présente sur la liasse fiscale, permet de suivre le cheminement des opérations qui conduisent à la formation du résultat, le bilan, de son côté, permet de se faire une opinion sur l'état instantané du patrimoine de l'entreprise.
Comme le compte de résultat distingue des résultats intermédiaires (exploitation, financier, exceptionnel) qui font l'objet de sous-totaux, le bilan distinguera aussi, sous la même forme de sous-totaux, deux catégories de ressources (passif) et deux catégories d'emplois (actif). En fait, il distingue formellement quatre catégories de ressources, correspondant aux sous-totaux reportés sur les lignes **DL**, **DO**, **DR** et **EC**, mais, en première approche, nous considérerons que les deux premiers forment ensemble un « bloc » suffisamment homogène pour pouvoir être regroupés dans un ensemble « fonds propres ». Le sous-total IV (ligne **EC**) forme lui-même un second bloc dans lequel on retrouve les dettes (de toute nature). Laissons de côté pour le moment le sous-total III (ligne **DR**) sur lequel nous reviendrons plus loin.
Deux « ensembles » par conséquent au passif (après les regroupements ci-dessus) et deux « ensembles » à l'actif : celui faisant l'objet du sous-total ligne **BJ**, et celui faisant l'objet du sous-total ligne **CJ**. Si l'on voulait positionner géographiquement ces « ensembles », on pourrait dire que, aussi bien au passif qu'à l'actif, il y a un ensemble de « haut de bilan » et un de « bas de bilan ». Les

termes « haut » et « bas » de bilan sont des termes consacrés de l'analyse : ce n'est pas une invention de circonstance... Autre terme consacré, en remplacement de celui d'« ensemble » utilisé depuis quelques lignes : le terme « masse ». On parlera même de « grandes masses » pour désigner les deux catégories de ressources et les deux catégories d'emplois.

> A

Les « grandes masses »

Schématiquement, on pourrait les représenter comme suit :

Emplois résultant d'un investissement	**Fonds propres**
Emplois liés à l'exploitation	**Dettes**

Ce schéma reproduit strictement le bilan tel qu'il se présente sur les feuillets 2050 et 2051. L'actif identifie bien deux catégories d'emplois de nature différente. Le passif distingue deux masses de ressources de nature différente : les fonds propres et les dettes, ce que l'entreprise ne doit pas rembourser et ce qu'elle doit rembourser... Nous sommes bien dans une logique patrimoniale, mais qui ne répond pas à la même préoccupation à l'actif et au passif.

- Au passif, le bilan isole les ressources propres et celles qui proviennent de l'emprunt (pour simplifier) : logique patrimoniale implacable.
- À l'actif, la logique est plus économique que patrimoniale (le haut et le bas de l'actif sont des éléments d'un même patrimoine) :
  - les emplois résultant d'un investissement ont une vocation bien spécifique : produire, créer des richesses...
  - ceux liés à l'exploitation résultent de l'organisation spécifique de cette exploitation : nécessité de stocker des matières avant de les transformer, de consentir des délais de paiement aux clients pour vendre les produits finis, etc.

Si l'on cesse d'attribuer aux dettes la connotation péjorative qui est généralement la leur pour adopter définitivement la terminologie « ressources », on peut alors distinguer dans ces ressources celles qui ont été plutôt affectées à l'investissement (haut de l'actif) et celles qui ont été plutôt affectées au financement de l'exploitation (bas de l'actif). On se rapprochera ainsi, au passif, de la méthode de classement retenue pour l'actif. Le schéma représentatif des masses du bilan deviendrait alors :

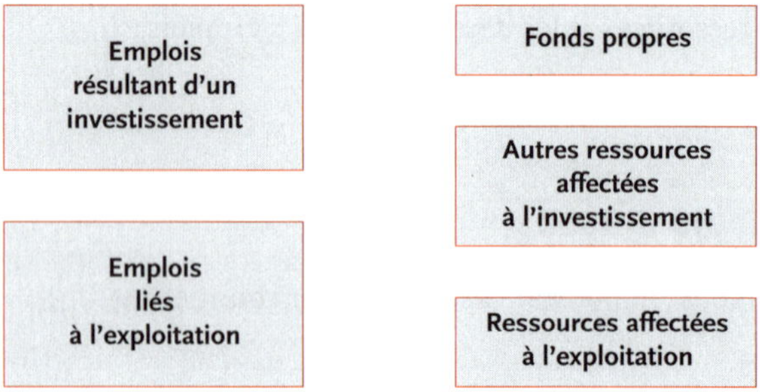

On pourrait aussi classer les ressources du passif en fonction de leur degré d'exigibilité (revoir chapitre 2) ou, dit différemment, de la durée pendant laquelle elles sont à la disposition de l'entreprise. L'actif fait bien cette différence entre les emplois de haut de bilan (investissements durables) et les emplois de bas de bilan (beaucoup moins durables...). On pourrait donc classer les ressources en « ressources durables » et « ressources courtes », ces dernières ayant vocation à disparaître plus rapidement, mais aussi sans doute à se renouveler plus rapidement. Et, tant qu'à opérer des reclassements, on pourrait aussi isoler, au sein de ces ressources, celles qui ont une origine financière (ou assimilée) et celles qui ont une origine non financière. Les masses du bilan se présenteraient alors comme suit :

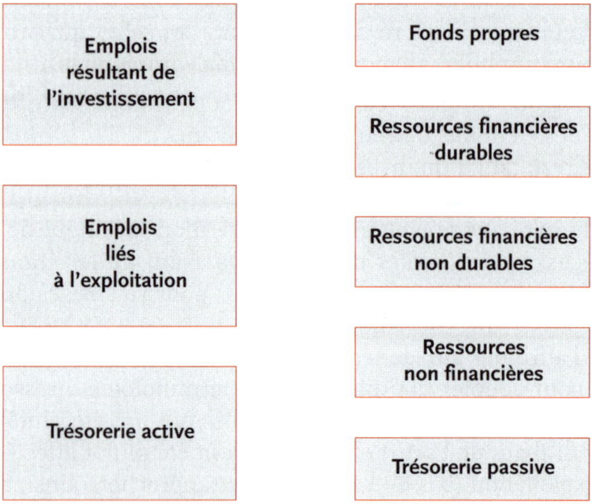

Plus on descend dans le détail, plus on se rapproche d'un classement économique (tout en respectant scrupuleusement la logique patrimoniale du bilan). On voit aussi apparaître pour la première fois deux (petites) masses de trésorerie dont nous n'avions pas parlé jusqu'ici, que l'on peut trouver soit à l'actif, soit au passif, soit à la fois à l'actif et au passif. La trésorerie, qui n'est pas toujours une notion bien comprise (surtout lorsque l'on dit qu'elle peut être active ou passive), fera l'objet d'un développement particulier au chapitre 6.

Pour mieux appréhender la consistance des différentes masses décrites précédemment, nous allons passer en revue les principales lignes du bilan qui les constituent (en nous limitant cette fois-ci aux plus significatives).

- **Emplois résultant de l'investissement** : lignes **AB** à **BH** en valeur nette, (ces postes pouvant faire l'objet d'amortissements et/ou de provisions).
- **Emplois liés à l'exploitation** : lignes **BL** à **BZ** (en valeur nette également), c'est-à-dire les comptes de stock et les créances détenues par l'entreprise sur des tiers (les clients – **BX** – en représentant la majeure partie).
- **Trésorerie active** : lignes **CD** et **CF.**
- **Fonds propres** : lignes **DA** à **DK** et **DM** + **DN** (ou total **DL** + **DO**).
- **Ressources financières durables** : **DS** à **DU**, en excluant de **DU** la part des crédits à très court terme, les concours bancaires courants notamment, que l'on retrouve en **EH.**
- **Ressources financières non durables** : nous nous contenterons pour le moment de celles qui sont ligne **DV.**
- **Ressources non financières** : **DW** à **EB.**
- **Trésorerie passive** : ligne **EH** (concours bancaires courants) que nous avons exclu de la ligne **DU.**

Il en manque un certain nombre, difficiles à classer dans l'une ou l'autre masse, soit parce qu'il peut y avoir matière à interprétation, soit parce qu'elles doivent subir un retraitement avant d'être reclassées :

- lignes **AA** et **CB** : ce sont des emplois mais non de vrais actifs...
- lignes **CH** et **CL** à **CN** : vrais emplois encore, mais pas toujours vrais actifs...
- lignes **DP** et **DQ** : vraies ressources... tant qu'elles restent dans le bilan. Ce que l'entreprise a provisionné, ligne **GD** du compte de résultat, *et qu'elle n'a pas décaissé,* est bien une ressource (de manière imagée on dira que c'est de « l'argent mis de côté... »), mais qui disparaîtra le jour où le risque (ou la charge) interviendra. On serait tenté de dire : « *Fonds propres* » tant que cette ressource est dans le bilan... et « *Dette* » dès que la perspective d'en sortir devient plus imminente.

On ne peut guère aller plus loin dans le reclassement des postes du bilan. Il reste pourtant beaucoup de zones d'ombre : par exemple les ressources finan-

cières dites « durables » le sont plus ou moins (elles sont constituées de dettes qui ont 10 ou 15 ans à courir peut-être, mais aussi d'autres qui n'ont que 6 mois...) ; les ressources financières supposées « non durables » peuvent avoir de fait un caractère relativement stable dans le temps ; les fonds propres eux-mêmes, qui incluent le résultat de l'exercice dans le bilan avant répartition, sont surévalués (au minimum du montant des dividendes à payer aux actionnaires) ; on verra que même le compte « clients » peut-être faux, ou en tout cas apparaître pour un montant très inférieur à ce que doivent en réalité les clients (parce que certaines de ces créances auront été cédées – vendues – à une banque en contrepartie d'une avance de trésorerie) ; quant aux actifs de haut du bilan (investissements), ils n'incluent évidemment pas l'outil financé par crédit-bail, qui concourt pourtant à la création de richesses au même titre que l'outil dont l'entreprise est propriétaire...
C'est le constat de ces insuffisances qui conduit les analystes à reconstruire ce bilan (comme on reconstruit un compte de résultat en tableau de SIG), sous deux autres formes :

- L'une, qui donnera une vision plus économique des ressources et des emplois, classés désormais suivant leur utilité dans l'entreprise, *leur fonction,* et appelée pour cette raison **bilan fonctionnel,**
- L'autre, qui donnera une vision plus financière, plus axée sur la solvabilité et *la liquidité* de l'entreprise, et appelée pour cette raison **bilan liquidité.**

Il ne s'agit pas de bâtir un (ou deux) nouveau(x) bilan(s) qui serai(en)t plus « juste(s) » que le bilan « officiel ». Les bilans fonctionnels et liquidité ne sont que des constructions intellectuelles (toujours sur le schéma « ressources / emplois ») destinées à mettre en évidence des points particuliers négligés par le bilan comptable, à attaquer l'analyse de l'entreprise sous un angle bien spécifique. C'est pourquoi un tel ne s'intéressera qu'au bilan fonctionnel et négligera le bilan liquidité, ou vice versa. Et la plupart des observateurs extérieurs (fournisseurs, clients... qui souhaitent se faire une idée rapide de la santé de leurs partenaires commerciaux) se contenteront des comptes publiés au Greffe du Tribunal de Commerce (reflet de la liasse fiscale)...
C'est donc largement dans une optique pédagogique que nous allons maintenant examiner ces deux constructions particulières du bilan et nous verrons que, tout en suivant sa propre logique, chacune ajoute cependant un peu de valeur aux informations fournies par le seul bilan comptable (ici aussi il y a création de valeur ajoutée !). Enfin, on ne sera pas surpris de constater que, même dans le cadre de ces « reconstructions intellectuelles », l'actif égale toujours le passif.
Auparavant, il convient de revenir sur une notion que nous avons évoquée à plusieurs reprises : **la notion d'exploitation**, ou de cycle d'exploitation, ou d'actif et de passif circulants. Tous ces termes – et surtout ces concepts – reviendront régulièrement par la suite dans nos propos, et déjà à l'occasion de l'examen du bilan fonctionnel qui fait l'objet du paragraphe C page 84.

> B
Le cycle d'exploitation

Nous avons déjà eu l'occasion de voir (tableaux précédents) que l'on pouvait classer les ressources et les emplois suivant leur nature, par exemple *à l'actif* : emplois résultant de l'activité d'investissement et **emplois liés à l'activité d'exploitation...** et *au passif* : ressources financières et **ressources d'exploitation.**
Si l'activité d'investissement a un caractère ponctuel (on n'investit pas dans un outil de production tous les matins...), l'activité liée à l'exploitation est quotidienne : une entreprise achète (ou produit) et vend tous les jours (parfois des centaines ou des milliers de fois par jour...). Cette activité permanente met en scène plusieurs acteurs : les fournisseurs, l'entreprise elle-même, et les clients.
On appelle cycle d'exploitation l'ensemble des flux, de matières, de marchandises, mais aussi financiers, qui circulent entre ces trois acteurs. C'est évidemment ce cycle qui, au cours de l'exercice, va dégager l'essentiel des ressources de l'entreprise : (produits – charges) pour simplifier. Il va modifier, presque à chaque instant, l'état des finances de l'entreprise, ou à tout le moins l'état de sa trésorerie. Dans les entreprises multinationales, la trésorerie se modifie plusieurs fois par seconde... même la nuit (quand l'hémisphère Sud dort, l'hémisphère Nord travaille) !
Le bas du bilan (revoir les tableaux précédents) donne une description parfaite, mais en instantané, de l'état dans lequel se trouve ce cycle à la date d'arrêté, comme un arrêt sur image. Il dit ce que l'entreprise devait ce jour-là à ses fournisseurs (au centime près), ce que ses propres clients lui devaient (au centime près), et la situation de sa trésorerie (au centime près). Il indique aussi la valeur (théoriquement au centime près) de ses stocks en attente d'être transformés ou vendus. Autrement dit, tous les acteurs sont réunis, et un schéma simple permettra de comprendre comment s'organise entre eux, dès qu'ils se mettent en mouvement, la circulation des flux (physiques et financiers).

Schéma du cycle d'exploitation
(Actif et passif circulants)

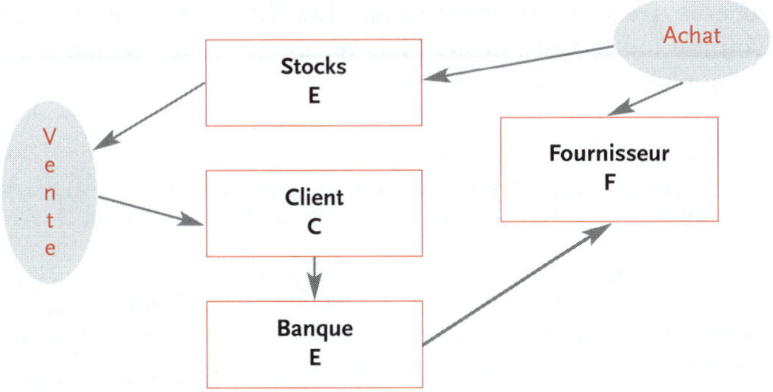

Les flux circulent dans le sens inverse de celui des aiguilles d'une montre. On suppose qu'achats et ventes ne sont pas payés au comptant (cas le plus courant).

1. **L'entreprise E achète pour 1 000 au fournisseur F**
Elle contracte une dette vis-à-vis de F pour 1 000 (F = 1 000)
Elle alimente son stock pour 1 000 (stock = 1 000)

2. **Puis E vend au client C**
Elle prélève sur son stock 1 000 (stock = 0)
Elle détient une créance sur C de 1 000 (C = 1 000)

3. **Puis C règle sa créance** (30 jours plus tard par exemple...)
La créance sur C disparaît du bilan (C = 0)
Le paiement de C vient alimenter la banque de E (Banque = 1 000)

4. **L'entreprise règle le fournisseur F**
Le compte banque revient à 0
La dette de E vis-à-vis de F disparaît (F = 0)
et on recommence indéfiniment....

Ce schéma permet de faire plusieurs observations.

- Il y a en permanence égalité de l'actif et du passif : la ressource fournie par le fournisseur de marchandises qui accepte de consentir un délai de paiement permet de financer l'acquisition de stock... Jusqu'à ce que le fournisseur soit payé ensuite, il n'y a de modification que sur des comptes d'actif, la ressource étant toujours là au passif.
- En fin de circuit, on retrouve actif = passif = 0 (si le bilan se réduisait à ces quatre comptes)
- On peut acheter sans avoir de capitaux : ils sont fournis par le fournisseur (à la fois fournisseur de marchandises et « banquier » en l'occurrence) sous la forme de temps, de délai de paiement...
- On peut vendre et ne pas encaisser tout de suite le produit de cette vente (pour les mêmes raisons que ci-dessus, l'entreprise E étant passée du statut de client de F à celui de fournisseur de C), ce qui d'ailleurs n'est pas gênant tant qu'il ne faut pas régler le fournisseur...
- La trésorerie est une apparence de fortune : elle disparaît du bilan dès que E règle son fournisseur.

Avec ce schéma très simplifié, pour ne pas dire simpliste, gérer une entreprise semble, somme toute, assez facile. Mais regardons ce qui se passe dans une configuration plus proche de la réalité.

> **Exemple.** Supposons une entreprise E qui importe des chaussures d'Asie (achats HT annuels 72 000) pour les revendre à une chaîne de grande distribution C (ventes HT 100 000 / an) :
- Les achats et les ventes sont répartis linéairement sur les 12 mois
- Pour pouvoir répondre spontanément à la demande de C, elle est obligée d'avoir en permanence un stock représentant 2 mois d'achats (nombreuses références, difficultés à se réapprovisionner, etc.)

– Le fournisseur asiatique accorde 30 jours de délais de paiement
– Le client C paye, quant à lui, à 90 jours (délai assez courant...)

Son bas de bilan se présentera ainsi :

Stocks*	12 000	Fournisseurs***	7 200
Clients**	30 000	Autres ressources (?)	34 800
	42 000		42 000

* **Stock :** 2 mois d'achats, soit (72 000 / 12) × 2 = **12 000**
** **Clients :** 90 j de délais de paiement. Ventes annuelles TTC = 100 000 × 1,2 (on suppose un taux de TVA de 20 %) soit 120 000. Ventes de 3 mois = (120 000 / 12) × 3 = **30 000**
*** **Fournisseurs :** 30 jours de délai de paiement. Achats annuels TTC = 72 000 × 1,2 = 86 400. Montant du crédit obtenu du fournisseur sur un mois : (86 400 / 12) = **7 200**

Commentaires.

- Le cycle d'exploitation spécifique à cette entreprise fournit une ressource de 7 200 (apportée par le fournisseur sous forme de délai de paiement)
- Il génère par ailleurs un besoin de 42 000 : obligation d'avoir en permanence dans ses entrepôts un stock minimum de 12 000 et recettes non encaissées de son client pour 30 000 (lorsque le client payera, il aura déjà acheté de nouveau et bénéficiera de nouveau d'un crédit de 90 j. Autrement dit, le besoin restera stable autour de 30 000... Même chose pour le stock...)
- Le cycle ne fournit donc pas à lui seul suffisamment de ressources pour équilibrer les besoins...
- L'entreprise doit trouver ces ressources ailleurs que dans son cycle d'exploitation : peut-être auprès d'une banque... peut-être auprès de ses actionnaires...
- Dans l'hypothèse où elle ne les trouverait pas – c'est la signification du (?) dans notre passif – il ne lui resterait qu'à essayer de diminuer le besoin : en négociant un crédit fournisseur plus long... en obtenant de son client qu'il paye plus vite..., toutes choses assez difficiles à négocier comme on s'en doute.

On appelle ce besoin net, issu du cycle d'exploitation, **le besoin en fonds de roulement (BFR),** qui se calcule simplement par Actif circulant – Passif circulant.
Pour être complet, il faudrait préciser que l'actif circulant ne se limite pas aux seuls postes « Stocks » et « Clients » (mais aussi « Autres créances » notamment...), et que le passif circulant ne se limite pas au seul compte « Fournisseurs » (mais aussi « Dettes fiscales et sociales » notamment...). Cependant, *dans la très grande majorité des entreprises,* ils sont suffisamment significatifs et importants pour expliquer à eux seuls 90 si ce n'est 95 % du BFR. En analyse financière on cherche plus à apprécier une tendance qu'à trouver un résultat mathématiquement pur. On se concentre donc le plus souvent sur ces trois seuls comptes.
Le bilan fonctionnel que nous allons étudier maintenant va renvoyer, entre autres, à cette notion de cycle d'exploitation.

> C
Le bilan fonctionnel

Sa construction est en rupture totale avec la logique patrimoniale. Elle vise à mettre en évidence, pour les actifs leur valeur d'usage ou leur destination *au moment de leur acquisition,* et, pour les passifs, leur caractère durable ou non durable *au moment de leur apparition.* Le bilan fonctionnel fera ainsi apparaître :

- deux grandes masses à l'actif : les emplois stables (haut de l'actif) et les emplois ou actifs circulants (bas de l'actif)
- deux grandes masses au passif : les ressources durables (haut du passif) et les passifs circulants (bas du passif)
- la trésorerie (active et/ou passive) : qui sera la résultante du poids relatif des quatre autres masses.

Il ne s'agit donc plus de savoir quelle est *aujourd'hui* la valeur patrimoniale d'un actif (après dépréciation pour vieillissement), mais, pour simplifier, *à quoi il sert.* Dans le bilan fonctionnel, les actifs seront donc retenus pour leur valeur brute. En contrepartie, les amortissements et les provisions de l'actif, expression d'une dépréciation dans le bilan patrimonial, seront classés au passif, c'est-à-dire dans les ressources. Ce classement paraît logique si l'on se souvient que les dotations annuelles au compte de résultat sont des charges calculées, mais non décaissées : il n'y a pas sortie de trésorerie (contrairement aux achats, aux frais de personnel...). La CAF, ressource interne dégagée par l'entreprise, additionne résultat et dotations. Du reste, le bilan patrimonial classe bien en ressources (lignes **DP** et **DQ**) les provisions pour risques et charges.
Par ailleurs le bilan fonctionnel va réintégrer dans les actifs ceux qui ont été financés par crédit-bail, en considérant ici aussi qu'ils ont le même usage, qu'ils remplissent la même fonction, que les actifs strictement patrimoniaux. On inscrira au passif, le montant restant dû au crédit-bailleur en « dettes », et le solde en « amortissements » (comme si cet actif était réellement amorti par l'entreprise, approche identique à celle des SIG).
On rétablira la vérité du compte « Clients » en y réintégrant les créances cédées à un banquier (technique de l'escompte – cf ci-dessous) mais non encore exigibles auprès du client (non encore échues). En contrepartie on inscrira au passif le montant ayant fait l'objet de cette cession et donc de l'avance consentie par la banque (ressource).

Escompte : opération par laquelle une banque achète à une entreprise la créance, matérialisée par un effet de commerce, que cette dernière détient sur l'un de ses clients, pour un prix équivalent au montant de cette créance (diminué d'un intérêt calculé sur le temps restant à courir jusqu'à son échéance).
Exemple : l'entreprise A, grossiste, vend à son client B, détaillant, un article de 4 000 €. La vente est réalisée le 1er mai et la facture stipule un paiement par lettre de change (effet de

commerce équivalant à une reconnaissance de dette) au 30 juin suivant. A livre sa marchandise et joint à sa facture la lettre de change représentative de sa créance sur B. Dès réception, B accepte la lettre de change (en y apposant sa signature) et la retourne à A. Cette dernière a deux possibilités : soit elle n'a pas besoin de trésorerie et elle conserve dans son coffre cette lettre de change jusqu'au 30 juin (date à laquelle elle la présentera à B pour en obtenir le paiement) ; soit elle remet cette lettre de change à son banquier, qui en devient propriétaire, et qui, en contrepartie, lui en verse le montant (opération d'escompte). C'est le banquier ensuite qui se chargera, le 30 juin, de recouvrer sa créance auprès de B.

Incidences au bilan de A le 31 mai au soir (par exemple) :

Sans opération d'escompte :

Compte client (**BX**)	4 000
Disponibilités (**CF**)	1 000

Avec opération d'escompte réalisée le 31 mai au matin :

Compte client (**BX**)	0
Disponibilités (**CF**)	5 000

Le total de l'actif n'a pas changé (5 000 dans l'un et l'autre cas). L'entreprise A a échangé un élément peu liquide de son patrimoine (une créance payable dans un mois...) contre un élément très liquide (de la trésorerie disponible sur son compte...). Ce qu'il faut retenir :

B ignore l'opération faite par A.

L'information selon laquelle A aurait eu recours à des opérations d'escompte doit être recherchée *ailleurs que dans le bilan* (feuillet 2 058-C ligne **YS** : effets escomptés non échus ou EENE).

A, de son côté, ne peut pas considérer qu'elle n'a plus à se préoccuper du sort de cette créance : si la lettre de change était impayée le 30 juin, la banque pourrait se retourner contre elle pour lui demander le remboursement de l'avance consentie le 31 mai (contre-passation de l'écriture...). Le crédit de la banque reçu par A le 31 mai ne deviendra définitif, que si B paye bien le 30 juin. Par prudence, le bilan fonctionnel – mais aussi le bilan liquidité – va donc considérer cette avance comme une vraie dette susceptible d'être réclamée par la banque le 30 juin.

Le bilan fonctionnel va retraiter ces effets escomptés non échus (EENE) de la manière suivante.

– *Bilan comptable au 31 mai (après opération d'escompte)*

Client (**BX**)	0
Disponibilités (CF)	5 000

(Indication par ailleurs ligne **YS** : EENE = 4 000)

– *Bilan fonctionnel au 31 mai**

Client (**BX**)	4 000 (B doit toujours 4 000 à A...)
Disponibilités (**CF**)	5 000
Dette Établissement de crédit (passif) (**DU**)	4 000 (sera en fait reclassé en trésorerie passive)

Les reclassements que nous avons vus jusqu'ici sont les plus significatifs parmi ceux qu'opère le bilan fonctionnel (montants en général importants et/ou postes « stratégiques »). Les autres concernent des postes plus mineurs :

- charges constatées d'avance (**CH**) : seront maintenues dans le bas de l'actif (créances court terme),

* L'actif et le passif ont augmenté de 4 000, ce qui ne modifie pas leur égalité...

- charges à répartir (**CL**) : seront reclassées en investissements,
- primes remboursement obligations (**CM**) : seront sorties de l'actif et viendront en déduction du poste « Emprunts obligataires » au passif (**DT**),
- écart de conversion actif (**CN**) + capital non libéré (**AA** et **CB**) seront considérés comme des actifs fictifs (sans valeur réelle) et, à ce titre, sortis de l'actif et inscrits en diminution des fonds propres au passif (total **DL**).

Au passif, quelques reclassements classiques :

- quasi fonds propres (**DM** + **DN**) : considérés comme des ressources durables
- provisions (**DP** + **DQ**) : ressources durables
- toutes dettes financières [**DS** + (**DT** – **CM**) + (**DU** – **EH**) + **DV**] + engagement résiduel sur contrats de crédit-bail : ressources durables.
- tous amortissements (y compris « amortissements » de crédit-bail) et provisions de l'actif (**BK** + **CK**) : ressources durables
- bas du passif (**DX** à **EB**) : passif circulant
- écart conversion passif (**ED**) : fonds propres, donc ressources durables.
- ligne **EH** + effets escomptés non échus (EENE ligne **YS**) : trésorerie passive.

À titre d'application, nous allons reconstruire, sous la forme fonctionnelle, le bilan ci-après, et identifier les grandes masses qu'il permet d'isoler. Nous verrons également comment s'explique la situation instantanée de trésorerie le jour de l'arrêté. Nous utiliserons ce même bilan pour construire ensuite le bilan « liquidité » lorsque nous aborderons son étude. On trouvera en annexe 3 un schéma récapitulatif de construction du bilan fonctionnel.

Notre bilan comptable ne comporte pas tous les comptes de la liasse fiscale. Il s'agit de comprendre les mécanismes, plus que de faire des additions ou des soustractions. Pour un bilan plus dense, on pourra se référer au détail des reclassements passés en revue ci-dessus.

C ›1
Construction du bilan fonctionnel

À partir du bilan comptable au 31 décembre 2001 de la société FCE (Pièces pour l'industrie aéronautique) et des données complémentaires ci-après :

- crédit-bail de 1 000 contracté le 1.1.98 – amortissable sur 5 ans (redevance de 225/an)
- EENE (ligne YS) : 2 334
- concours bancaires courants (EH) : 1 817
- détail des autres dettes auprès des Ets de crédit (VH sur feuillet 2057) :
  - < 1 an : 614
  - de 1 à 5 ans : 1 491
  - > 5 ans : 417
- emprunt obligataire en totalité > 5 ans (ligne 7Z feuillet 2057)
- dettes financières : compte courant du dirigeant. A considérer < 1 an (ligne VI – 2 057)

	Brut	Am /Pr.	Net		
Capital non libéré	100		100	Capital social	360
Terrains	250		250	Réserves	280
Constructions	848	46	802	Report à nouveau	580
Installations techniques	1 928	1 133	795	Résultat de l'exercice	727
Autres immob. corporelles	581	314	267	**Sous-total**	**1 947**
Participations	360		360	Emprunts obligataires	1 000
Créances ratt. aux participat.	1 375	500	875	Dettes Ets de crédit	4 339
Sous-total	**5 442**	**1 993**	**3 449**	**Dettes financières**	**9**
Stock matières premières	638		638	Acomptes reçus	58
Encours et produits finis	187		187	Fournisseurs	1 190
Stock marchandises	221		221	Dettes fiscales et sociales	158
Clients	3 191	280	2 911	Dettes sur immobilisations	22
Autres créances	929		929	Autres dettes	27
Disponibilités	197		197	Produits constatés d'avance	11
Sous-total	**5 363**	**280**	**5 083**	**Sous-total**	**6 814**
Charges à répartir	197		197		
Primes remboursement obligat.	50		50	Écart de conversion passif	18
Total général	**11 052**	**2 273**	**8 779**	**Total général**	**8 779**

Bilan fonctionnel

Immobilisations brutes du bilan	5 442	Fonds propres du bilan	1 947
Capital non libéré	(100)	Capital non libéré	(100)
Charges à répartir	197	Amortissements de l'actif – (1)	1 493
Crédit-bail (valeur brute d'origine) – (3)	1 000	Provisions actives – (2)	780
		« Amortissement » du crédit-bail – (3)	400
Emplois stables	**6 539**	Dette obligataire (4)	950
		Dette Ets de crédit – (5)	2 522
Stock brut	1 046	« Dette » de crédit-bail – (3)	600
Clients bruts – (6)	3 191	Dettes financières	9
Effets escomptés non échus – (7)	2 334	Écart conversion passif	18
Autres créances	929	**Ressources durables**	**8 619**
		Acomptes reçus	58
Actif circulant	**7 500**	Fournisseurs	1 190
		Fiscal et social	158
Disponibilités	197	Dettes sur immobilisations	22
		Autres dettes	27
Trésorerie active	**197**	Produits constatés d'avance	11
		Passif circulant	**1 466**
		Concours bancaires courants – (5)	1 817
		Effets escomptés non échus – (7)	2 334
		Trésoreries passives	**4 151**
Total général	**14 236**	**Total général**	**14 236**

Explication des renvois.

(1) Amortissements : les 500 de dépréciation sur la créance rattachée à la participation sont une provision.
(2) Provisions actives : total de celles constituées sur la créance immobilisée (500) et sur clients (280)
(3) Crédit-bail : 1 000 à l'origine. Amortissable sur 5 ans, donc 200 par an. Le contrat ayant couru 2 ans (du 1.1.1998 au 31.12.1999), on considère qu'il est « amorti » pour 400, et qu'il subsiste une dette de 600.
(4) Prise en net, après imputation des primes de remboursement à l'actif du bilan comptable
(5) Reprise du bilan en totalité sauf concours bancaires courants (1 817) classés en trésorerie passive
(6) Valeur brute, c'est-à-dire expression de ce que doivent les clients (non escomptés...) qui ignorent bien sûr que FCE a provisionné une partie de ses créances...
(7) EENE : viennent rétablir à l'actif la réalité de ce que doivent les clients (effets non échus...), et au passif la réalité des avances consenties par la banque.

C ›2
Commentaires sur le bilan fonctionnel

Les quatre grandes masses dont nous parlions en introduction apparaissent maintenant de manière plus évidente :

- ressources durables (adjectif à prendre avec précaution en l'occurrence...) : 8 619
- passif circulant (ou ressources de l'exploitation) : 1 466
- emplois stables : 6 539
- actif circulant (ou besoins liés à l'exploitation) : 7 500

On peut même les représenter graphiquement, en respectant leur poids relatif, pour mieux comprendre la *fonction* de chacune (bilan *fonctionnel*).

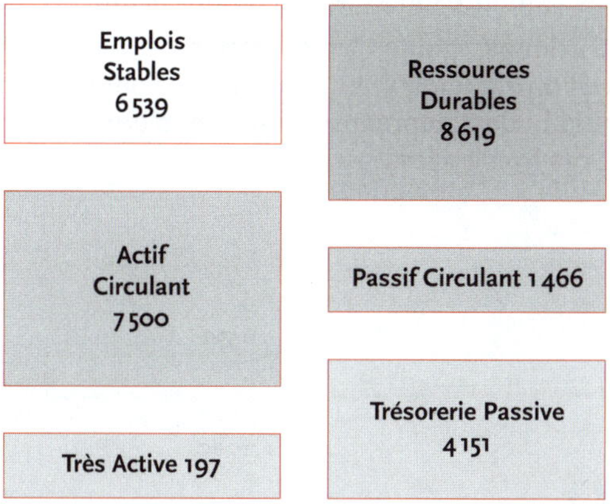

- Les **ressources durables** assurent la fonction de **financement** dans l'entreprise
- Les **emplois stables** rendent compte de la fonction d'**investissement** de l'entreprise
- Le bas du bilan (**actif circulant** – **passif circulant**) rend compte de la fonction **d'exploitation**, soit : 7 500 – 1 466 = **6 034**
- Trésorerie active – trésorerie passive = **trésorerie nette** = 197 – 4 151 = – 3 954

La trésorerie, en soi, ne constitue pas une masse : elle vient simplement compenser les déséquilibres nés de l'interaction des trois fonctions de base.

Si l'on emploie le terme « fonction », c'est parce que chacune de ces masses permet de dire pourquoi – ou comment – l'entreprise pouvait fonctionner, *le jour de l'arrêté du bilan* : c'est donc un constat qui procède de la vision statique qu'offre le bilan. Même l'exploitation « s'arrête » (tout à fait virtuellement bien sûr !) le jour de l'arrêté à minuit... pour reprendre, aussitôt après, son rythme normal (achat, transformation, vente, encaissement...). Mais si l'on se situe maintenant dans une perspective dynamique, on peut comprendre que les ressources durables, comme les emplois stables, ne sont que la conséquence, au jour de l'arrêté, d'un certain nombre d'opérations intervenues au cours de l'exercice.

- **Au sein des ressources durables** : souscription de nouveaux emprunts et/ou remboursement d'anciens... peut-être apports – ou retrait – de fonds par les actionnaires, en capital ou en compte courant... nouveaux amortissements, donc nouvelles ressources, etc.
- **Au sein des emplois stables** : nouveaux investissements... ou désinvestissements...

On parlera donc plutôt, comme pour l'exploitation, de « cycle ».

- **Cycle de financement pour les ressources durables** : c'est le creuset dans lequel sont venues se fondre toutes les opérations de financement de l'exercice.
- **Cycle d'investissement** : toutes les opérations ayant eu pour conséquence d'augmenter ou de diminuer la valeur d'usage de l'outil de travail.

Un schéma permettra de comprendre comment s'organisent les mécanismes d'équilibre entre ces trois cycles.

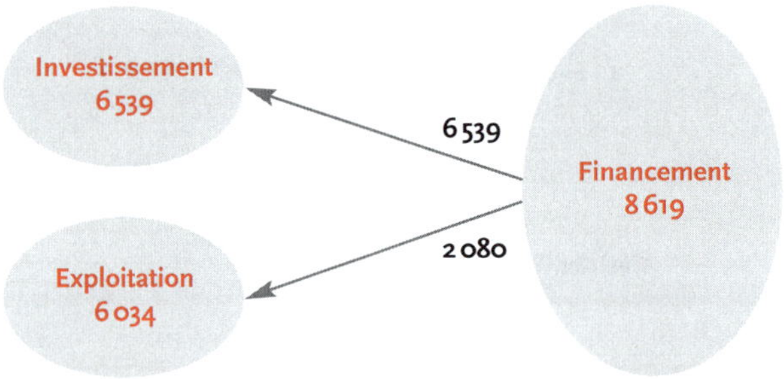

À partir de ce schéma de notre bilan fonctionnel, on dira donc que les ressources durables (**8 619**) étaient affectées :

- au financement des emplois stables à concurrence de **6 539**,
- au financement du cycle d'exploitation pour la différence, soit **2 080** (8 619 – 6 539).

Or le **cycle d'exploitation** génère un **besoin net** – un BFR – de **6 034** (actif circulant – passif circulant). Si les ressources durables ne peuvent contribuer au financement de ce BFR qu'à hauteur de 2 080, la différence, soit **3 954** (6 034 – 2 080) devra être financée par des avances de trésorerie, ressources évidemment beaucoup moins durables... Ces avances nettes de trésorerie correspondent au solde : trésorerie passive (4 151) – trésorerie active (197). Elles jouent le rôle de ressource d'appoint.

On comprend donc que le recours à ces avances de trésorerie sera d'autant plus important que les ressources durables (RD) seront plus faibles ou les emplois stables (ES) plus volumineux. Comme ces avances de trésorerie sont par nature « non durables », qu'elles ont même un caractère relativement précaire, on devrait avoir, dans l'idéal, un équilibre tel que les ressources durables puissent, à elles seules, financer à la fois les emplois stables (expression du cycle d'investissement) et le BFR (expression du cycle d'exploitation). Dans notre bilan fonctionnel, elles devraient donc représenter, au minimum, 12 573 (6 539 + 6 034) pour avoir trésorerie (T) = 0.

Donc, pour avoir **T = 0**, il faut :

RD – (**ES** + **BFR**) = 0 ou encore (**RD** – **ES**) = **BFR**

c'est-à-dire : ressources durables non utilisées à financer les emplois stables = possibilité de financer le BFR.

Et si l'on dit que le cycle d'exploitation génère un **besoin** en fonds de roulement (c'est-à-dire un besoin net de financement...), on dira que la partie des ressources durables non affectée au financement des emplois stables, constitue précisément une **ressource** nette de fonds de roulement (par opposition au besoin...). Pour abréger, on appelle cette ressource simplement : fonds de roulement net. Dans le contexte « bilan fonctionnel », qui *globalise* dans les ressources durables celles qui le sont réellement (les fonds propres...) et celles qui le sont moins (dettes à rembourser dans quelques mois... provisions qui se transformeront peut-être un jour en pertes...), ce fonds de roulement net est dit « **global** », et noté généralement **FRNG**.

À partir de ce concept, on va écrire trois équations majeures qui constituent ce que l'on pourrait appeler le matériau de base de l'analyse du bilan :

RD – ES = FRNG

Actif circulant (**AC**) – **passif circulant** (**PC**) = **BFR**

FRNG – BFR = T

Ces trois équations se vérifient sur tous les bilans de la planète, quelle que soit l'importance relative d'une masse par rapport à une autre. Remplaçons chaque masse par les chiffres correspondant sur notre bilan fonctionnel :

- RD – ES = **FRNG** soit : 8 619 – 6 539 = **2 080**
- AC – PC = **BFR** soit : 7 500 – 1 466 = **6 034**
- FRNG – BFR = **T** soit : 2 080 – 6 034 = – **3 954**

On peut vérifier la trésorerie au bilan : T active (197) – T passive (4 151) = **T** = – **3 954**

Pour intéressante qu'elle soit, cette démarche analytique permet seulement de rendre compte *a posteriori* des mécanismes d'équilibre entre ressources et emplois. Elle suggère que telle ressource finance en priorité tel emploi, et, pour être plus précis, que les ressources durables sont affectées d'abord au financement des emplois stables. Le FRNG constitue alors une sorte de surplus pouvant être affecté au financement du BFR... En fait, quand on lit un bilan, on est

totalement incapable de dire que telle ressource a financé tel emploi. Il n'y a qu'une certitude, sur laquelle tous les analystes seront d'accord : **tout le passif finance tout l'actif!** C'est vrai dans tous les bilans, mais on pourrait dire que c'est encore plus vrai dans l'approche « fonctionnelle ». Pour reprendre notre exemple, qui peut dire ce que la ressource apportée par les dettes financières (9) est allée financer ? Même question pour la dette obligataire (950)... ou pour le résultat (727)...
Allons encore plus loin : on ne peut même pas dire que les « dettes sur immobilisations » (22) ont servi à financer une immobilisation. On peut certes affirmer qu'un fournisseur d'immobilisation a consenti à l'entreprise un crédit (sous la forme d'un délai de paiement...) au moment où il a livré cette immobilisation. Mais rien ne dit que l'entreprise n'a pas profité de ce crédit, de ce non décaissement, pour acheter peut-être du stock... Il ne faut jamais oublier que, dans une entreprise, il n'y a qu'une trésorerie (on parle souvent d'« unicité de trésorerie »), qui sert à payer aussi bien l'acquisition de machines, que de stock, que de titres de filiales...

C › 3 Utilité du bilan fonctionnel

On ne construit pas un bilan fonctionnel pour se faire plaisir, mais pour en tirer des informations sur la pertinence de certains choix, essentiellement en termes de productivité et de rentabilité des capitaux investis.
Productivité et rentabilité sont des notions qui renvoient au compte de résultat, et singulièrement à certains soldes de gestion. Nous avons vu au chapitre III que l'approche économique du compte de résultat conduisait à préférer la notion de « Production » à celle de chiffre d'affaires, et la notion d'« EBE » à celle de résultat au sens comptable strict. Ces deux soldes vont maintenant permettre de faire le lien avec le bilan fonctionnel. Il existe en effet une relation directe entre :

- outil de travail (emplois stables) mis en œuvre pour produire un certain volume de richesses,
- rentabilité (EBE) dégagée par cet outil,
- rentabilité (EBE) dégagée par l'ensemble des capitaux investis dans l'entreprise, aussi bien ceux qui ont financé l'outil de production que ceux qui financent le cycle d'exploitation, c'est-à-dire emplois stables + BFR.

Cette partie de l'analyse néglige totalement la fonction financement assurée par les ressources durables, celles-ci étant supposées acquises à l'entreprise. Que l'outil et/ou le BFR aient été financés par des fonds propres ou par de la dette est totalement neutre. Que les capitaux aient été investis par les actionnaires ou par les banques, ils doivent permettre, de la même manière, de produire et de gagner de l'argent... Et d'ailleurs, le bilan fonctionnel ne fait pas de différence

entre fonds propres et dettes : il classe tout en ressources durables. L'EBE ne s'y intéresse pas plus : il est calculé avant prise en compte du coût de la dette (charges financières).
On comparera donc quelques ratios classiques :

- **Production / ES :** un ratio de 4 signifierait qu'1 € investi dans le seul outil permet de produire 4 €
- **Production / BFR :** un ratio de 5 signifierait qu'1 € investi dans le seul cycle d'exploitation permet de produire 5 €
- **Production / (ES + BFR) :** productivité résultant de la mise en œuvre de l'ensemble des capitaux investis
- **EBE / (ES + BFR) :** rentabilité dégagée par l'ensemble des capitaux investis. Il est clair que le ratio exprimera ici un taux de rentabilité (%) qu'il conviendra de comparer au taux que l'on pourrait légitimement attendre d'une autre forme d'investissement... Si, par exemple, un investisseur a l'opportunité de placer sans risque ses capitaux à 5 % (par exemple en achetant des obligations représentatives d'un emprunt d'État...), on comprendra aisément qu'il n'acceptera d'examiner l'alternative de les placer dans une aventure commerciale ou industrielle que s'il a la perspective – *jamais la certitude* – d'en retirer au moins le double... D'un côté il « s'enrichit en dormant », selon une formule célèbre, de l'autre il peut tout perdre en ayant eu entre temps beaucoup de soucis ! Et comme les prêteurs font le même raisonnement il est clair que ce ratio les intéressera aussi.

Les liens entre bilan fonctionnel et soldes de gestion s'arrêtent là. Inutile par conséquent – et souvent même dangereux – de vouloir en faire dire plus aux uns et aux autres. Notamment il serait vain de vouloir porter un jugement sur la solvabilité de l'entreprise à partir de ce bilan fonctionnel (comme d'ailleurs à partir des soldes de gestion...). Ce sera par contre le rôle du bilan liquidité (qui ne sert même presque qu'à cela).

> D
Le bilan « liquidité »

Comme son nom l'indique, c'est un bilan retraité de manière à renseigner sur la solvabilité de l'entreprise, appelée ici liquidité, c'est-à-dire sur sa capacité à disposer à tout moment d'actifs liquides en quantité suffisante pour pouvoir honorer ses engagements de toute nature. Lorsque cette condition unique n'est pas remplie, l'entreprise est en état de « cessation des paiements » : incapacité de faire face aux passifs exigibles avec ses actifs liquides. Le bilan liquidité, à lui seul, ne rend pas compte de cette situation, car il ne dit pas, au jour près, à quelle date certains passifs sont exigibles. Mais il doit permettre de faire un pronostic. Ce que ne sait absolument pas faire le bilan fonctionnel.

Le bilan liquidité présente à cet égard un intérêt majeur pour le banquier de PME, dont les préoccupations sont généralement très prosaïques : « L'entreprise peut-elle me rembourser les fonds que je lui ai prêtés ? » ou, variante : « Sa structure financière va-t-elle la conduire à m'en demander de nouveaux ? De quelle nature ? Longs ou courts ? Garantis ou non garantis ? », etc.
Par prudence, il sera donc plus strict dans le reclassement des actifs sans valeur, par exemple. Bien sûr, il ne considérera nullement les amortissements ou les provisions comme des ressources : parce qu'un actif amorti ne présente pas la même valeur de gage qu'un actif récent ; les provisions, parce qu'il est toujours possible qu'elles soient « consommées » par la survenance du risque qu'elles couvraient. Il va aussi faire une distinction entre ressources propres et ressources d'emprunt et, parmi ces dernières, il va procéder à un reclassement en fonction de leur exigibilité effective : moins d'un an pour celles remboursables dans les 12 mois, plus d'un an pour les autres... Par simplification, on appellera ensuite les dettes à moins d'un an « ressources financières courtes » et celles > 1 an « ressources financières longues ».
Au total, le bilan liquidité fera apparaître quatre masses au passif et deux à l'actif. On verra ultérieurement que les quatre masses du passif sont ensuite regroupées, pour l'analyse, en deux grandes masses. On retrouvera un peu la physionomie du bilan fonctionnel, mais avec une signification toute différente. Le bilan liquidité peut donc être schématisé, dans un premier temps, comme suit :

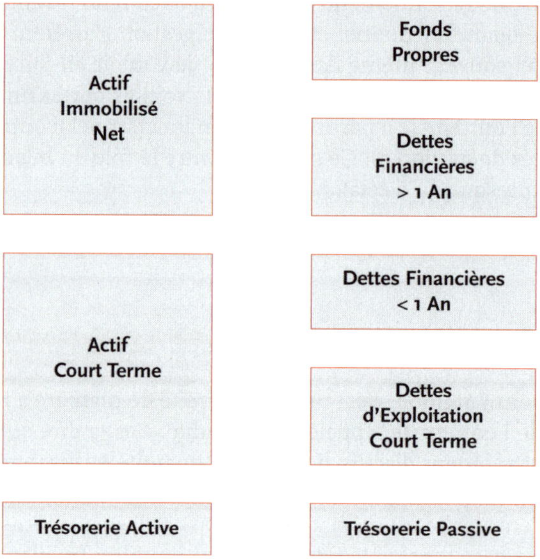

Dans le détail, les retraitements vont s'opérer comme suit.

- L'actif immobilisé reprendra les seules immobilisations nettes du bilan.

• Le crédit-bail sera reclassé dans l'actif immobilisé, après lui avoir fait supporter un amortissement fictif (qui apparaissait en ressources durables au bilan fonctionnel). Le solde restant dû sur le contrat sera classé en dettes financières, partie à plus d'un an, partie à moins d'un an. Dans la pratique de l'analyse bancaire on reclasse rarement le crédit-bail, pour deux raisons : il a financé un bien qui ne peut pas être donné en garantie (gage... nantissement... hypothèque...) ; il est pris en charge par le compte de résultat comme un loyer (dans ce cas, le banquier ne retraite pas non plus le crédit-bail dans les SIG).

• L'actif circulant est pris pour sa valeur nette (par prudence on considère les provisions comme étant une perte latente)

• Les fonds propres sont ceux du bilan, diminués :
– des actifs sans valeur comme pour le bilan fonctionnel (mais sur un périmètre plus large)
– des dividendes à payer dans les 12 mois suivant la date d'arrêté (quand ils sont connus...).

• Les dettes financières > 1 an sont retrouvées avec le détail fourni feuillet 2 057 cadre B

• Idem pour les dettes < 1 an (qui contiendront aussi les dividendes à payer)

• Les dettes d'exploitation à court terme correspondront au passif circulant du bilan fonctionnel.

• Les non valeurs (en diminution des fonds propres) seront constituées de :
– charges à répartir (ce n'est pas un actif « nantissable » pour le banquier)
– capital non libéré
– écart conversion actif
– primes remboursement obligations
– frais d'établissement (**AB**)

On trouvera en annexe 4 un schéma récapitulatif de construction du bilan liquidité.

À partir du même bilan FCE au 31 décembre 1999 (voir p. 86 et suivantes), nous pouvons maintenant reconstruire un bilan liquidité. Nous verrons ensuite comment se regroupent les grandes masses, la signification de leur poids relatif, et les conclusions qu'elles suggèrent en termes de solvabilité. Nous retrouverons d'ailleurs, mais avec un sens un peu plus strict, les notions de fonds de roulement et de besoin en fonds de roulement, ainsi que l'équation qui explique la situation de trésorerie. Bien entendu, cette trésorerie sera identique à celle du bilan fonctionnel (reconstruire un bilan n'a jamais apporté de cash à une entreprise !), alors que le fonds de roulement et le BFR du bilan liquidité seront différents du FRNG et du BFR du bilan fonctionnel (puisqu'ils sont construits à partir d'approches différentes : crédit-bail et dettes > 1 an notamment).

D ›[1]

Construction du bilan « liquidité »

Immobilisations nettes bilan	3 449	Fonds propres du bilan – (5)	1 947
Crédit-bail net – (2)	600	Écart conversion passif	18
Capital non libéré	(100)	Capital non libéré	(100)
		Charges à répartir	(197)
Actif Immobilisé	**3 949**	Primes remboursement obligations	(50)
		Capitaux Propres	**1 618**
Stock net matières premières	638		
Stock net encours + produits finis	187	Obligations	1 000
Stock net marchandises	221	Dette Éts crédit > 1 an – (1)	1 908
Clients nets	2 911	« Dette » crédit-bail > 1 an – (2)	400
EENE – (4)	2 334	**Dettes Financières > 1 AN**	**3 308**
Autres créances	929		
		Dettes Éts crédit < 1 an – (1)	614
Actif Court Terme	**7 220**	« Dette » crédit-bail < 1 an – (2)	200
		Dettes Financières – (3)	9
Disponibilités	197	**Dettes Financières < 1 AN**	**823**
Trésorerie Active	**197**	Bas du bilan exploitation (**DW** à **EB**)	1 466
		Dettes Exploitation	**1 466**
		Concours bancaires courants – (1)	1 817
		EENE – (4)	2 334
		Trésorerie Passive	**4 151**
Total général	**11 366**	**Total général**	**11 366**

Explication des renvois.

(1) Revoir détail du poste « Dettes » dans renseignements accompagnant le bilan comptable.
(2) Crédit-bail contracté le 1.1.1998 pour 1 000. Amortissement fictif sur 2 ans = 400. Valeur nette = 600. Au passif, dette fictive = 600 dont 200 seront payables dans les 12 mois (< 1 an) et 400 à plus de 12 mois (> 1 an).
(3) Dettes financières : revoir précision < 1 an dans renseignements complémentaires du bilan comptable.
(4) Idem retraitement bilan fonctionnel.
(5) Si l'on connaissait les dividendes à distribuer sur le résultat de l'exercice (décidés par l'Assemblée générale qui se tiendra dans les 6 mois de la clôture), on les aurait soustraits des fonds propres et ajoutés aux dettes financières < 1 an.

D ›2 Commentaires sur le bilan « liquidité »

Par rapport au bilan fonctionnel, l'information est beaucoup plus riche notamment en ce qui concerne la fonction strictement financière :

- séparation des capitaux propres et des capitaux d'emprunt
- séparation de la partie supérieure et inférieure à 1 an.

À partir des quatre masses du passif, l'analyste va opérer un regroupement axé sur les exigibilités, en considérant que :

› **Capitaux propres + dettes > 1 an** forment un premier ensemble assez homogène de capitaux dont la disponibilité est supérieure à 1 an, et que l'on baptisera pour cette raison « Capitaux permanents » (attention aussi au sens de cet adjectif).

› **Dettes financières < 1 an + dettes** (ressources) **d'exploitation** (par principe aussi < 1 an) forment un second ensemble homogène que l'on appellera **« Passif court terme »** par analogie avec l'actif circulant du bilan fonctionnel appelé ici « Actif court terme ».

En schématisant et en chiffrant le bilan liquidité avec ces nouvelles masses, on obtiendra une physionomie générale qui rappellera les grands équilibres déjà identifiés sur le bilan fonctionnel, notamment BFR et fonds de roulement (FDR).

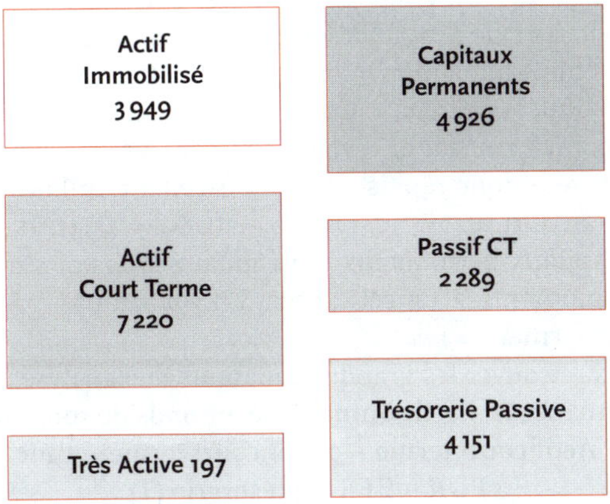

Disons encore quelques mots sur les concepts de fonds de roulement (FDR) et besoin en fonds de roulement (BFR) : Le BFR est toujours l'expression du besoin de financement né du cycle d'exploitation, mais entendu ici dans un sens plus large (paradoxalement...) que le bilan fonctionnel. Le bilan liquidité

considère en effet que les besoins nés de l'exploitation (obligation de stocker... de consentir des délais de paiement aux clients...) sont financés par les ressources issues de cette même exploitation (essentiellement le crédit fournisseurs) mais aussi par les ressources financières à court terme dont l'entreprise peut disposer pendant quelques semaines ou quelques mois.
Cette conception est d'ailleurs conforme à celle d'unicité de la trésorerie que nous avons déjà évoquée. Elle recèle cependant un piège. La ressource, nous le savons, a souvent la nature d'une dette (sauf les ressources apportées durablement par les actionnaires). Or, comme toutes les dettes, celles de l'exploitation et celles à caractère financier devront être un jour remboursées. Le piège dont nous parlions ci-dessus serait de croire qu'elles le seront par les mêmes moyens. En réalité, les ressources (ou dettes) d'exploitation (c'est-à-dire les fournisseurs, pour simplifier), seront remboursées par les recettes réalisées sur les ventes immédiates : le client règle l'entreprise et l'entreprise règle son fournisseur... Les dettes financières seront remboursées, en première approche, par la CAF (ressource interne dégagée par l'activité : produits – charges). Elles pourront l'être aussi au moyen de nouveaux emprunts, donc d'une nouvelle dette qui se substituera à celle qui vient d'être – ou qui va être – remboursée. Certes, cette nuance est assez théorique dans les entreprises en bonne santé : on suppose qu'elles disposeront toujours, le moment venu, des liquidités nécessaires que ce soit pour payer les fournisseurs ou pour rembourser les dettes au banquier. Mais chez les autres, celles qui ont une santé plus précaire (diagnostiquée par exemple à travers une CAF chroniquement insuffisante), si les recettes de l'exploitation sont utilisées pour rembourser les dettes bancaires, il n'y en aura plus suffisamment pour régler les fournisseurs... Il faut donc bien retenir que les charges de l'exploitation (les achats...) sont payées par les produits de cette même exploitation, alors que les dettes financières sont payées par le solde « Produits – charges ». Ce n'est tout de même pas tout à fait pareil !
Cette mise au point étant faite, revenons sur les grands équilibres du bilan liquidité. Le **BFR** sera donc représenté par l'excédent du besoin à court terme sur la ressource à court terme, ici : 7 220 – 2 289 = **4 931**. Il sera financé par l'excédent des capitaux permanents (ou capitaux longs...) sur l'actif immobilisé (fonds de roulement), et, si cet excédent n'y suffit pas, par des avances de trésorerie à court terme.

Nous allons retrouver les grandes équations de l'analyse financière :

Capitaux permanents – actif immobilisé = Fonds de roulement ou FDR

Actif court terme – passif court terme = BFR

FDR – BFR = Trésorerie (T)

Ce qui donne dans notre exemple :
FDR = 4 926 – 3 949 = **977**
BFR = 7 220 – 2 289 = **4 931**
T = 977 – 4 931 = **– 3 954**
(Vérification trésorerie : active (197) – passive (4 151) = – 3 954).

Selon les secteurs d'activité, la date d'arrêté des comptes dans les activités saisonnières, l'ancienneté de l'entreprise (accumulation de réserves ou pas...), le FDR n'est pas toujours positif. Le BFR, qui exprime un besoin net lorsqu'il est positif (cas dans notre exemple), peut aussi être négatif. C'est une situation enviable puisque dans ce cas le cycle d'exploitation fournit à lui seul plus de ressources qu'il ne génère de besoins. Comme la trésorerie est la résultante FDR – BFR, on comprend que son niveau, à la date d'arrêté, est directement fonction du poids relatif de l'un et de l'autre.
Deux exemples :

Actif		Passif	
Immo nettes	3 000	Capitaux permanents	5 000
Stocks	1 000	Dettes financières < 1 an	1 000
Clients (EENE compris)	3 000	Fournisseurs	2 000
Banque	1 000		
Total	**8 000**		**8 000**
Immo nettes	3 000	Capitaux permanents	2 000
Stocks	2 000	Dettes financières < 1 an	1 000
Clients (EENE compris)	1 000	Fournisseurs	5 000
Banque	2 000		
Total	**8 000**		**8 000**

Dans le premier bilan, on aura :

FDR = 5 000 – 3 000 = **2 000**

BFR = (3 000 + 1 000) – (2 000 + 1 000) = **1 000**

T = 2 000 – 1 000 = **1 000**

Dans le second :

FDR = 2 000 – 3 000 = **– 1 000**

BFR = (2 000 + 1 000) – (5 000 + 1 000) = **– 3 000**

T = (– 1 000) – (– 3 000) = **+ 2000**

> E

Exercices d'application

Ils vont permettre de revoir les points que nous avons traités jusqu'ici :

- Les liens entre stocks au bilan et variations (Δ) de stocks au compte de résultat
- Les liens entre amortissements et/ou provisions au bilan et dotations au compte de résultat
- La relation FDR / BFR / Trésorerie
- La construction du bilan fonctionnel et du bilan liquidité

Ces notions doivent être parfaitement maîtrisées pour pouvoir aborder ensuite la phase de l'analyse proprement dite qui fera l'objet des chapitres 5 et 6.

E › 1 Stocks et variations de stocks de marchandises

a › Exercice

	1997	1998	1999	2000
Consommation marchandises = CAMV (Achats + Δ Stocks)	3 000		2 800	3 300
Stock final marchandises	1 200	1 000		
Achats marchandises		2 300		3 000
Δ stock marchandises (SI – SF)			– 100	

Le jeu consiste à compléter les cases vides.
Le stock final de 1996 *(au bilan)* se montait à **1 000**.
(L'exercice serait identique avec un stock de matières premières)

b › Correction

	1997	1998	1999	2000
Consommation marchandises = CAMV (Achats + Δ Stocks)	3 000	2 500	2 800	3 300
Stock final marchandises	1 200	1 000	1 100	800
Achats marchandises	3 200	2 300	2 900	3 000
Δ stock marchandises (SI – SF)	(–) 200	200	– 100	300

Ce petit exercice simple permettait de se familiariser avec la gymnastique intellectuelle des stocks. Une *augmentation du stock au bilan* correspond à un *enrichissement* patrimonial pour l'entreprise. Elle devrait donc logiquement être enregistrée en « produits » au compte de résultat. C'est d'ailleurs ce que l'on fait pour les stocks de produits finis (ligne **FM**). Pour les stocks de marchandises et de matières premières, on pourrait procéder de la même manière. En fait, comme ces Δ de stocks sont inscrites immédiatement au-dessous des lignes d'achats correspondantes, on comptabilise une charge en négatif (comme (–) × (–) = +, cela ne change rien...). Une diminution de stock au bilan est traitée en sens inverse...

- **Exercice 1997** : nous connaissions le stock final (SF) de 1996 (1 000) et le stock final de 1997 (1 200). Nous avions donc enrichissement de 200 et, au compte de résultat, une charge négative notée **(–) 200.** On sait par ailleurs que : consommation = achats + Δ stocks du compte de résultat. Cette équation nous permet d'écrire : **achats** = consommation – Δ stock ou 3 000 – (–) 200 = **3 200.**

- **Exercice 1998** : le stock initial (SI) de l'exercice = SF de l'exercice précédent (1 200). Il y a baisse de ce SF, donc réelle charge pour l'entreprise, donc Δ **stock** = + **200**... **Consommation** = Achats + Δ stock, soit 2 300 + 200 = **2 500**.
- **Exercice 1999** : on a une Δ de stock de (–) 100, donc un enrichissement du patrimoine au bilan. Le SI étant de 1 000, le **stock final** sera de **1 100**... Le reste ne présentait pas de difficultés...
- **Exercice 2000** : On connaît les achats (3 000) et la consommation (3 300). On a donc consommé 300 de plus que ce que l'on a acheté en prélevant ces 300 sur le stock initial, donc appauvrissement, donc Δ de stock au compte de résultat exprimée sous forme de charge 300.

E ›2
Rappels sur amortissements et provisions

a ›• Exercice

	1997	1998	1999	2000
Immobilisations brutes (bilan)	6 000	6 000	6 500	6 800
Amortissements (bilan)		2 500		
Immobilisations nettes (bilan)	4 000			
Dotation aux amortissements (Compte résultat / CR)	500		700	850
Reprises amortissements (CR)	–	–	–	50
Clients bruts (bilan)	10 000		13 000	15 000
Provisions sur clients (bilan)	800			
Clients nets		10 000		13 000
Dotations aux provisions sur clients (CR)	600	1 000	–	
Reprises sur provisions clients (CR)	200	–	600	200

b › Correction

	1997	1998	1999	2000
Immobilisations brutes (bilan)	6 000	6 000	6 500	6 800
Amortissements (bilan)	2 000	2 500	3 200	4 000
Immobilisations nettes (bilan)	4 000	3 500	3 300	2 800
Dotation aux amortissements (Compte résultat / CR)	500	500	700	850
Reprises amortissements (CR)	–	–	–	50
Clients bruts (bilan)	10 000	11 800	13 000	15 000
Provisions sur clients (bilan)	800	1 800	1 200	2 000
Clients nets	9 200	10 000	11 800	13 000
Dotations aux provisions sur clients (CR)	600	1 000	–	1 000
Reprises sur provisions clients (CR)	200	–	600	200

Il s'agissait ici de se familiariser avec une autre gymnastique intellectuelle : les amortissements et provisions cumulés au bilan et les dotations annuelles au compte de résultat.

- **Exercice 1997 :** connaissant la valeur brute et la valeur nette des immobilisations, on trouve par différence les amortissements correspondants à l'actif (2 000). Connaissant le compte clients en brut et la provision correspondante (pour risque de non-paiement de la part de certains de ces clients) on retrouvait la valeur nette (patrimoniale...) du compte clients (10 000 – 800 = 9 200).
- **Exercice 1998 :** on retrouvait facilement la valeur nette des immobilisations au bilan. La perte de valeur nette correspond à la dotation aux amortissements calculée pour l'exercice (4 000 – 3 500 = 500). On connaît par ailleurs la nouvelle provision pratiquée sur les comptes clients (dotation de 1 000), ce qui porte la provision au bilan sur clients à 1 800 (provision de 1997) + 1 000 (provision de 1998) = 1 800. Connaissant les clients nets, on retrouvait les clients en valeur brute (net + provision).
- **Exercice 1999 :** on connaît la dotation aux amortissements de l'exercice (700) qui vient donc abonder les amortissements du bilan passant de 2 500 à 3 200. À partir des immobilisations brutes, on peut donc retrouver la valeur nette. Sur les provisions clients de 1998 (1 800), on reprend au compte de résultat 600. On diminue donc la provision, la nouvelle s'établissant à 1 800 – 600 = 1 200... Le reste sans difficultés...
- **Exercice 2000 :** pas de difficulté. Il fallait seulement penser à prendre en compte la reprise sur amortissements de 50...

E › 3
FDR / BFR / Trésorerie (sur bilan liquidité)

a ›• Exercice

	1997	1998	1999	2000
Fonds propres (capitaux propres)	1 200		2 400	
Dettes > 1 an		6 800	6 100	
Immobilisations nettes	1 600	1 300		
FDR		**7 500**		
Stocks	600	700	1 100	
Clients + EENE	11 000		14 000	
Fournisseurs + dette bancaire < 1 an (hors CBC)	4 300	4 500		
BFR			**9 600**	
Trésorerie (y compris EENE)	**– 200**	**– 1 000**	**– 3 000**	

Le jeu consiste toujours à compléter les cases vides. Pour l'année 2000, on utilisera le compte de résultat prévisionnel et les informations complémentaires ci-dessous :

Compte de résultat prévisionnel 2000		**Informations bilan 31.12.2000**
Produits	150 000	Dette bancaire < 1 an : idem 1998
Charges décaissables	149 000	Nouvel emprunt* au 30.12.2000 : 1 000
Dot. amortissem.	600	Pas de nouveaux investissements
Dot. provisions stocks	400	Stocks bruts = stocks 99 + 30 %
Dot. Provisions clients	1 600	Clients bruts = clients 99 + 10 %
Résultat exceptionnel	1 800	Fournisseurs = fournisseurs 99 + 5,73 %
(Pas d'IS)		** avec un différé de 2 ans*

b ›• Correction

	1997	1998	1999	2000
Fonds propres (capitaux propres) – FP	1 200	2 000	2 400	2 600
Dettes > 1 an	7 500	6 800	6 100	6 400
Immobilisations nettes	1 600	1 300	1 900	1 300
FDR	**7 100**	**7 500**	**6 600**	**7 700**
Stocks	600	700	1 100	1 030
Clients + EENE	11 000	12 300	14 000	13 800

	1997	1998	1999	2000
Fournisseurs + dette bancaire < 1 an (hors CBC)	4300	4500	5500	5775
BFR	**7300**	**8500**	**9600**	**9055**
Trésorerie (y compris EENE)	**– 200**	**– 1000**	**– 3000**	**– 1355**

Il s'agissait de bien maîtriser les concepts FDR / BFR / Trésorerie... mais aussi de comprendre la répartition des dettes bancaires > et < 1 an... et enfin d'extrapoler les chiffres à fin 2000 sur la base de prévisions.

- **Exercice 1997 :** on peut retrouver le BFR à partir de ses 3 composantes (stocks + clients – fournisseurs). Avec le BFR et la trésorerie, on retrouvait le FDR (BFR + trésorerie, soit ici 7300 + (–) 200 = 7100. Enfin, avec le FDR et deux de ses trois composantes, on retrouvait la 3e : dettes > 1 an (si FP + Dettes – immobilisations nettes = FDR, on a Dettes = FDR – FP + immobilisations nettes, soit 7100 – 1200 + 1600 = 7500).
- **Exercice 1998 :** Connaissant le FDR et la trésorerie, on trouvait le BFR, puis sa composante « clients ». On trouvait aussi aisément la composante FP du FDR
- **Exercice 1999 :** on retrouvait le FDR à partir du BFR et de la trésorerie. Avec le FDR on retrouvait les immobilisations nettes... et avec le BFR, les fournisseurs + passif bancaire < 1 an.
- **Exercice 2000 :** il suffisait d'un peu de réflexion et de méthode... Nous proposons ci-dessous la démarche qui paraît la plus logique (mais il y en a d'autres...), l'essentiel étant de trouver les bons chiffres.
  - **Première étape :** lorsque l'on examine des prévisions d'exploitation (compte de résultat) ne faisant pas apparaître le résultat, la première démarche consiste à chercher ce résultat ! C'était assez facile : produits (150000) – toutes les charges (151600) + résultat exceptionnel (ici + 1800) = résultat de + 200. C'est un résultat net puisque l'on nous dit qu'il n'y a pas d'IS. En l'absence d'autres renseignements (notamment distribution de dividendes en 2000 au titre de 1999, on peut reporter ce résultat en augmentation des FP de 1999, pour trouver les **FP 2000,** soit 2400 + 200 = **2600**.
  - **Deuxième étape :** on sait qu'il n'y aura pas d'investissement en 2000 (et on ne nous dit pas qu'il y aurait des désinvestissements...). Or, connaissant les immobilisations nettes de 99 (1900) et la dotation nouvelle aux amortissements de 2000 (600 au compte de résultat), on a instantanément les **immobilisations nettes de 2000,** soit 1900 – 600 = **1300**.
  - **Troisième étape :** on sait que la dette < 1 an est du même montant qu'en 1998. Or on peut la retrouver : en 1998 nous avions dette > 1 an : 6800 et en 1999 dette > 1 an : 6100. La partie < 1 an en 1998 représentait donc la différence 700... On rétorquera qu'il a très bien pu y avoir de nouveaux emprunts en 1998... C'est possible mais peu probable si l'on considère que cette part < 1 an en 1998 correspond exactement à la part < 1 an de 1997 (même différence de 700). Si les dettes > 1 an de 1999 étaient de 6100 et la part < 1 an de 700, les dettes > 1 an de 2000 devraient être de 5400 (c'est-à-dire 6100 – le remboursement annuel de 700). Mais attention : on nous dit qu'en décembre 2000,

on va emprunter 1 000, qui se retrouveront intact en dette > 1 an au 31.12.2000, puisque ce nouvel emprunt ne commencera à se rembourser que dans deux ans (période de différé). Les **dettes > 1 an à fin 2000** se monteront donc à 5 400 + 1 000 = **6 400**. *On peut tout de suite calculer le FDR...*

- **Quatrième étape :** les stocks bruts doivent augmenter de 30 %, soit 1 100 × 1,3 = 1 430... Mais on envisage de provisionner ce stock de 400 (dotation au compte de résultat de 2000)... Le **stock** net à **fin 2000** se montera donc à 1 430 – 400 = **1 030**. Même démarche pour les clients qui augmentent de 10 %, soit 15 400, mais 1 600 de nouvelles provisions, soit **clients nets 2000** = **13 800**. Pour le dernier poste de BFR, on a globalisé fournisseurs et dette < 1 an. Or on sait que cette dette < 1 an est de 700, ce qui signifie que les fournisseurs à fin 1999 se montaient à 4 800 (5 500 – 700). En 2000, ils doivent progresser de 5,73 %. Le poste « fournisseurs » seul se montera donc à 4 800 × 1,0573 = 5 075. Mais comme l'on aura la même partie de dette < 1 an de 700, le poste global se montera à 5 775. Avec ses trois composantes, on peut trouver le BFR... et avec le FDR trouvé à l'issue de l'étape 3, on retrouve la trésorerie...

E ›4

Construire un bilan fonctionnel et un bilan « liquidité » (à partir du bilan comptable ci-dessous au 31 décembre 2001)

On calculera aussi :

- FRNG et BFR sur le bilan fonctionnel,
- FDR et BFR sur le bilan liquidité,
- Trésorerie.

a › Bilan comptable au 31 décembre 2001

	Brut	Am./Pr.	Net		
Immobilisations incorporelles	130		130	Capital social	1 200
Constructions	1 019	529	490	Réserves	450
Installations techniques	2 308	890	1 418	Report à nouveau	10
Agencements et matériels transport	1 714	1 320	394	Résultat	223
Immobilisations financières	300		300		**1 883**
	5 471	**2 739**	**2 732**	Dettes Éts de crédit	1 580
Stocks matières premières	1 209	420	789	Dettes financières diverses	500
Encours + produits finis	367		367	Acomptes reçus s/ commandes	83
Clients	606	42	564	Fournisseurs	1 576
Autres créances	635		635	Dettes fiscales et sociales	508
Disponibilités	986		986	Autres dettes	94
Charges constatées d'avance	68		68	Produits constatés d'avance	12
	3 871	**462**	**3 409**		**4 353**
Charges à répartir	108		108	Écarts conversion passif	39
Écarts conversion actif	26		26		
Total général			**6 275**	**Total général**	**6 275**

Renseignements complémentaires :

- Il faut prévoir une distribution de dividendes de 100.
- Exigibilité des dettes établissements de crédit :

– concours bancaires courants : 314.
– dettes < 1 an : 531.
– dettes > 1 an et < 5 ans : 735.

- Dettes financières diverses : comptes courants d'associés dont 300 bloqués sur 5 ans.
- EENE : 1 219.
- Crédit-bail : contrat du 1er juillet 2000 de 500 K€ (durée normale d'amortissement : 5 ans).

b › Corrigé, Bilan fonctionnel, FRNG, BFR, Trésorerie

Bilan fonctionnel

Immo brutes	5 471	Fonds propres du bilan comptable	1 883
(+) Crédit-bail brut	(+) 500	(–) Écart conversion actif	(–) 26
(+) Charges à répartir	(+) 108	(+) Écart conversion passif	(+) 39
		(+) amortissements du bilan	(+) 2 739
Emplois stables (ES)	**6 079**	(+) amortissements du Cbail (CB)	(+) 150
		(+) provisions actives	(+) 462
Stocks bruts	1 576	(+) dettes Éts crédit hors CBC	(+) 1 266
(+) Clients bruts	(+) 606	(+) dettes financières bilan	(+) 500
(+) EENE	(+) 1 219	(+) dettes de CB	(+) 350
(+) Autres créances	(+) 635	**Ressources durables (RD)**	**7 363**
(+) Charges constatées d'avance (CCA)	(+) 68	Acomptes + fournisseurs	1 659
		(+) Fiscal et social	(+) 508
Actif circulant (AC)	**4 104 (+)**	Autres dettes + PCA	(+) 106
		Passif circulant (PC)	**2 273**
Disponibilités	986	CBC	314
Trésorerie active	**986**	(+) EENE	(+) 1 219
		Trésorerie passive	**1 533**
Total général	**11 169**	**Total général**	**11 169**

Le crédit-bail est pris dans les emplois stables (ES) pour sa valeur d'origine comme les « vraies » immobilisations. Dans les ressources durables (RD) on reprend **l'amortissement fictif de ce crédit-bail** (500 amortissables sur 5 ans = 100/an et 50/semestre), soit **150** sur 1 an et demi (du 1.7.2000 au 31.12.2001), ainsi que la **« dette »** résiduelle **350** (500 – 150)

FRNG = RD – ES = 7 363 – 6 079 = **1 284**

BFR = AC – PC = 4 104 – 2 273 = **1 831**

Trésorerie (T) = FRNG – BFR = 1 284 – 1 831 = **– 547**

Vérification trésorerie au bilan :

trésorerie active (986) – trésorerie passive (1 533) = **– 547**

Au 31 décembre 2001, l'entreprise dispose bien de 986 sur son compte en banque, mais, si elle devait rembourser son découvert (314) et supporter des impayés sur la totalité des effets escomptés non échus (1 219), elle aurait bien une trésorerie négative de 547.

c › Corrigé, Bilan liquidité, FDR, BFR, Trésorerie

Bilan liquidité

Immobilisations nettes du bilan	2 732	Fonds propres du bilan	1 883
(+) crédit-bail net (après amortissement)	(+) 350	(–) dividendes à verser en 2000	(–) 100
		(–) charges à répartir	(–) 108
Actif immobilisé	**3 082**	(–) EC actif	(–) 26
		(+) EC passif	(+) 39
Stocks nets	1 156	**Capitaux propres**	**1 688**
(+) clients nets	(+) 564	Dettes Éts crédit > 1 an	735
(+) EENE	(+) 1 219	(+) Dettes financières > 1 an	(+) 300
(+) autres créances	(+) 635	(+) Dettes CB > 1 an	(+) 250
(+) (CCA)	(+) 68	**Dettes financières > 1 an (ou DMLT)**	**1 285**
		Dettes Éts crédit < 1 an	531
Actif court terme (ACT)	**3 642**	(+) Dettes financières < 1 an	(+) 200
		(+) Dettes CB < 1 an	(+) 100
Disponibilités	986	(+) dividendes à verser en 2000	(+) 100
		Dettes financières > 1 an	**931**
Trésorerie active	**986**	Acomptes + fournisseurs	1 659
		(+) Dettes fiscales et sociales	(+) 508
		(+) autres dettes et PCA	(+) 106
		Dettes exploitation à court terme (CT)	**2 273**
		CBC	314
		(+) EENE	(+) 1 219
		Trésorerie passive	**1 533**
Total général	**7 710**	**Total général**	**7 710**

Les dividendes à verser en 2000 ne peuvent plus être considérés comme des FP...
Dans les dettes (Établissements de crédit ou financières ou de crédit-bail...) on distingue désormais celles qui ont moins d'1 an à courir et celles qui ont plus d'1 an à courir, ces dernières étant qualifiées (avec les FP) de capitaux permanents...
FDR = Capitaux permanents – actif immobilisé = (1 688 + 1 285) – 3 082 = – 109
BFR = Actif court terme – passif court terme (toutes dettes < 1 an) = 3 642 – (931 + 2 273) = **438**
Trésorerie = FDR – BFR = – 109 – 438 = **– 547**
On retrouve donc la même trésorerie dans l'un ou l'autre bilan, à partir d'agrégats qui sont cependant différents : FRNG ou FDR d'une part, BFR d'autre part.
Le but de ces deux reconstructions n'est d'ailleurs pas de vérifier la trésorerie...
Rappelons que le bilan fonctionnel permet d'identifier les trois fonctions de l'entreprise (investissement, exploitation, financement...) et de montrer comment la troisième (financement) pourvoit aux besoins issus des deux autres.
Le bilan liquidité quant à lui a simplement pour vocation de « vérifier » qu'il y a adéquation, ou en tout cas absence de « germe de déséquilibre » entre les besoins et les ressources de bas de bilan. C'est le bilan qui rend le mieux compte de la capacité de l'entreprise à faire face à ses engagements les plus courts (les plus « urgents »...).
Dans le cours de l'analyse, nous nous référerons tantôt à l'une, tantôt à l'autre de ces reconstructions en fonction de la question qui se posera : performance et rentabilité des actifs, par exemple, essentiellement du ressort du bilan fonctionnel... ou bien structure financière et solvabilité, du ressort du bilan liquidité.

chapitre 5

Les ratios – Les scores

Maintenant que nous savons, au moins dans les grandes lignes, ce que sont un compte de résultat et un bilan, nous allons commencer à utiliser des outils permettant de porter un premier jugement sur la santé financière de l'entreprise à travers trois critères :

› 1 L'activité et la gestion

Critères, ou clignotants, à caractère plutôt économique. L'entreprise est-elle en phase de croissance, de stagnation ou de déclin ? En phase d'investissement (qui ne se traduira sur la croissance qu'avec une certaine inertie) ? Ces questions devront bien sûr être corrélées avec le métier de l'entreprise (exige-t-il un savoir-faire spécifique, des investissements particulièrement lourds...), son ancienneté, la synergie qu'elle peut trouver au sein d'un Groupe le cas échéant, son degré plus ou moins fort d'intégration, etc... Comment se caractérise son cycle d'exploitation ? Évolution des composantes du BFR (stocks, crédit clients, crédit fournisseurs)... Cette évolution (favorable ou défavorable) est-elle due à des contraintes spécifiques du secteur d'activité ou à des choix de gestion délibérés ? L'activité de l'entreprise connaît-elle une saisonnalité (dans l'année ou dans le mois...) ? La date d'arrêté du bilan n'a-t-elle pas été choisie pour donner l'image la plus avantageuse possible ? Comment se présenteraient les comptes (approximativement...) à une date moins favorable ? Incidences sur le BFR donc sur la trésorerie.

• ›2 La rentabilité

Critères économiques et financiers. D'où vient le résultat de la dernière ligne ? L'exceptionnel, le cas échéant, est-il récurrent ? Évolution et répartition de la valeur ajoutée dans le temps. Origine des variations (lorsqu'elles sont significatives). Corrélation entre valeur ajoutée et BFR (forte valeur ajoutée = moins d'achats auprès des fournisseurs = moins de crédit fournisseurs dans le cycle d'exploitation = plus de BFR = plus de besoins de trésorerie ou nécessité de disposer d'un FDR plus important). La ressource dégagée par l'activité (CAF) est-elle suffisante pour prendre en charge ce qu'elle doit assumer (remboursement des dettes, dividendes, croissance...).

• ›3 La structure

Critères financiers purs. Comment s'équilibrent les grandes masses du bilan ? Quel est le poids relatif de l'endettement ? L'engagement des actionnaires ? Est-il suffisant ? L'entreprise dispose-t-elle d'un matelas de sécurité en cas de « coup dur » ? Comment l'apprécier ? Quel serait son niveau idéal ? Le secteur économique induit-il des contraintes dans la répartition des capitaux investis (partie emplois stables, partie BFR) ? Qu'est-ce qui intéresse les banquiers dans la structure ? Pourquoi prêteront-ils à une entreprise déjà endettée et refuseront-ils de prêter à une autre vierge de toute dette ? Sur quels leviers l'entreprise pourra-t-elle jouer ?

> A
La méthode

Pour répondre à ces questions, les analystes se livrent en général à des comparaisons chiffrées de postes du bilan entre eux, ou de postes du bilan avec des postes du compte de résultat. Ces comparaisons – appelées ratios – se présentent le plus souvent sous forme d'un rapport, exprimé ensuite en quotient ou en pourcentage. Si les fonds propres représentent 200 et les dettes 120, on pourra dire que les dettes représentent 3/5e (ou 60 %), des fonds propres. Bien entendu, le calcul de ratios, quels qu'ils soient, ne suffit pas en soi : il faut ensuite en interpréter le résultat et en tirer une conclusion.
Cela dit, l'analyse financière n'est pas une science exacte ! Et il ne faudrait pas croire que l'utilisation de ratios, c'est-à-dire de formules arithmétiques, apporte cette touche d'exactitude qui manquerait... D'abord, parce que l'on peut faire dire des choses très différentes à un même ratio, puisqu'on peut l'expliquer

aussi bien par son numérateur que par son dénominateur, et surtout parce que l'on peut créer des ratios à l'infini et comparer n'importe quoi à n'importe quoi d'autre. Pour tel analyste, il sera peut-être pertinent de comparer la superficie de l'usine à l'effectif du personnel qu'elle abrite (surface théorique disponible par salarié), ou encore de comparer la performance d'une machine par un ratio : « énergie consommée / nombre de pièces fabriquées ». Et même si, pour quelqu'un, le ratio « FDR / Impôts et taxes » (peu pertinent en soi) a une saveur particulière, libre à lui de l'utiliser à condition de connaître sa signification et son utilité...

Autrement dit, pas de règle, mais néanmoins un consensus qui s'est construit de manière empirique, au fil des six ou sept dernières décennies, sur la signification, selon les secteurs, d'une petite vingtaine de ratios sur lesquels tout le monde, ou à peu près, tombe d'accord. Il existera toujours des divergences d'opinion sur le caractère plus ou moins pertinent, plus ou moins prédictif de tel ratio par rapport à tel autre. Mais, globalement, tous les analystes sont intéressés par la rentabilité de l'entreprise, les éléments caractéristiques de son activité, la structure de ses finances. Et pour se faire une opinion sur ces trois critères, il n'est pas utile de calculer 80 ratios ! Par contre certains sont incontournables.

Un mot enfin sur l'interprétation des résultats. Même si l'on sait que, dans tel secteur d'activité, tel ratio devrait se situer dans telle fourchette, un chiffre hors de cette fourchette ne signifierait pas automatiquement que l'entreprise est condamnée. Un ratio seul ne suffit évidemment pas : il faudra souvent le croiser avec un ou plusieurs autres. La fourchette elle-même n'est jamais un dogme. Il n'y a pas de dogme en analyse financière (sauf qu'une entreprise ne peut pas perdre de l'argent pendant 10 ans sans qu'il lui arrive des choses désagréables... et même ce dogme-là souffre quelques exceptions !). Plutôt qu'une fourchette, il vaudra mieux se référer à une valeur moyenne raisonnable. Le mot « ratio » vient du même mot latin qui signifie « calcul » ou « compte », mais aussi « raison ». Pour savoir si le ratio est « bon », il faut faire un petit effort de réflexion, de raison, et éviter les conclusions péremptoires de type : « Le ratio est à 28 %, *donc* il est mauvais ». Inutile aussi de rechercher la précision absolue. Dans une grande majorité de cas, le « bon » ratio se situera *autour* de l'une des trois grandeurs caractéristiques : 25 %, 33 % ou 50 % C'est assez facile à retenir.

Les commentaires ci-dessous sur le niveau souhaitable de tel ou tel ratio, sa pertinence relative, peuvent s'appliquer sans doute aux entreprises de toutes tailles (des précisions seront apportées en fonction du type de métier). Mais il est clair cependant qu'ils sont plus orientés vers la PME (industrielle ou commerciale selon le cas), confrontée à une problématique financière qui n'a rien à voir avec celle de grands groupes cotés en Bourse.

> B Les ratios d'activité et de gestion

Il est assez logique de commencer par ceux-là parce qu'ils prennent largement en compte le chiffre d'affaires (ou le volume de la production), premier élément de la fiche d'identité d'une entreprise. Quand, dans les affaires, on évoque le nom d'une entreprise, le premier réflexe du financier, mais aussi du commercial, de l'ingénieur de production, et même du délégué syndical... sera de demander : « Elle fait combien de chiffre ? », parce que l'on sent bien, parfois un peu intuitivement, que de l'importance relative du CA découleront quantités d'autres informations liées à celui-ci.

(CA année N – CA année N-1) / CA année N-1 : la variation annuelle doit être au moins égale à l'inflation, sinon il y a perte de volume d'activité, donc sans doute de parts de marché. Mais progresser de 2 ou 3 % est-ce une ambition suffisante ? Dans l'industrie traditionnelle, et pour une entreprise installée sur son marché, il paraît souhaitable qu'elle se situe au-dessus de 5 à 8 %. Il est clair qu'une affaire en démarrage, donc en phase de croissance, connaîtra une progression beaucoup plus forte : c'est le cas de celles qui évoluent dans ce qu'il est convenu d'appeler « la nouvelle économie ». Dans les industries de haute technologie (aéronautique, espace, chimie, agroalimentaire industriel, informatique...), il faut des croissances fortes (plus de 10 %) si l'on veut suivre le train des concurrents et soutenir les efforts d'investissements en recherche et développement. Dans les industries de main d'œuvre plus anciennes (textile, cuir...), il est déjà bien de ne pas régresser. Dans les entreprises de négoce, les taux de croissance sont en général plus faibles (à périmètre d'activité constant), sauf exception ici aussi pour les affaires en démarrage. Lorsque l'on dispose d'informations fiables sur le taux de croissance du secteur concerné, il sera plus facile de se prononcer sur celui de l'entreprise X ou Y... Dans un secteur qui croît de 10 % par an, les entreprises performantes connaîtront une croissance de 15 à 18 % (gain de parts de marché).

Dans tous les cas, qu'il s'agisse d'industrie, de négoce ou de service, une baisse *chronique* du CA (sur 2 ou 3 années consécutives) est en général un clignotant inquiétant même si elle s'accompagne peut-être, dans un premier temps, d'une amélioration de la rentabilité (abandon par exemple d'une branche d'activité déficitaire). Cette baisse d'activité se traduira très vite par une perte d'influence sur le marché, un moindre rapport de force vis-à-vis des partenaires commerciaux, etc.

Comment l'évolution du CA (critère d'abord commercial) réagit-elle sur la situation financière ? Dans l'industrie, elle entraîne une évolution, au minimum parallèle et souvent amplifiée, des besoins financiers : pour financer les investissements, *et* pour financer le cycle d'exploitation. Le BFR notamment, toutes choses égales par ailleurs, variera comme le chiffre d'affaires (doublement du CA = doublement du BFR), alors que le FDR, de son côté, variera beaucoup moins vite (inertie assez importante). Au total, il y aura bien amplification du besoin net de trésorerie (FDR – BFR). Ce premier ratio permet donc souvent d'entrevoir l'évolution possible de ratios financiers.

(Production + marge commerciale) / Emplois stables : productivité de l'outil de production. Combien d'euros de production, 1 € investi dans l'outil permet-il de réaliser ? Il n'y a aucune règle absolue tant les secteurs d'activité diffèrent les uns des autres. Dans les services liés au conseil, il ne faut quasiment pas d'outil. Dans les services « lourds » (transport de marchandises, camping de milieu ou haut de gamme...), 1 € d'investissement ne réalise qu'1 € (ou à peine plus) de production. Dans l'industrie, le niveau de l'investissement sera fonction du degré d'intégration... Il sera plus judicieux dans ce cas d'examiner l'évolution du ratio **Valeur ajoutée / Emplois stables.**

Dans tous les cas le ratio a un intérêt comparatif entre entreprises – *à condition que l'activité soit strictement identique* –, et dans le temps. Une amélioration significative (8 % par an équivaut à un doublement sur 10 ans) sera un clignotant positif. Tendanciellement, la productivité s'améliore de manière naturelle : progrès technologique, formation des hommes... C'est donc le rythme de l'amélioration qui fera la différence. Mais une stagnation pourra signifier que l'outil est utilisé au plein de son potentiel, ou qu'il n'a pas connu d'évolution technologique significative (les performances des machines à commandes numériques ont assez peu évolué entre 1990 et 2000). Dans ce cas, le ratio pourra servir de référence pour apprécier le niveau de l'investissement nécessaire (donc des ressources à mobiliser) pour accroître la production. Si l'on sait que 1 € investi produit 5 €, on saura que, pour accroître la production de 10 Millions d'€, il faudra investir autour de 2 M€.

On ne mesure ici que la productivité de l'outil, pas celle des autres facteurs de production (personnel notamment). Or il arrive qu'elles évoluent en sens contraire : à volume de production constant, plus de machines = moins de personnel, donc : moindre productivité de l'outil et meilleure productivité des hommes. Pour avoir une vision plus globale de la productivité, on fait parfois : **(Production + marge commerciale) / (Emplois stables + Frais de personnel).** Les puristes répugnent à additionner, au dénominateur, un chiffre qui est l'expression d'un investissement (emplois stables) et un chiffre qui est l'expression d'une consommation (frais de personnel). L'objection est sans doute recevable d'un point de vue macro-économique mais à l'échelle de l'entreprise elle a moins de sens. Si l'on préfère, on fera plutôt : **(Production + marge commerciale) / (Frais de personnel + dotation aux amortissements).** Combien d'euros peut-on produire pour 1 € consommé dans l'entretien des facteurs directs de production. Attention à l'interprétation de ces ratios qui ont chacun une signification différente... Le dernier par exemple néglige toute la partie de l'outil qui ne s'amortit pas (terrains, fonds de commerce...) ou qui s'amortit selon des règles particulières (marques, brevets...).

Dans le négoce pur on fera simplement : **Marge commerciale / Emplois stables** (intérêt comparatif).

(Production + marge commerciale) / (Emplois stables + BFR) : mesure la productivité de l'ensemble des capitaux investis. Pour réaliser son objet, une entreprise a besoin d'un outil de production (ou de commercialisation), mais aussi de stocks, de fournisseurs, et surtout de clients. Elle doit donc investir des capitaux à la fois dans la fonction « production » (emplois stables) *et* dans la fonction « commercialisation » (BFR). On exprimera ce ratio toujours sous la forme : 1 € de capital investi (dans ces deux fonctions) permet de réaliser (x) € de production (ou de marge commerciale dans le négoce). On pourra même comparer le poids relatif de l'investissement nécessaire en emplois stables d'une part, en BFR d'autre part.

› **Exemple :** Soit une entreprise qui présente les comptes suivants :

Actif		Passif	
Emplois stables	3 000	Ressources durables	3 900
Stocks	500	Fournisseurs	1 500
Clients (+ EENE)	2 500	Autres dettes	100
Autres créances	300	Banque	800
Total	**6 300**		**6 300**

Production vendue de biens	15 000
Production vendue de services	1 000
Ventes de marchandises	6 000
Achats de marchandises	4 200
Δ de stock marchandises	(200)

On peut calculer :

- **BFR** : (500 + 2 500 + 300) – (1 500 + 100) = **1 700**
- **FRNG** = 3 900 – 3 000 = **900**
- **Production** : (15 000 + 1 000) = **16 000**
- **Marge commerciale** : 6 000 – [4 200 + (200)] = **2 000**

Ratios :

(Production + marge) / emplois stables : (16 000 + 2 000) / 3 000 = **6** (1 € investi dans l'outil de production permet de produire 6 €)

Productivité de l'ensemble des capitaux investis : (16 000 + 2 000) / (3 000 + 1 700) = **3,8** (1 € investi permet de produire 3,8 €)

Répartition des capitaux investis : 3 000 dans les emplois stables et 1 700 dans le BFR, soit, en base 100, un rapport de **64 / 36**. Les emplois stables consomment presque 2 fois plus de capitaux que le BFR... Comment cette répartition évolue-t-elle dans le temps ? Si l'entreprise modifie son organisation et recourt plus massivement à la sous-traitance, par exemple, son BFR restera globalement stable (il risque même de s'améliorer : le sous-traitant ne sera pas payé au comptant et il supportera une partie du stock). Par contre l'entreprise investira beaucoup moins dans son outil (elle reporte le problème sur son sous-traitant...). Ce ratio montre bien les choix d'organisation opérés par l'entreprise. On portera ensuite un jugement sur la pertinence de ces choix à la lumière des ratios de rentabilité (en toute logique, si l'on recourt à la sous-traitance, on transfère au profit du sous-traitant une partie – le moins possible ! – de sa propre rentabilité). On regardera particulièrement à cet égard le ratio **EBE / (emplois stables + BFR).**

En même temps que l'activité, on calcule en général les ratios dits « de gestion », qui lui sont directement liés : le volume de l'activité (donc le chiffre d'affaires) va influencer directement le volume du poste « clients »... Le volume et le type de production vont influencer directement l'organisation industrielle (gestion des stocks, gestion des achats – donc volume du poste « fournisseurs » –). Autrement dit, ces ratios vont permettre de donner une première réponse à la question : *comment l'entreprise gère-t-elle les composantes de son BFR ?*

(Stock de matières premières) 360 / consommation de matières premières : Rotation du stock matières premières exprimé en nombre de jours de consommation.

› Exemple

Stock MP au bilan (valeur brute) : **400**
Achats MP (HT au compte de résultat) : 2 800
Δ stocks MP (au compte de résultat) : 100
Donc, **consommation MP** = 2 800 + 100 = **2 900**
Le **ratio** donnera le résultat : (400 x 360) / 2 900 = **49,6 j** (arrondis à 50 jours).
Signification : le stock de MP entreposé dans l'entreprise, *le jour de la date d'arrêté,* permet *théoriquement* de produire pendant 50 j avant d'avoir besoin de se réapprovisionner. On dira aussi que le stock « tourne » (d'où le terme de « rotation ») 7,2 fois par an (360 j / 50 j). Bien sûr, plus la rotation sera rapide, plus elle sera l'indice que l'entreprise transforme rapidement, donc vend plus vite, donc encaisse plus vite... donc récupère plus vite également les capitaux investis dans ce stock. Stock en baisse = par conséquent BFR en baisse = moins de besoins de trésorerie (toutes choses égales par ailleurs).

Ce qui précède permet de comprendre pourquoi les entreprises ont le souci permanent d'un niveau de stock le plus bas possible, l'idéal étant même d'avoir un stock 0 (ou très proche de 0), à condition de pouvoir se réapprovisionner auprès des fournisseurs dans la journée même ou sous 24 h. Cette gestion en flux « tendus » ou en « juste à temps » (c'est-à-dire sans élasticité, sans souplesse) a été la grande mode des années 90, jusqu'à ce que l'on s'aperçoive que « faire de la corde raide » avec ses stocks trouve vite sa limite : comment faire si le fournisseur ne peut pas livrer dans les délais ? Si les transporteurs bloquent les péages d'autoroute ?... Autrement dit, la fonction financière, dont le rôle est effectivement de trouver des économies partout où c'est possible, ne peut pas imposer sa seule logique, sauf à mettre en danger l'exploitation elle-même. Par contre il est vrai que l'entreprise qui aurait 50 j de stock moyen de MP se pénaliserait lourdement si, sans désorganiser sa production, elle pouvait « passer » avec 30 j.

Devant un niveau de stock donné, l'analyste se posera donc deux questions :

– Ce niveau correspond-il à un besoin incompressible *dans cette entreprise,* ou *dans ce type d'activité ?* Un fabricant de terreau pour plantes de jardin, par exemple, transforme une MP, la tourbe, qui doit d'abord subir un vieillissement, une maturation de quelques mois. Un fabricant de meubles doit laisser sécher d'abord quelques semaines (peut-être plus...) le bois qu'il va ensuite travailler. Si leur stock de MP (chez l'un ou l'autre) ne représentait que 8 jours de consommation, il faudrait s'en inquiéter ! À l'inverse, on comprend qu'un pâtissier qui fabrique des tartes à la fraise ne pourra pas conserver un stock de fraises fraîches (sa matière première) au-delà de 2 jours sans doute…

– *Des facteurs extérieurs* ne peuvent-ils pas expliquer un niveau de stock qui, de prime abord, paraît trop élevé, ou qui aurait connu une hausse brutale entre deux arrêtés de compte ? Une entreprise peut sur-stocker, tout à fait délibérément, pour trois types de raisons : par *précaution* (lorsqu'elle craint pour la pérennité de son fournisseur…) ; par *stratégie* (lorsque la MP se raréfie…) ; ou par *spéculation* (lorsqu'elle redoute une hausse des prix…).

(Encours de production) 360 / production : temps moyen de transformation de la matière première en produits finis, exprimé en nombre de jours de production. L'intérêt est surtout comparatif (une entreprise ne transformera pas en 8 jours ce qu'elle pourrait transformer en 5, sauf si son processus de fabrication est mal organisé). L'organisation industrielle joue ici un rôle important : automatisation des chaînes… succession plus ou moins logique des tâches à accomplir… ergonomie des postes de travail, etc. C'est toujours le même enjeu : réduire les délais pour réduire le BFR. Dans certains secteurs, il n'y a pas d'encours de production parce que l'on passe sans transition de la matière première au produit fini : à partir de l'eau qui passe dans ses turbines, une centrale hydroélectrique produit instantanément du courant électrique… produit fini qu'elle ne pourra pas plus stocker d'ailleurs !

(Produits finis × 360) / production : délai de stockage des produits finis. Il sera fonction des délais de péremption de ces produits finis, parfois des contraintes de changement de saison (collections, par exemple, pour l'habillement…), des habitudes de livraison aux clients… (si, dans telle entreprise, on livre les clients une fois par semaine, un stock de produits finis de 5 ou 6 jours, maximum 10 j…, sera jugé normal. Un stock de 25 jours sera l'indice de difficultés de commercialisation ou de livraison).

(Stock de marchandises × 360) / consommation de marchandises : délai de stockage des marchandises exprimé en jours de consommation.

› Exemple

Stock marchandises au bilan (en brut) : 600
Achats marchandises (compte de résultat) : 9 000
Δ stock marchandises (compte de résultat) : (300)
Consommation : 9 000 + (300) = 8 700
Ratio : (600 x 360) / 8 700 = **24,8 j** (arrondis à 25 j). L'entreprise peut vendre pendant 25 j avant d'avoir besoin de se réapprovisionner.
Ici aussi le ratio sera fonction du type de marchandises. Dans l'alimentaire, par exemple, le délai de stockage maximum est limité à la date de péremption. La Grande Distribution a compris depuis longtemps l'intérêt de faire tourner ses stocks le plus rapidement possible : pour beaucoup de produits, cette rotation sera de 2, voire 3 fois, par semaine (le magasin n'a que 2 j de stock « devant lui »), ce qui impose aux fournisseurs les contraintes que l'on imagine…

(Clients bruts + EENE) 360 / chiffre affaires TTC : délai de paiement moyen (en nombre de jours) consenti aux clients. Le poste clients au bilan est exprimé en TTC, alors que les ventes au compte de résultat sont exprimées HT. Il faut donc dans un premier temps les convertir en TTC. Bien entendu les effets escomptés non échus, qui représentent des ventes non encore réglées, sont réintégrés au compte « clients ».

› Exemple

Compte « clients » au bilan : 3 000 EENE (hors bilan – ligne **YS**) : 1 800
Production vendue de biens (compte de résultat) : 22 000 Services : 3 000 Stockée : 800
Ventes de marchandises : 10 000
Chiffre d'affaires TTC : (22 000 + 3 000 + 10 000) x 1,196 = 41 860 (avec une TVA à 19,6 %)
Ratio : [(3 000 + 1 800) x 360] / 41 860 = **41,2 j** (arrondis à 41 jours).
Signification : en moyenne, *sur la base de ce qu'ils devaient au jour de l'arrêté* et des ventes de l'année, les clients payent au bout de 41 jours.

Il n'est pas rare que l'on rencontre des délais de 90 parfois 100 jours, ce qui signifie que, lorsque l'entreprise facture le 10 avril, elle encaisse la recette à partir du 10 juillet. Et bien sûr, entre temps, elle doit continuer à payer son personnel, sans doute ses fournisseurs, ses charges de fonctionnement (loyers, consommations externes...). Elle doit même reverser au Trésor la TVA collectée sur cette recette (bien qu'elle ne l'ait pas encore encaissée). On mesure bien l'enjeu pour l'entreprise d'une gestion serrée de son encours « clients ». On comprend aussi pourquoi elle peut rencontrer des difficultés de trésorerie tout en ayant un important volume de ventes et une excellente rentabilité...
Indépendamment de son incidence (en général très importante) sur le BFR, le ratio mérite d'être analysé sous un autre angle : un rallongement des délais de paiement peut aussi bien résulter d'un accord formel passé par l'entreprise avec ses clients (par exemple en contrepartie de plus gros volumes...), que du non-respect par les clients des délais contractuels de paiement. Et cette seconde hypothèse peut elle-même avoir deux explications : soit les clients concernés rencontrent des difficultés financières (donc danger pour la pérennité de la relation commerciale...), soit ils retardent délibérément leurs paiement, même en l'absence de difficultés, simplement parce qu'ils sont moins satisfaits de la qualité, des délais de livraison, etc. Dans les deux cas, c'est l'indice d'une dégradation globale de la santé de l'entreprise examinée, ou à tout le moins, d'une inversion du rapport de forces commercial. On examinera d'ailleurs *dans ce cas* comment évoluent les provisions sur ce poste « clients » qui, logiquement, devraient varier proportionnellement. Une diminution du ratio **« Provisions clients / Clients bruts EENE compris »** sera généralement suspecte (sauf modification substantielle de la structure de la clientèle) : on peut supposer qu'il y a accumulation de clients douteux que l'entreprise ne provisionne pas dans le but de préserver une apparence de rentabilité...

EENE / (clients bruts + EENE) : part du compte clients qui a été mobilisée (exprimée en %). Ce ratio, que l'on examinera aussi avec ceux de structure financière, peut se révéler un bon indicateur de la qualité de la clientèle, car les banques n'escomptent que du bon « papier ». Un ratio de 85 ou 90 % signifierait sans doute que l'entreprise est en situation de trésorerie un peu tendue mais en même temps que la banque consent facilement des avances sur la presque totalité de ses créances clients...

(Fournisseurs × 360) / achats TTC : délai de paiement, en nombre de jours d'achats, consenti par les fournisseurs. Il ne faut pas oublier que le compte fournisseurs au bilan est exprimé en TTC, alors que les achats au compte de résultat sont HT. Quels achats prend-on au compte de résultat ? Habituellement, uniquement ceux de marchandises et de matières (lignes **FS** + **FU**). Les achats externes (**FW**) sont constitués de prestations payées le plus souvent au comptant. Le surplus (fournitures de bureau... abonnements...) pèse d'un poids assez négligeable dans l'activité « achats » de l'entreprise.

Un rallongement de ce délai, très souhaitable en soi puisqu'il entraînera une diminution du BFR et donc une amélioration de la trésorerie..., peut avoir deux significations opposées : soit l'entreprise concernée bénéficie d'un bon rapport de forces et a bien négocié avec ses fournisseurs, soit au contraire elle rencontre des difficultés pour les payer. Dans les deux cas, le ratio s'améliore de la même manière.

• › Conclusions sur les ratios d'activité et de gestion

On pourrait dire que ce sont les ratios qui plantent le décor d'une analyse qui va ensuite s'affiner. En vérité, ils fournissent quantité d'informations qui vont orienter l'interprétation des ratios de rentabilité et de structure.

- L'entreprise est-elle en phase de croissance ? Modérée ou forte ?
- Pour réaliser son chiffre d'affaires, ou poursuivre sa croissance (négoce et/ou production), doit-elle disposer d'un outil très important ou peu important ?
- Quelle est la part des capitaux qu'elle doit investir en dehors de l'outil ? Comment évolue dans le temps la répartition entre ces deux formes d'investissement : immobilisations et BFR ?
- Comment se traduisent, en termes de BFR, les contraintes (ou les opportunités) propres au métier de l'entreprise, les usages commerciaux de la profession, le rapport de force avec les partenaires ?

De cette analyse, on pourra tirer un premier enseignement sur les qualités de gestionnaire du chef d'entreprise. Une entreprise qui gère bien ses investissements (ni trop ni trop peu, ni trop tôt ni trop tard !), qui pilote une croissance harmonieuse de son chiffre, qui gère prudemment et intelligemment ses stocks, son compte clients, et qui a de bonnes relations avec ses fournisseurs ne peut pas être intrinsèquement « mauvaise ». Et, en général, la première impression est confirmée par la suite de l'analyse, car, comme dans la vie, tout se tient :

- un chiffre d'affaires et une croissance bien gérés = de bons clients = pas ou peu de provisions...
- un stock qui tourne assez vite = utilisation optimale des capitaux = moins de frais financiers...
- moins de provisions et moins de frais financiers = plus de résultat, donc plus de capacités pour investir et produire...

> C
Les ratios de rentabilité

Si les ratios d'activité et de gestion intéressent plus particulièrement l'analyste extérieur (surtout les partenaires commerciaux), les ratios de rentabilité vont intéresser plutôt l'analyste interne (dirigeant ou directeur financier). Quand l'analyste extérieur se contentera de vérifier que telle entreprise est régulièrement bénéficiaire (si possible avant résultat exceptionnel), le dirigeant, lui, cherchera à faire en sorte qu'elle le soit encore plus ! Il examinera donc de plus près deux ou trois ratios particulièrement pertinents (ratios de valeur ajoutée, EBE, CAF...) et essaiera de mettre en œuvre des mesures propres à les améliorer. Il examinera aussi les ratios de ses concurrents. La valeur ajoutée et l'EBE sont totalement indépendants des politiques financières et par conséquent des structures de bilan. On doit donc logiquement retrouver des ratios comparables d'une entreprise à une autre, sauf organisation industrielle spécifique (recours ou non à la sous-traitance par exemple).
Nous avons déjà eu l'occasion d'aborder ces éléments d'analyse de la rentabilité dans le chapitre 3 consacré aux SIG. Nous y revenons ici de manière un peu plus détaillée.
Marge commerciale / CA HT : valeur essentiellement comparative. Le ratio peut être biaisé par l'importance relative du chiffre d'affaires. C'est en tout cas un ratio à n'utiliser que dans des affaires de négoce pur. Dans les entreprises qui cumulent les deux activités de production et de négoce, le ratio n'a pas grande signification car souvent le négoce est un complément nécessaire de la production. Il peut être alors très peu rentable. Ce sera le cas, par exemple, dans une entreprise produisant des couettes en duvet et qui, à l'occasion d'une vente promotionnelle de fin de saison, appâtera le client en lui vendant aussi, ce jour-là (à un prix très proche du prix coûtant), des oreillers qu'elle n'aura pas fabriqués. Le but consiste ici à déstocker très rapidement ses propres produits finis, et non à faire du bénéfice sur les ventes d'oreillers. On ne pourra évidemment pas comparer son ratio de marge commerciale avec celui d'une affaire dont l'activité habituelle est précisément de vendre des oreillers toute l'année !
Valeur ajoutée / Production, ou, dans les affaires ayant les deux activités : **VA / (production + marge commerciale) :** c'est le ratio qui mesure le degré d'inté-

gration de l'entreprise, sa capacité plus ou moins grande à valoriser (c'est le sens d'« ajout de valeur ») la matière première qui entre dans son usine. Ratio comparatif (temporel et inter-entreprises si métier strictement identique), dont l'évolution pourra s'expliquer par différentes raisons.

• Le recours plus ou moins important à la sous-traitance (ce qui est valorisé par le sous-traitant ne l'est plus par le donneur d'ordres).

• Une mévente ou au contraire une forte augmentation de la demande.

• Un problème de fabrication ou de livraison de matières (délais de stockage ou de fabrication anormalement longs).

• Une modification du poids relatif d'éléments entrant dans le produit fini : un fabricant de chaussures ne pourra pas augmenter le prix de ses produits finis sous le prétexte que la colle spéciale qu'il utilise pour les semelles a doublé ou triplé de valeur. La colle n'est pas un élément suffisamment caractéristique du produit fini « chaussure » (comme l'est par exemple le cuir). D'ailleurs, si le prix de la colle baisse de 50 ou de 60 %, il ne baissera pas non plus le prix des chaussures !

• Une évolution des consommations externes (cas de la scierie qui va utiliser ses copeaux de bois comme source d'énergie pour alimenter ses séchoirs et économiser sur ses achats de courant électrique ou de fuel...) ; ou une meilleure valorisation directe des déchets (cas de la conserverie de foies gras qui va élaborer des produits nouveaux à partir des ailes, des cous, des cœurs... d'oies ou de canards, au lieu de les détruire).

On pourrait multiplier les exemples, chaque entreprise ayant sa propre recette pour améliorer son taux de valeur ajoutée. Cette notion de valeur ajoutée s'applique, comme on l'a déjà dit, à tous les métiers de « production », y compris donc aux activités de service, même à celles qui sont de nature purement intellectuelle. Un auteur de romans crée de la valeur (il produit un ouvrage littéraire qui n'existait pas dans la nature...) à partir de son imagination qui ne lui a rien coûté. Si l'on pouvait calculer le taux de valeur ajoutée sur le produit « Prix Goncourt », on tendrait vers 100 %. Partenaire incontournable de l'auteur : l'éditeur. Lui aussi dispose de recettes pour améliorer son taux de valeur ajoutée : il rééditera des œuvres tombées dans le domaine public ; il commandera une préface à tel auteur à succès pour lancer un premier ouvrage ; il fera en sorte que les critiques en parlent (même en mal le cas échéant...), etc.

Ce taux de valeur ajoutée est certes très intéressant (40 % est mieux que 38), mais la valeur ajoutée c'est d'abord un volume de richesses créées. Il est donc intéressant de comparer l'évolution dans le temps de ce volume, et de corréler cette indication avec l'évolution du taux. On comparera tout simplement la valeur ajoutée de l'année N à celle de l'année N-1, avec un ratio de progression tout simple :

(VA année N – VA année N-1) / VA année N-1).

On rencontrera quatre cas de figure.

- *Taux de VA* (ratio précédent) *en baisse mais évolution* (en valeur absolue) *en hausse :* activité en croissance grâce à des sacrifices consentis sans doute sur les prix ou croissance par recours à la sous-traitance.
- *Taux de VA en hausse mais évolution en volume à la baisse :* meilleure transformation de la matière ou augmentation des prix des produits finis accompagnées d'une baisse d'activité. C'est une configuration assez rare : lorsque l'activité baisse, la première tentation est de baisser les prix pour retrouver rapidement des volumes.
- *Taux de VA en hausse légère, ou même stabilisé, et évolution en hausse :* entreprise en croissance qui a atteint une maturité sur son marché et sait l'exploiter. Le risque est qu'elle se repose sur ses lauriers et néglige les investissements en marketing, recherche et développement, etc.
- *Taux de VA en baisse et évolution en volume en baisse :* début de la descente aux enfers *si cette configuration est subie* par l'entreprise. Dans d'autres circonstances, elle peut être parfaitement pilotée dans le cadre par exemple d'un processus programmé de cessation d'activité.

Frais de personnel / VA : dans les industries de main-d'œuvre on peut trouver 70 à 85 %. Le résultat sera inversement proportionnel au poids de l'outil de production (beaucoup de bras et moins de machines, ou le contraire...). Même dans les industries traditionnelles, le ratio a tendance à baisser depuis le début des années 90 par suite d'une plus grande automatisation des chaînes et d'une spécialisation des industries (chaque entreprise se concentre sur le cœur de son métier et recourt plus volontiers à la sous-traitance pour les transformations en amont).

(Impôts et taxes + IS) / VA : ratio cité pour mémoire. Présente peu d'intérêt si ce n'est de faire partie des quatre ratios de répartition de la valeur ajoutée que nous récapitulerons plus loin.

Résultat financier / VA : il s'agit de mesurer la part de VA qui rémunère les prêteurs. On partira donc du résultat financier négatif (charges > produits). Le ratio ne devrait pas dépasser 5 à 6 % (ce qui équivaut à 2,5 ou 3 % du chiffre d'affaires dans une entreprise industrielle qui aurait un taux de VA de 50 %). Il n'est pas sain en effet que les prêteurs « confisquent » plus de 5 à 6 % de la VA à laquelle ils ne concourent que marginalement (essentiellement sans doute dans certains cas, mais marginalement néanmoins). On rappelle que les frais financiers ne comprennent que les intérêts des dettes (c'est-à-dire la rémunération des prêteurs), et non le capital : quand on rembourse à la banque le capital qu'elle a prêté, on ne la rémunère pas : on lui restitue une chose prêtée.

CAF / VA : sur toute la valeur ajoutée par l'entreprise à sa matière première, autrement dit sur la richesse qu'elle a créée, quelle part lui reste-t-il après avoir rémunéré ses partenaires ? Il convient évidemment que le ratio soit positif (c'est-à-dire que la CAF soit positive) et d'un niveau significatif de l'ordre de 10 à 12 %. En effet, si l'entreprise n'a pas de prêteurs à rembourser, elle a des actionnaires à rémunérer... Ou bien elle a des investissements à réaliser sans recourir aux uns ou aux autres... Dans tous les cas elle doit disposer d'autofinancement.

Pour mieux visualiser la répartition de la valeur ajoutée on peut présenter les quatre ratios précédents sous forme d'un tableau qui montrera plus clairement les variations d'un exercice à l'autre, en se souvenant que : **(FDP / VA) + (Rés. fin. / VA) + (Impôts / VA) + (CAF / VA) = 100 %.**

Il est très difficile de fournir des « normes » car la combinaison de ces ratios dépend des politiques d'entreprise. Prenons le cas des entreprises A et B : même secteur d'activité, même chiffre d'affaires (100), même valeur ajoutée (70), même résultat net (7). On négligera l'impôt (qui serait d'ailleurs identique chez les deux). Mais deux comptes de résultat différents :

	A	B
Frais de personnel	50	30
EBE	20	40
Amortissements (dotations)	10	25
Frais financiers	3	8
Résultat net	7	7
CAF	**17**	**32**

À première lecture, on sera tenté de dire que B est beaucoup plus performante que A avec un ratio CAF / VA de 46 % (A ne faisant que 24 %). Mais que voyons-nous ? Que B a beaucoup moins de personnel et beaucoup plus d'outil industriel que A (voir FDP et amortissements) ; que B a également contracté des emprunts sans doute pour financer cet outil (voir frais financiers). Qu'arriverait-il en cas d'une sous-activité de 20 % (qui, par définition, toucherait de la même manière A et B), si l'on suppose que les deux entreprises pourront répercuter cette baisse d'activité dans les mêmes proportions sur les frais de personnel (licenciements économiques) ?

	A	B
CA	80	80
VA (70 %)	56	56
FDP (– 20 %)	40	24
EBE	16	32
Dot. amortissements	10	25
Frais financiers	3	8
Résultat net	3	(1)

L'entreprise A reste bénéficiaire (et c'est ce que tous les observateurs extérieurs relèveront...) alors que B semble passer moins bien la crise. Certes *B dégage encore une CAF très supérieure* (près de 43 % de sa VA contre seulement 23 % pour A), *mais son exploitation est déficitaire.* Il faudrait aller plus loin dans l'analyse, et disposer du bilan de l'une et de l'autre, pour savoir si la CAF de B permet de prendre en charge le remboursement de son annuité d'emprunt... Qui, des deux, a eu raison dans ses choix antérieurs ? Impossible à dire a priori. C'est affaire de circonstances, de culture d'entreprise, de flair du dirigeant... L'expérience montre que ceux qui encensaient sans doute l'entreprise B avant la crise seront aussi les premiers à considérer qu'elle n'a pas su ensuite la gérer ! Ce type de conclusion très tranchée (avec des revirements à 180°...) est monnaie courante chez les analystes financiers « professionnels » lorsqu'ils donnent des avis sur les sociétés cotées. C'est regrettable. L'analyste doit toujours éviter les conclusions hâtives (sauf en face de situations particulièrement typées...). Seul l'avenir dira si telle ou telle décision a été judicieuse...

EBE / CA : ratio dit « de rentabilité économique », appelé aussi « taux de marge brute d'exploitation ». Bon indicateur de la productivité du personnel et/ou de la sous-activité, puisque les FDP sont l'unique passerelle (en dehors des impôts... dont le poids est négligeable) entre la VA et l'EBE. Attention par conséquent à une baisse tendancielle de l'EBE.

EBE / (emplois stables + BFR) : rentabilité brute des capitaux engagés. Ratio utilisé surtout dans les grosses PME (dans les petites, une variation même faible du numérateur ou du dénominateur peut donner ponctuellement un chiffre aberrant). On sait maintenant qu'une entreprise engage des capitaux longs dans son outil de production (emplois stables du bilan fonctionnel) et des capitaux plus courts dans son cycle d'exploitation (BFR). Toute amélioration du ratio traduit une meilleure optimisation de l'engagement de ces capitaux. Comme une partie, souvent significative, a été fournie par le banquier, une bonne rentabilité de ces derniers est de nature à le rassurer.

Mais c'est un ratio que regardent aussi les actionnaires, qui ont toujours l'alternative de placer différemment leurs propres capitaux. Lorsque les emprunts d'Etat rapportent – sans risque – 6 %, il est souhaitable qu'un investissement risqué dans une entreprise rapporte *au moins* le double. Sinon, pourquoi prendre le risque ? Retenons, pour simplifier, que ce ratio doit être minimum de 15 à 20 % dans l'industrie (activité plus risquée que le négoce), mais surtout qu'une amélioration est un signe de redressement fort et une dégradation, même lente, un indicateur très négatif. Ratio à utiliser avec précaution dans les affaires de négoce qui souvent ont un BFR négatif...

• › Conclusions sur les ratios de rentabilité

Dans la pratique quotidienne, on se contente souvent d'examiner deux ou trois ratios ciblés, *à partir du compte de résultat* de la liasse fiscale, sans même utiliser forcément une calculette : évolution du CA, des frais de personnel, poids des frais financiers par rapport au CA, résultat courant bénéficiaire ou déficitaire... On peut ainsi avoir très rapidement une idée, même si elle n'a pas la précision scientifique, de la performance de l'exploitation.

Par contre, si l'on souhaite aller un peu plus au fond des choses et comprendre les choix de gestion, il convient de passer en revue la plupart des ratios que nous venons de voir, *à partir du tableau des soldes intermédiaires de gestion,* le compte de résultat ne fournissant ni la valeur ajoutée, ni l'EBE, ni la CAF... Mais il faut se souvenir que les soldes de gestion sont construits à partir d'une approche économique de l'exploitation. C'est la raison pour laquelle on compare par exemple l'EBE aux capitaux investis (emplois stables + BFR) tels qu'ils apparaissent au bilan fonctionnel, construit lui aussi à partir d'une approche économique. Il serait très dangereux, et d'ailleurs erroné, de comparer la CAF issue des SIG (c'est-à-dire incluant les « amortissements » de crédit-bail) avec l'endettement de l'entreprise tel qu'il ressort du bilan comptable (qui ne considère pas le crédit-bail comme une dette). Il convient donc de « jongler » un peu entre les différentes expressions de compte de résultat et de bilan et de vérifier que l'on compare des choses ayant un lien direct, une cohérence réelle, entre elles. Ce n'est pas toujours simple pour les débutants !

Enfin, les ratios de rentabilité servent à apprécier la seule rentabilité. Il ne faut pas vouloir leur faire dire autre chose. On sait, mais on ne le répétera jamais assez aux débutants, que rentabilité ne signifie pas automatiquement pérennité. La pérennité n'est assurée que tant que l'entreprise fait face à ses engagements et, dans ce domaine, la rentabilité n'intervient qu'avec une forte inertie. La croissance (du CA) a très souvent pour corollaire des difficultés de trésorerie, surtout dans les entreprises jeunes. On ne peut donc pas déduire des seuls ratios de rentabilité des conclusions péremptoires sur la santé financière d'une entreprise. Le diagnostic final sur la santé financière sera la synthèse des trois diagnostics intermédiaires : activité et gestion, d'une part, rentabilité d'autre part (que nous venons de voir), et enfin structure de troisième part (que nous allons voir maintenant). C'est exactement comme le diagnostic médical : une bonne tension artérielle ne constitue pas *à elle seule* un indicateur de bonne santé ; pas plus qu'une température corporelle de 37° ; pas plus qu'un bon encéphalogramme ou un bon électrocardiogramme... Par contre la synthèse de tous ces bons indicateurs permettra de poser un diagnostic global de bonne santé. De la même manière, un seul mauvais indicateur ne suffit pas à décréter que le patient est perdu : on peut vivre longtemps avec un cœur fragile, ou une tension artérielle basse... (si tout le reste va bien). Comme une entreprise à rentabilité faible peut vivre longtemps si tout le reste va bien (activité, gestion, structure financière).

> D

Les ratios de structure financière

Ce sont des ratios qui vont s'intéresser exclusivement au poids relatif et à l'équilibre entre elles des grandes masses du bilan, avec une préoccupation majeure : l'entreprise peut-elle faire face durablement à ses engagements ? C'est la seule

expression de sa capacité de survie. Et comme la survie est tout de même l'objectif premier de l'entreprise, beaucoup d'analystes (à commencer par les banquiers, qui sont les plus redoutables...) sur-pondèrent ces ratios de structure par rapport à ceux de rentabilité ou d'activité. C'est ce qui explique notamment leur frilosité face aux entreprises de création récente, qui ont en général d'excellents ratios d'activité (croissance très forte), parfois, mais pas toujours, d'assez bons ratios de rentabilité... mais, le plus souvent, de très médiocres ratios de structure (endettement jugé excessif par rapport aux fonds propres par exemple).
On pourrait dire aussi que les ratios de structure mesurent la solidité de la charpente du bilan. On parlera ainsi d'un bilan bien ou mal structuré, comme l'on dit d'un être humain qu'il est bien ou mal proportionné (on utilise même parfois d'autres adjectifs !). Mais une question se pose alors : à quoi ressemble précisément un bilan bien structuré ? Il n'y a pas une réponse unique, parce que chaque entreprise évolue dans un environnement économique, commercial, financier, qui lui est propre. Cela dit, à part quelques rares exceptions, il y a tout de même un certain nombre de règles classiques d'équilibre, d'harmonie, qui procèdent toutes du bon sens. Les entrepreneurs du XIXe siècle, qui ne pouvaient pas compter sur les banques pour financer leur cycle d'exploitation, se donnaient les moyens de disposer d'un fonds de roulement confortable alors que ni le mot, ni même le concept, n'existait encore ! Quant au petit commerçant de quartier, qui se soucie peu sans doute du concept de BFR, il sait bien qu'il vaut mieux payer son fournisseur à 90 jours plutôt qu'à 60 !
Les ratios de structure financière permettent simplement de vérifier, de démontrer, de manière chiffrée, qu'il est effectivement préférable de disposer d'un fonds de roulement confortablement positif et de supporter un BFR le plus faible possible ; que l'on ne peut pas s'endetter au-delà de ses capacités de remboursement (c'est tellement évident !) ; que l'on ne doit pas tout attendre des tiers (actionnaires et/ou banques et/ou fournisseurs) mais qu'il faut pouvoir compter aussi sur ses propres ressources ; que tous les capitaux ont un coût (même ceux qui ont une certaine apparence de gratuité) ; que l'équilibre général des finances dans une entreprise résulte toujours d'un arbitrage entre *« sécurité »* ou *« indépendance »* d'une part, et « *coût* de cette sécurité ou de cette indépendance » d'autre part.
Le FDR calculé sur le bilan liquidité prendra, dans l'analyse de la structure financière, une place beaucoup plus importante que le FRNG calculé sur le bilan fonctionnel. De même, l'endettement, considéré dans le bilan fonctionnel comme une ressource longue parmi d'autres, et sans aucune hiérarchie, sera ici examiné de beaucoup plus près, à la fois sous l'angle du risque pris par les créanciers (ou de l'absence de risque pris par les actionnaires...), mais aussi sous l'angle de la capacité de l'entreprise à y faire face. Le bilan liquidité est donc clairement construit dans une optique « solvabilité », c'est-à-dire pérennité.
Avant même d'entamer l'examen de quelques ratios classiques, observons les trois structures de bilan ci-après et essayons de « deviner » quelle est celle qui

respecte le mieux les équilibres fondamentaux. On supposera qu'il s'agit de trois entreprises industrielles A, B et C qui réalisent le même chiffre d'affaires (100 000), le même résultat net (5 000), qui comptabilisent les mêmes dotations aux amortissements (8 000), et qui ont le même total de leur bilan « liquidité » (85 000). On pourra, à partir de chiffres ronds et très synthétiques s'entraîner à calculer le FDR, le BFR, le niveau de l'endettement par rapport aux fonds propres, par exemple, mais aussi par rapport à la capacité d'autofinancement (que l'on sait – et que l'on peut dans cet exemple – maintenant calculer), etc. Sans oublier que, lorsque l'on parle *« d'équilibres » fondamentaux,* on se réfère à une certaine *harmonie des masses du bilan* parmi lesquelles il est souhaitable qu'aucune ne soit significativement sur-pondérée. Nous évoquions déjà cette nécessité (voir p. 31 et suivantes).

Entreprise A

Actif Immobilisé 43 000	Capitaux Propres 30 000
	Dettes > 1 An 18 000
Actif Court Terme 40 000	Dettes < 1 An 5 000
Trésorerie 2 000	Dettes Exploit. 32 000

Entreprise B

Actif Immobilisé 43 000	Cap. Propres 12 000
	Dettes > 1 An 16 000
	Dettes < 1 An 4 000
Actif Court Terme 42 000 (dont EENE = 19 000)	Dettes Exploit. 33 000
	Trésorerie 20 000

Entreprise C

Actif Immobilisé 43 000	Capitaux Propres 45 000
Actif Court Terme 32 000	Dettes > 1 An 4 000
	Dettes < 1 An 1 000
Trésorerie 10 000	Dettes Exploit. 35 000

Que peut-on dire à propos :

- De l'équilibre capitaux propres / dettes et de l'engagement des actionnaires ?
- Du FDR et du BFR de chaque entreprise ?
- De la trésorerie et de son origine ?
- Du risque plus ou moins important que chacune présente vis-à-vis des tiers ?
- De la position du banquier (un seul par entreprise) dans chacune d'elles ?

Nous découvrirons les réponses au fur et à mesure de l'examen des ratios de structure, mais, déjà, un certain nombre d'évidences sautent aux yeux.

- L'entreprise C paraît sur-capitalisée, avec des fonds propres qui représentent 50 % du bilan. Une partie très importante se retrouve en trésorerie, donc sans doute mal employée : les produits financiers retirés des placements correspondants (à un taux de l'ordre de 4 % peut-être) sont très insuffisants pour rémunérer les dits fonds propres… Certes, cette affaire ne présente aucun risque pour le banquier, très peu engagé de son côté…
- L'entreprise B présente une structure un peu déséquilibrée (Fonds propres de 12 000 et dettes bancaires de 40 000… FDR négatif de 15 000 pour un BFR de 5 000 et donc une trésorerie négative de 20 000). Il est vrai que ces 20 000 sont constitués d'escompte à hauteur de 19 000, ce qui limite le risque « net » du banquier sur le court terme…
- L'entreprise A est celle qui paraît la mieux équilibrée (5 000 de FDR pour 3 000 de BFR… un rapport fonds propres / dettes de 70 / 30 environ… une trésorerie confortable mais non pléthorique…).

Capitaux propres / total du bilan : ratio dit « d'autonomie – ou d'indépendance – financière ». Il mesure :

- la situation de dépendance ou d'indépendance de l'entreprise vis-à-vis des tiers « gênants », c'est-à-dire de ceux qui peuvent peser sur son avenir ou sur les décisions du dirigeant (banquiers et fournisseurs pour simplifier),

- la part des ressources qui ne coûtent rien, ou en tout cas qui peuvent ponctuellement se passer de rémunération (on n'est jamais obligé de verser des dividendes aux actionnaires),
- l'engagement financier des actionnaires et donc leur confiance dans l'entreprise.

Il n'y a pas de chiffre idéal pour ce ratio. On peut simplement dire que le bon ratio est celui qui se situe à mi-chemin entre deux nécessités parfois contradictoires : celle de rester maître chez soi (donc plutôt de gros capitaux propres...) et celle d'obtenir le meilleur rendement des capitaux engagés (donc les capitaux propres les plus faibles possibles). Le niveau des capitaux propres doit donc idéalement réaliser la synthèse : meilleure sécurité / meilleur rendement financier. Ce n'est pas toujours facile !

L'expérience nous apprend que, dans l'industrie, le ratio doit se situer autour de 30 à 35 %. Du reste, plus le secteur est risqué, plus il faudra de capitaux propres : d'abord pour pouvoir supporter d'éventuelles pertes, et ensuite parce que les banques rechigneront à apporter des ressources. Les capitaux propres sont le meilleur filet de sécurité contre les risques de défaillance : parce qu'ils constituent un matelas qui joue le rôle d'amortisseur de chocs, et parce que les tiers seront d'autant plus enclins à faire confiance, donc à apporter des ressources, que les actionnaires en auront apporté de leur côté. On peut méditer à cet égard sur le capital minimum exigé par la loi française pour créer une SARL (1 €), ou une SA (37 000 € dont la moitié seulement pourra être effectivement versée).

Il faut savoir enfin que c'est l'un des tout premiers ratios que regarde le banquier (très rapidement par calcul mental...), qui oriente ensuite 90 % de sa décision. Ne serait-ce donc que d'un point de vue tactique, une entreprise doit disposer d'un minimum de fonds propres.

Capitaux propres / dettes financières : plutôt qu'un rapport entre les deux masses, on exprime souvent ce ratio en base 100. Exemple : capitaux propres 228 et dettes financières 181. On pourrait dire que les capitaux propres représentent 1,25 fois les dettes ; ou que les dettes représentent 79 % des capitaux propres ; ou que les premiers représentent 55 % (228 / 409) du total (capitaux propres + dettes), ces dernières en représentant alors 45 %. Pour simplifier, on dira que *les capitaux propres et les dettes sont dans un rapport de 55/45*. Exprimé de cette manière, on considère que le bon ratio se situe autour de 50/50, avec un minimum à 40/60.

Encore une fois, ce chiffre procède du bon sens : 50/50 signifie que lorsque l'actionnaire a investi 10 €, le banquier a prêté 10 €. Chacun fait la moitié du chemin. Aucun ne prend le pas sur l'autre. L'équilibre des pouvoirs, en quelque sorte, est respecté. Pour qu'il le soit parfaitement, il faudrait d'ailleurs un ratio de 60/40 qui exprimerait mieux la prééminence de l'actionnaire sur le banquier. Même d'un point de vue de stricte *morale financière*. En effet, à 50/50, il n'y a partage équitable du risque qu'en cas de faillite : dans cette hypothèse le banquier et l'actionnaire perdent la même chose. Mais en cas de succès, l'actionnaire s'enrichira, alors que le banquier ne s'enrichira pas : on lui remboursera seulement ce qu'il a prêté. Donc, dans un rapport de 50/50, le banquier prend plus de risque. Un rapport de 60/40 rétablit un peu l'équilibre.

Mais ne soyons pas trop exigeants : un ratio de 50/50 (et même souvent de 40/60) est considéré comme correct même par les banquiers. Arrêtons-nous un peu sur ce chiffre. Sur le ratio précédent (autonomie financière), nous disions que le niveau souhaitable était de l'ordre de 30 à 35 %. Retenons un chiffre moyen de 33 %. Si nous disons par ailleurs que les fonds propres et les dettes financières doivent être dans un rapport de 50/50, cela signifie que « FP = dettes », donc que les dettes représentent aussi dans cette hypothèse 33 % du bilan (1/3 des ressources).

On arrive progressivement à une sorte de bilan idéal dans lequel les ressources se répartiraient à peu près également en trois tiers : 1/3 de fonds propres ; 1/3 de dettes financières ; 1/3 de ressources d'exploitation (dans lesquelles on inclura, par extension, les EENE).

Actif immobilisé / total du bilan : exprime le degré d'immobilisation des capitaux investis. Sachant qu'un ratio de 42 % signifiera que les actifs court terme de leur côté pèsent 58 % de ce même bilan. Il n'y a évidemment pas les mêmes règles que pour la répartition des ressources. Une entreprise peut très bien privilégier l'investissements lourd plutôt que l'investissement dans le BFR, dès lors que le premier permet de diminuer le second. Ce sera le cas pour un certain nombre d'entreprises industrielles qui, investissant dans une chaîne de fabrication plus performante que la précédente (ou plus performante que celle du concurrent), pourront réduire notablement les délais de production, donc de stockage, donc de livraison, et donc les actifs court terme. D'autres préféreront peut-être « immobiliser » moins de capitaux (dans le haut de l'actif), quitte à supporter un BFR plus lourd...

Même s'il n'y a pas de règle absolue, pour les raisons indiquées ci-dessus, on observe cependant *dans l'industrie* la physionomie assez fréquente d'un actif qui se partage *à peu près* à 50/50 entre la partie immobilisée et la partie court terme... C'est toujours la traduction financière de cette même harmonie que nous avons déjà évoquée : moitié des capitaux immobilisés dans des emplois stables (usine, machines, brevets, fonds de commerce...) et donc difficiles à « récupérer » en cas de besoin ; autre moitié investie dans des emplois plus courts (stocks, créances clients...) et donc plus faciles à « mobiliser » si nécessaire, la mobilisation la plus naturelle consistant à utiliser le compte clients pour obtenir, via une opération d'escompte, la trésorerie exigée pour le fonctionnement au quotidien...

Ce qui permet de représenter ci-dessous ce bilan « idéal » (donc forcément un peu caricatural) que nous avons déjà évoqué :

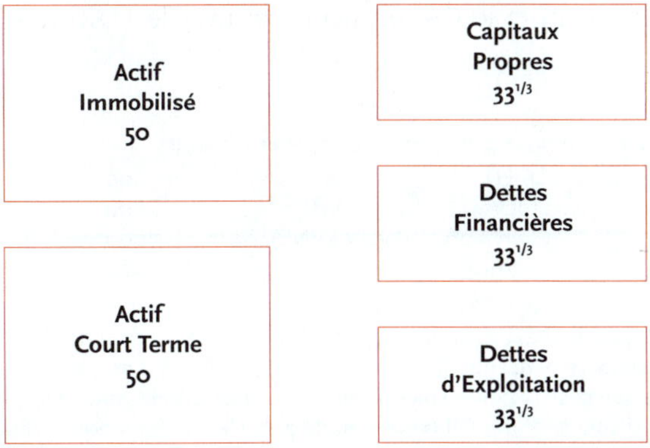

Il ne faut surtout pas conclure de ce qui précède qu'une entreprise doit *obligatoirement* présenter un bilan de ce type pour être considérée comme « bonne ». Mais, *a priori*, un bilan qui se rapprocherait de cette configuration (même en procédant à des arrondis ou des approximations – par exemple au niveau des provisions passives – ...) aurait toutes les chances de révéler une situation financière satisfaisante *pour tous les partenaires ou acteurs de l'entreprise : actionnaires, dirigeants, banquiers, fournisseurs, clients...*

Dans le schéma ci-dessus, pour les besoins de la démonstration, les dettes financières ont été globalisées au sein d'une seule « masse ». Or, nous avons vu que le bilan « liquidité » distinguait celles qui devaient être remboursées dans les 12 mois (dettes financières < 1 an) de celles qui ne commenceraient à être remboursées qu'au-delà de 12 mois, ces dernières étant considérées comme des capitaux permanents. Ceci nous ramène au concept de fond de roulement (FDR) : capitaux permanents – actif immobilisé. Quel est le niveau souhaitable de FDR ? Il existe autant de réponses que d'entreprises (comme toujours...), mais on retrouve dans toutes certaines constantes, que l'on peut mesurer à travers les trois ratios ci-dessous. Nous exclurons d'emblée les affaires qui, structurellement, n'ont pas besoin de FDR (grande distribution et, dans une moindre mesure, certains commerces de détail).

FDR / BFR : ratio dit « de couverture du BFR par le FDR ». On suppose que FDR et BFR sont positifs, c'est-à-dire que l'entreprise connaît un besoin net (actif court terme – passif court terme) et qu'elle dispose d'une ressource nette (capitaux permanents – actif immobilisé), ce qui est le cas le plus fréquemment rencontré. Dans l'industrie, l'expérience montre que ce ratio doit être de l'ordre de 50 % (en tout cas au moins 40 %), ce qui suppose que le besoin net de trésorerie sera lui-même égal à 50 % du BFR, puisque l'on se souvient que FDR – BFR = Trésorerie. Ce ratio (50 %) n'est qu'un premier indicateur. On peut en examiner deux autres.

FDR – BFR – EENE = concours bancaires courants (CBC) qui ne doivent pas excéder 10 jours de CA HT. Connaissant le BFR, les possibilités d'escompte (à chiffrer prudemment) et le CA, on peut retrouver le FDR minimum souhaitable.

› **Exemple :** une entreprise présente les comptes ci-dessous :

CA HT	10 000
Stocks	800
Clients bruts (avant EENE)	3 000
Fournisseurs	1 000

On a : **BFR** = (800 + 3 000) – 1 000 = **2 800**
Supposons une **possibilité d'escompte** (prudente) de 60 % du compte clients, soit **1 800**
Le **besoin de concours bancaires** (hors incidence du FDR) sera de : 2 800 – 1 800 = **1 000**
Or on souhaite que ces concours soient limités à 10 j de CA HT, soit : 278 (arrondis à 280)
On devra donc disposer d'un **FDR minimum de 720,** c'est-à-dire 1 000 – 280.

Cette méthode a le mérite de s'adapter au besoin spécifique de chaque entreprise. Elle correspond en outre aux niveaux d'engagement assez couramment acceptés par les banquiers *pour des affaires saines et en phase de maturité* (concours bancaires courants = 10 j maximum de CA HT). Si l'on veut être encore plus prudent, on ne s'accordera que 5 j de CA HT. Dans les affaires à saisonnalité marquée, on manipulera ce ratio avec précaution. On peut trouver parfois, même dans des entreprises très saines, et selon la date de clôture du bilan, des concours bancaires courants (CBC) représentant jusqu'à deux mois de CA HT.

FDR × 360 / CA HT : expression du FDR en nombre de jours de CA. Indépendamment de sa vocation à financer le BFR, le FDR est aussi le matelas de sécurité qui permet d'absorber des pertes. Dans l'industrie, on considère qu'il doit représenter autour de 1 mois de CA HT (30 j). Qu'est-ce que cela signifie ? Qu'avant de consommer (on devrait dire « d'assécher »...) la totalité de son FDR, l'entreprise en question pourra supporter 30 j d'inactivité totale.

› **Exemple :** une entreprise présente les comptes ci-dessous au 31 décembre 2001 :

CA	1 200
Achats et frais généraux	1 050
Dotation amortissements	150
Résultat	0
Fonds propres	200
Dettes bancaires	200 (dont 150 < 1 an)
Actif immobilisé	300
Actif court terme	400
Dettes exploitation	300

FDR au 31.12.01 : (200 + 200) – 300 = **100 = 30 j de CA HT** (1 200 / 12)
Supposons une inactivité totale pendant 30 j au cours de l'année 2002, tous les autres paramètres restant inchangés (situation évidemment très théorique...) :

CA 2002 : 1 100	**Résultat 2002 : (100)**
Actif immobilisé : 300 – 150 amort. = **150**	**Dettes 2002 :** 200 – 150 = **50**
Fonds propres 2000 : 200 – 100 (perte) = **100**	**FDR :** (100 + 50) – 150 = **0**

La démonstration, rappelons-le, reste très théorique : aucune entreprise, confrontée à 30 j d'inactivité, ne reste passive devant l'événement ! Au minimum, elle réduira ses achats dans les mêmes proportions... Mais elle explique le rôle du FDR en tant que marge de sécurité pour absorber des pertes. Le ratio de 30 j de CA (à considérer comme un objectif plutôt que comme une norme à proprement parler) est donc forcément très conservateur et intègre lui-même une marge de sécurité assez confortable. Un ratio de 25 ou 26 j restera très satisfaisant.

On pourrait consacrer un ouvrage entier aux questions relatives au FDR. Ce que nous venons d'en dire nous paraît suffisant dans le cadre de celui-ci. À condition de ne jamais perdre de vue que l'on raisonne toujours sur le FDR *et le BFR* tel qu'ils apparaissent au jour de l'arrêté (par exemple le 31 décembre). Si l'entreprise connaît une activité linéaire, on peut penser que le BFR du 31 décembre est assez représentatif du BFR moyen. Mais dans le cas d'une activité saisonnière, l'entreprise choisira la date de clôture qui présentera la situation financière la plus avantageuse : stocks et clients à leur niveau le plus bas, et donc BFR à son niveau le plus bas. Dans ce cas l'analyste devra « retraiter » (au moins mentalement) les chiffres du bilan et essayer d'imaginer le niveau maximum du BFR au cours de l'année... Dire par conséquent que le FDR doit représenter en moyenne 30 jours de CA permet de faire l'économie (partielle...) de cette gymnastique intellectuelle.

Que faut-il penser maintenant de l'évolution dans le temps du FDR et du BFR (tous deux exprimés en jours de CA) ? *Il y a cinq configurations possibles :*

- *FDR et BFR stables :* l'entreprise est en vitesse de croisière. Si le FDR est largement positif, c'est assez neutre pour le banquier. Si l'entreprise est rentable, c'est excellent pour l'actionnaire. Si le FDR est négatif et/ou si l'exploitation est déficitaire, c'est inquiétant pour les deux...

- *FDR et BFR en hausse :* croissance normale, rentabilité...

- *FDR en hausse et BFR en baisse :* configuration très favorable. *A priori* bonne maîtrise du BFR et sans doute bonne rentabilité... Mais peut-être aussi déclin de l'activité (BFR en baisse) et/ou mise en place de solutions financières artificielles pour améliorer le FDR (restructuration de dettes courtes, opération de lease-back pour alléger l'actif, etc.)

- *FDR et BFR en baisse :* sans doute baisse de l'activité et de la rentabilité. Configuration a priori préoccupante.

- *FDR en baisse et BFR en hausse :* gros problèmes de trésorerie prévisibles à très court terme. Si cette configuration ne se retourne pas, c'est la cessation de paiement à brève échéance.

Nous nous sommes peu intéressés jusqu'ici aux dettes financières (l'une des composantes du FDR). Nous avons déjà eu l'occasion de dire que les dettes pouvaient être la pire ou la meilleure des choses pour l'entreprise : la meilleure parce qu'elles constituent une ressource souvent peu onéreuse ; la pire parce qu'il peut arriver que l'entreprise ait des difficultés à restituer cette ressource le moment venu. Meilleure ou pire ? Cela aussi se mesure par des ratios.

Dettes financières / CAF : capacité de la CAF (c'est presque un pléonasme...) à rembourser les dettes en un certain nombre d'années. On se souvient que la CAF (Capacité d'autofinancement) exprime la ressource dégagée par l'activité annuelle de l'entreprise (ce qui lui reste après avoir rémunéré les acteurs qui concourent à la formation de valeur ajoutée), que l'on calcule, *de manière simplifiée :* résultat net + amortissements + provisions. Cette *capacité* d'autofinancement, ne viendra pas forcément augmenter, pour sa totalité, le patrimoine net de l'entreprise. Ce n'est qu'une capacité, un potentiel. En fait, la CAF aura trois destinations (ou vocations...) possibles :

- Le remboursement aux banques du capital des emprunts sur l'année considérée (appelé parfois « annuité d'emprunt »)
- Le versement de dividendes aux actionnaires
- L'autofinancement net résiduel pour l'entreprise : qui servira à accroître son FDR et/ou à financer ses nouveaux investissements (en totalité ou en partie), en un mot qui viendra enrichir son patrimoine net (voir ci-dessous exemple chiffré d'affectation de la CAF).

On voit bien qu'il y a des priorités : les banquiers passeront toujours les premiers... Et puis, sur « ce qui reste » les actionnaires, lors de l'Assemblée Générale annuelle, arbitreront entre dividendes et mises en réserves (pour simplifier...).

Valeur ajoutée
– part revenant à l'Etat (Impôts et taxes)
– part revenant au personnel (FDP)
– part revenant aux créanciers (Frais financiers)
= **Capacité d'autofinancement**
– remboursement de l'annuité d'emprunt
– dividendes
= **Autofinancement net pour financer la croissance**

On comprend que la CAF doit, au minimum, pouvoir assumer le remboursement de la dette annuelle. Il est même fortement souhaitable qu'elle soit sensiblement supérieure à l'annuité d'emprunt pour permettre aussi de verser des dividendes et de conserver un peu d'autofinancement. Mais, ne pas verser de dividendes... ou ne pas conserver d'autofinancement... n'a jamais mis une entreprise en péril immédiat. Par contre, quand on ne peut pas rembourser ses dettes on est en cessation de paiement. C'est à partir de cette évidence que l'on a imaginé un ratio qui exprime l'endettement en nombre d'années de CAF nécessaire pour le rembourser. On retient dans ce cas l'hypothèse que la totalité de la CAF peut être consacrée à la prise en charge de ce remboursement. Mais quelle CAF ? Quelles dettes ? Et combien d'années ?

• *Pour les dettes, c'est simple :* il s'agit de l'ensemble des dettes financières, inférieures et supérieures à 1 an (à l'exception bien sûr des CBC qui ne se remboursent pas sur la CAF mais sur les recettes d'exploitation futures). Si l'on raisonne sur la CAF issue des SIG, c'est-à-dire comprenant une part de « l'amortissement » fictif de crédit-bail, on intégrera dans les dettes la « dette » de crédit-bail (comme le fait d'ailleurs le bilan liquidité). Si l'on se contente de la CAF calculée à partir du compte de résultat (résultat net + vrais amortissements), on se contentera aussi de prendre au bilan les seules vraies dettes financières (hors crédit-bail), c'est-à-dire celles qui apparaissent au bilan comptable.

• *La CAF :* hors la précision ci-dessus (cohérence entre CAF et dettes), la prudence commande de retenir la CAF pour le niveau qui paraît raisonnablement reproductible. Si, sur trois exercices, la CAF (calculée par résultat net + amortissements, pour simplifier) évolue de la manière suivante : 400, 800, 360…, il apparaît que celle de l'exercice n° 2 a un caractère exceptionnel, a priori non reproductible (et d'ailleurs non reproduit en année 3). Il est très vraisemblable que cette CAF exceptionnelle provient d'un fort résultat, exceptionnel lui aussi, en année 2. On prendra soin par conséquent de neutraliser (dans les deux sens) le résultat exceptionnel dans le calcul de la CAF. Pour simplifier toujours, on aura donc CAF = Résultat net – résultat exceptionnel (positif ou négatif) + dotation aux amortissements. Et même si la CAF de l'année 2 ne provenait pas d'éléments exceptionnels, on se garderait bien de la retenir comme dénominateur de notre ratio, car *de fait,* elle est exceptionnelle. Dans la configuration ci-dessus, on retiendra sans doute 360 (ou 350) par prudence… Si l'on avait eu trois CAF évoluant de 350 à 400 puis à 450, on aurait pu retenir 450. Il n'y a pas de règle intangible, sauf celle que dicte la prudence.

• *Combien d'années ?* Dans l'absolu, si les dettes sont remboursables sur 15 ans par quinzième, il suffit que la CAF annuelle représente 1/15 de ces dettes… Exemple : CAF 100 et dettes 1 500. Le ratio donnerait : 1 500 / 100 = 15 (on traduira : il faut 15 ans de CAF pour rembourser les dettes). D'un point de vue strictement arithmétique, rien à redire. Mais d'un point de vue financier, on comprend, d'une part, qu'il n'y aurait dans ce cas aucune marge de sécurité, d'autre part, que ce raisonnement consiste à parier sur une CAF récurrente pendant 15 ans, et enfin qu'il présuppose que l'on ne rajoutera aucune dette nouvelle sur cette période. C'est un pari très risqué ! Comme les financiers aiment bien assurer leurs arrières, ils vont considérer que la CAF doit pouvoir rembourser les dettes deux fois plus vite que le rythme normal de remboursement. Dans notre exemple, il faudrait donc une CAF annuelle moyenne de 200, qui donnerait un ratio de 1 500 / 200 = 7,5 années…

On aurait pu retenir cette norme pour définir le « bon » ratio. Mais elle suppose que l'on connaisse la durée exacte des dettes, ce qui est rarement le cas. Il a donc fallu trouver une norme applicable à toutes les situations d'entreprises (ou à peu près). En fait on est parti du postulat qu'une entreprise est généralement endettée sur une durée moyenne de 6 ou 7 ans (ce qui correspond à peu près à

30 % sur 10 ou 12 ans – pour financer les immeubles –, 30 % sur 7 ou 8 ans pour financer le matériel lourd, et 30 à 40 % sur 2 ou 3 ans pour financer des immobilisations plus légères). Et l'on a retenu la norme de 3 ans de CAF (c'est-à-dire capacité à rembourser l'endettement moyen deux fois plus vite que la durée contractuelle des crédits). Inutile de préciser que ce ratio, qui peut atteindre ponctuellement 4 ans, est déterminant dans la décision des banques d'accorder ou de refuser un crédit d'investissement.

Annuité d'emprunt / CAF : il s'agit ici de savoir quelle est la part de la CAF qui sera consacrée au remboursement d'une annuité d'emprunt considérée. Dans le droit fil de ce que nous disions précédemment, il convient que ce ratio ne dépasse pas 60 à 70 % (dans l'idéal 50 %). Attention toutefois à comparer la CAF de l'année N avec l'annuité à rembourser au cours de cette même année N. Autrement dit, on comparera la CAF de N avec les dettes financières < 1 an du bilan N-1 (car ce qui est < 1 an le 31.12.N-1 sera effectivement remboursé au cours des 12 mois à venir, c'est-à-dire au cours de N, avec la CAF de N).

Avant de conclure sur les ratios de structure, nous allons, à titre de révision générale, rappeler dans un exemple chiffré comment s'organise le « transfert », dans le patrimoine net de l'entreprise, de la capacité d'autofinancement. Si l'on sait que l'autofinancement net (positif, par hypothèse) vient effectivement accroître le patrimoine de l'entreprise, la difficulté pratique de compréhension de ces mécanismes vient de ce que l'on ne retrouve aucune ligne dans le bilan intitulée « autofinancement net dégagé par l'exploitation » ou « solde de CAF disponible » ! Regardons par conséquent comment les choses se passent à partir des bilans aux 31 décembre 2000 et 2001 et du compte de résultat 2001 de l'entreprise A ci-dessous :

Bilans

	2000			2001				2000	2001
	Brut	**A/P**	**Net**	**Brut**	**A/P**	**Net**			
Immobilisations	6 000	3 000	3 000	7 000	4 200	2 800	Capital social	1 600	1 600
							Autres fonds propres	200	400
Stocks M^{ses}	800		800	900		900	Résultat exercice	300	900
Clients	4 000	300	3 700	4 900	400	4 500	Dettes Éts crédit	3 700	2 900
							C/c d'associés	1 000	1 000
Banque	300		300				Fournisseurs	1 000	1 400
Total général			**7 800**			**8 200**		**7 800**	**8 200**

Compte de résultat 2001

CA	30 000
Achat M^{ses}	23 000
Δ stock M^{ses}	– 100
Charges externes	1 100
I. et Taxes	1 000
Résultat net	900
FDP	1 900
Dot. amortiss.	1 200
Dot. provisions	100
Frais financiers	300
IS	600
Résultat net	900

Calcul de la CAF

Résultat net	900
+ dotat. amort.	1 200
+ dotat. provisions	100
	2 200

La CAF de l'exercice 1999 va « supporter » (ou « être utilisée pour... »)

Le remboursement de la dette	800
La distribution de dividendes	100
L'investissement	1 000
	1 900

Nous avons un solde résiduel de **300** (2 200 – 1 900) : la CAF de l'exercice 2001 a été supérieure aux utilisations qu'on lui a affectées. Comment cet autofinancement net se retrouve-t-il dans l'enrichissement du patrimoine de l'entreprise à fin 2001 ?

C'est le bilan qui décrit l'état du patrimoine. C'est donc dans le bilan que l'on va retrouver cet autofinancement net résiduel. Une fois que la CAF a supporté le remboursement de la dette, les dividendes et l'investissement, l'autofinancement se retrouverait intégralement dans une augmentation de la trésorerie, *si tous les autres postes du bilan étaient inchangés entre 2000 et 2001*. Ce qui traduirait, peut-être plus clairement, la notion d'enrichissement net de l'entreprise...

Mais si un patrimoine peut-être monétaire (trésorerie...), il peut aussi être représenté par des immeubles, des stocks, des créances, etc. et bien entendu, pour sa partie passive, par les dettes...

Que s'est-il passé dans le patrimoine de cette entreprise entre fin 2000 et fin 2001, *hors les mouvements déjà supportés par la CAF* (annuité d'emprunt, investissement, distribution...) ? Autrement dit, qu'est devenu cet enrichissement net de 300 ? Passons en revue les mouvements qui constatent un enrichissement du patrimoine et ceux qui constatent un appauvrissement.

	Enrichissement
Augmentation des stocks	100
Augmentation des créances clients	900
	1 000
	Appauvrissement
Baisse de la trésorerie	300
Augmentation des dettes fournisseurs	400
	700

On retrouve bien cet enrichissement net de 300, correspondant à la partie de la CAF restée disponible, appelée parfois cash-flow libre (attention à ce terme, utilisé parfois pour désigner la part résiduelle de la CAF après imputation de l'annuité d'emprunt, l'adjectif « libre » renvoyant à l'idée de liberté laissée aux actionnaires d'arbitrer ensuite entre investissement et dividendes...).
L'enrichissement net se constate aussi a posteriori dans la Δ du fonds de roulement net global (FRNG). Le FRNG représente la part des ressources durables (fonds propres + dettes bancaires hors CBC + amortissements + provisions) excédant les emplois stables (immobilisations brutes), autrement dit la part des ressources de haut de bilan pouvant être affectée au financement du bas de bilan.

	1998	1999	Δ
FRNG = (FP + dettes + amortissements et provisions de l'actif) – immobilisations brutes	4 100	4 400	+ 300

• › Conclusions sur les ratios de structure

On aura compris que, quand on évoque la structure d'un bilan, on s'attache surtout à la structure des seules ressources, à l'équilibre des masses du passif, parce que c'est là que se situent les enjeux. On suppose en effet que l'actif (immobilisé + BFR) est un peu moins souple à gérer que le passif : aucune entreprise n'investit pour le plaisir, aucune ne stocke au-delà de ses stricts besoins, aucune ne consent 90 jours de délai de règlement à ses clients s'ils acceptent sans trop de difficulté de payer à 60 ! Par contre, tous les dirigeants arbitrent, presque quotidiennement entre fonds propres et dettes, entre la possibilité de payer les fournisseurs à 90 j ou plutôt à 60 si, dans cette hypothèse, ils consentent un escompte (au sens ici de « remise ») de 3 ou 4 %. Cette dernière réflexion nous amène à dire deux mots sur le coût des ressources.
Si aucun banquier ne prête à 0 %, aucun actionnaire n'acceptera d'investir durablement dans une entreprise sans la perspective de dividendes. On comprend donc assez aisément que ces deux ressources de haut de bilan ont un coût. Par contre on considère souvent que celles apportées par les fournisseurs sont gratuites au motif qu'elles ne donnent lieu à aucune rémunération directe. C'est évidemment tout à fait faux. La rémunération du fournisseur, en sa qualité d'apporteur de ressources, est comprise dans le prix qu'il facture pour ses matières ou ses marchandises. Quand un fournisseur annonce un prix, il annonce aussi un délai de règlement. Exemple : 100 € le kg avec paiement à 60 jours fin de mois par traite acceptée. Mais il ajoute en général aussitôt : « escompte de 2 % pour paiement à 30 j et de 5 % (par exemple...) pour paiement comptant ». Si le paiement comptant revient moins cher que le paiement retardé, c'est donc que ce dernier a un coût, facilement chiffrable en l'occur-

rence : dans notre exemple, un raccourcissement de délai de 30 j permet d'économiser 2 %, ce qui signifie que, lorsque le fournisseur prête sur un mois (en consentant 60 jours au lieu de 30), il facture cette ressource 2 % sur la période, soit 24 % l'an (2 % × 12 mois). Et lorsqu'il prête sur 2 mois (60 jours au lieu de paiement comptant), il facture un intérêt de 5 % sur la période, soit 30 % l'an (5 % × 6 fois 2 mois) ! C'est une ressource beaucoup plus onéreuse que le découvert bancaire... mais, en contrepartie, généralement plus facile à obtenir.
Une entreprise qui disposerait d'une trésorerie confortable – ou d'une importante ligne de découvert chez son banquier – aura donc toujours intérêt à payer plus vite ses fournisseurs. Dans le premier cas, l'alternative consisterait à utiliser cette trésorerie pour faire des placements à 4 ou 5 % l'an, alors qu'un paiement comptant au fournisseur rapportera du 30 % ! Dans le second cas, mieux vaut utiliser une ressource bancaire (le découvert) qui coûtera 7 ou 8 % l'an plutôt qu'une ressource fournisseur qui coûte toujours 30 %...
Pour mémoire, on évoquera enfin un dernier ratio de structure, qui concerne l'actif, déjà évoqué du reste dans les ratios de gestion :

EENE / (clients bruts + EENE) : part du compte clients déjà mobilisée (celle sur laquelle le banquier a consenti une avance). Le ratio est intéressant à deux égards : d'abord pour apprécier la qualité des créances détenues sur les clients (nous l'avons déjà vu), mais aussi, en termes de structure, pour apprécier la marge de mobilisation encore disponible. On comprendra aisément que lorsque les effets escomptés représentent 90 % du compte clients, il n'y a plus que 10 % de gisement de trésorerie à exploiter. Encore que l'on ne peut généralement jamais escompter 100 % d'un compte clients (petites factures, effets non acceptés, etc.). Si donc 85 ou 90 % (maximum...) sont déjà escomptés, le premier euro de besoin supplémentaire devra être financé par du découvert (ou des apports nouveaux des actionnaires). Ni l'un ni les autres ne sont aussi faciles à obtenir que l'escompte... Cette configuration de bilan, sans être absolument préoccupante, doit néanmoins attirer l'attention car elle comporte déjà un germe de fragilité. Par extension, une entreprise qui se ferait financer à 100 % par une société d'affacturage se trouverait dans la même situation précaire.
La structure financière, et singulièrement ses composantes FDR et BFR, c'est le tendon d'Achille de l'entreprise. La bonne structure permettra de passer tous les obstacles. La structure faible, ou déséquilibrée, ne résistera pas au premier gravillon. Et pourtant, paradoxalement, c'est au niveau de la structure que l'entreprise trouvera le plus facilement des aides extérieures, à condition bien sûr que ses autres clignotants soient tous au vert.
Sur l'activité (chiffre d'affaires, relations commerciales, organisation industrielle), le chef d'entreprise est seul. La rentabilité dépend certes de lui, mais aussi du marché. Sur l'une comme sur l'autre, le banquier n'a aucune prise. Par contre, sur la structure, il a des solutions : crédits de restructuration, opérations de lease-back sur certaines immobilisations... qu'il mettra d'autant plus facilement en œuvre que le dirigeant aura apporté la preuve de ses capacités

dans les deux autres compartiments : l'activité et la rentabilité. Autrement dit, une affaire à structure forte mais chroniquement déficitaire est en général condamnée (à moyen terme)... *Par contre une affaire confortablement bénéficiaire trouvera toujours des solutions pour rétablir une structure même très déséquilibrée* (FDR négatif... fonds propres/dettes dans un rapport de 10/90...).

Lease-back : opération de financement consistant en un crédit-bail (lease...) à l'envers (back...). Dans le crédit-bail classique, l'entreprise fait financer par un tiers (la société de crédit-bail) un investissement qu'elle ne souhaite pas ou ne peut pas financer sur ses ressources propres ou sur des ressources d'origine bancaire. Dans le lease-back, on opère en sens contraire : l'entreprise, propriétaire d'un bien (généralement immobilier...) inscrit dans son bilan, va revendre ce bien à un crédit-bailleur (donc encaisser un produit... donc de la trésorerie...) et reprendre ensuite en location (sur 8... 10... ou 12 ans...) auprès du crédit-bailleur ce même bien dont elle a besoin pour fonctionner. Cette location donnera lieu à versement de loyer, comme le crédit-bail classique et à possibilité de rachat ensuite en fin de contrat pour une très faible valeur résiduelle.
L'opération présente des *avantages :*
Elle permet à l'entreprise de faire rentrer de la trésorerie (prix de vente du bien)
Elle permet d'améliorer le FDR, puisque l'actif sera diminué de la valeur du bien, cependant que le passif (capitaux permanents) ne sera pas affecté...
Elle n'affecte en rien les moyens de production puisque l'entreprise continuera à utiliser ce bien comme si elle en était restée propriétaire...
... et quelques *inconvénients :*
Le produit de la vente supportera partiellement l'impôt
En termes d'image, cette solution est souvent pénalisante car considérée par les tiers comme le premier expédient auquel on a recours quand les choses commencent à se dégrader (on revend les « bijoux de famille » !).

> E

Les scores

Il s'agit d'une technique, développée à la fin des années 60, d'analyse et de détection de la probabilité de défaillance d'une entreprise. Le score se présente comme une fonction mathématique qui retient quelques ratios jugés pertinents, plus ou moins pondérés dans la fonction, et qui donne un résultat sensé représenter la situation de l'affaire concernée par rapport à un échantillon.
Son usage aujourd'hui ne reflète pas les immenses espoirs qu'elle avait suscités à l'origine. On redécouvre en effet que l'analyse financière n'est pas une science exacte, qu'elle requiert plus de bon sens que d'esprit mathématique, et surtout qu'elle doit être tournée vers l'avenir. Or, par définition, les scores n'étudient que le passé et généralement sur-pondèrent l'aspect financier, négligeant plus les fonctions économique et commerciale. Une entreprise en phase de création, de recherche, d'investissement, de développement d'un concept nouveau... a toutes les chances d'avoir un mauvais score. *A contrario,*

une entreprise mûre, avec de gros fonds propres, peu de dettes, un bon fonds de roulement, mais qui est en déclin au plan économique et/ou commercial (produit en fin de vie, technique industrielle dépassée, problèmes successoraux non réglés, etc.) aura un bon score.

Comment élabore-t-on une fonction de score ? Schématiquement en trois étapes.

- On définit d'abord un échantillon d'entreprises ayant connu une défaillance (dépôt de bilan) et l'on repère, sur les trois années ayant précédé l'événement, des ratios discriminants, que l'on retrouve systématiquement chez tous les individus de l'échantillon.
- On détermine ensuite la part relative de responsabilité de chaque ratio dans la défaillance.
- On applique enfin la formule sur un nouvel échantillon d'entreprises supposées saines, et on vérifie si la fonction « marche »...

Tout ce qui compte dans la communauté économique et financière a élaboré son propre score à partir des années 60 et 70 : des économistes comme Altman, Conan, Holder, des institutions financières, comme la Banque de France et les grands établissements de crédit, des agences de renseignement (SCRL...), de rating, et les assureurs-crédit.

Mais chacun aussi l'utilise aujourd'hui avec modération, en reconnaissant que beaucoup de critiques sont justifiées.

- D'abord, comme nous l'avons dit, le score sur-pondère en général la fonction financière, au détriment de critères économiques ou commerciaux pourtant tout aussi discriminants : état du marché, de la concurrence, perspectives de développement, etc.
- Il retient comme discriminants des ratios qui le sont moins aujourd'hui qu'en 1980 (exemple typique des frais financiers qui ont été divisés par 3 au moins depuis 15 ans pour un endettement comparable)
- Enfin, il peut accélérer la défaillance si, pris à la lettre, il provoque un resserrement du crédit de la part des apporteurs de ressources... Supposons qu'un assureur-crédit (ou quelque autre intervenant dans la « chaîne financière »), à partir de son score, note péjorativement telle entreprise. Il est très probable que, par contre-coup, les fournisseurs réduiront leurs délais de paiement, ce qui provoquera un accroissement du BFR et augmentera le risque d'un incident de trésorerie, donc celui de mettre l'entreprise dans une situation de cessation de paiement (ou de pré-cessation des paiements...)... Il suffira ensuite de dire : « On l'avait prévu ! ». Ce petit exemple un peu caricatural est moins fictif qu'on ne le croit.

E ›[1]
Le score de la Banque de France

La Banque de France est un observateur privilégié de la vie économique en général et de la situation financière des entreprises en particulier, pour plusieurs raisons :

- elle est destinatrice systématiquement des bilans de toutes les entreprises du pays (en tout cas de celles qui réalisent un CA minimum de 1 M€),
- elle entretient des liens très privilégiés avec les banques commerciales bien placées pour « sentir », au quotidien, l'évolution d'une entreprise, d'un secteur, d'une région économique…
- elle est informée, en temps réel, des événements significatifs qui peuvent intervenir dans la vie d'une entreprise entre deux bilans, notamment incidents de paiement (difficulté ponctuelle et passagère à faire face aux engagements), souscription d'un nouvel emprunt, etc. Elle a donc toujours un (ou deux…) temps d'avance par rapport à un observateur extérieur classique qui ne découvrira l'information souvent qu'avec plusieurs mois de retard. Lorsqu'une une entreprise contracte un emprunt en janvier de l'année N, la Banque de France en est informée dès le mois de février, alors que les partenaires extérieurs (fournisseurs, par exemple…) ne l'apprendront qu'au moment où le bilan de l'exercice N sera disponible, c'est-à-dire autour de mars ou avril N+1, soit 15 mois plus tard !

Depuis très longtemps, la Banque de France utilise les renseignements ainsi recueillis et centralisés, pour « noter » les entreprises, à la fois sur la qualité de leur situation financière et sur la régularité de leurs paiements. Mais cette mine de renseignements lui a permis aussi de développer, avec le temps, un modèle de score relativement pertinent, qu'elle a souvent ré-actualisé du reste pour « coller » à l'évolution des besoins.

Le score qui a connu un certain succès au cours des années 80 et 90, baptisé « Z », se présentait comme une fonction mathématique retenant 8 ratios notés de R1 à R8 :

R1 – Frais financiers / REB (sachant que REB = EBE + Impôts et taxes)
R2 – Ressources stables / capitaux investis
R3 – CAF / endettement global (y compris court terme)
R4 – REB / CA HT
R5 – Fournisseurs / achats TTC
R6 – Taux de variation de la valeur ajoutée
R7 – (Clients + EENE) / CA TTC
R8 – Immobilisations brutes / VA

dont chacun était affecté d'un coefficient de pondération tenant compte de son caractère plus ou moins prédictif de bonne ou mauvaise santé financière… On observera que ces ratios se partagent assez équitablement entre structure financière (R2… R3… mais aussi R1 par extension…), rentabilité (R1… R4…), productivité (R8…), croissance (R6…), gestion (R5 et R7).

La fonction donnait un chiffre permettant de classer *a priori* l'entreprise concernée dans l'une des trois catégories ci-dessous (chiffres arrondis) :

- score > 0 = *risque* de défaillance très faible (mais non nul)
- score entre 0 et – 1 = *probabilité* de défaillance pour 15 % d'entreprises
- score < – 1 = plus le score est faible, plus la *probabilité* de défaillance est forte.

On voit que, dans sa sagesse, la Banque de France utilise les mots « *risque* » et « *probabilité* », montrant bien par là qu'il convient d'analyser les résultats avec un certain recul et de se garder de toute conclusion péremptoire. Un score n'est évidemment pas un outil infaillible.

C'est précisément pour cette raison que l'on cherche à l'améliorer en permanence. Au milieu des années 90, la Banque de France a donc développé un nouveau score, baptisé « BDFI », a partir de ratios ré-actualisés supposés plus pertinents en termes de capacité à prévoir la défaillance. Le « BDFI » (utilisé depuis les années 1997 / 1998) est donc moins un outil de jugement de la santé financière de l'entreprise scorée qu'un outil de *prédiction de son risque de défaillance,* c'est-à-dire de cessation des paiements. On ne s'étonnera donc pas alors qu'une place plus importante soit faite à la structure financière et à la rentabilité. Sept ratios (au lieu de 8) ont été retenus :

R1 – Le **taux de marge** (ratio de rentabilité économique pure)
R2 – La **rentabilité du capital financier** (résultat / fonds propres... ratio de rentabilité encore)
R3 – L'importance – ou le retard de paiement – des **dettes fiscales et sociales**
R4 – Évolution du **crédit fournisseur** (prédictif également surtout combiné avec le précédent...)
R5 – **Taux d'endettement** y compris crédit-bail retraité, c'est-à-dire « poids dettes / fonds propres » (ratio de structure financière, un endettement excessif présentant plus de risque qu'une situation d'équilibre « fonds propres / dettes »)
R6 – **Structure de l'endettement** (répartition entre dettes longues, moyennes et courtes, avec une prime à l'endettement moyen et long, donc au FDR... Ratio de structure typique)
R7 – **Taux d'intérêt apparent** (frais financiers, retraités du crédit-bail, rapportés aux dettes... Une baisse de ce taux apparent = indicateur positif... Toujours une prime indirecte à la structure financière).

La formule du score « BDFI », *qui n'est pas publique,* donne, comme dans le cas du score « Z » une note finale permettant de classer l'entreprise concernée dans une des 7 classes de risque définies par la Banque de France :

- score BDFI < – 2,3 : la *probabilité* de défaillance *au cours des trois années futures* est de 41 %
- score BDFI ≥ 1,6 : probabilité de l'ordre de 1 % (quasiment nulle...)
- + cinq échelons intermédiaires.

Il ne faut pas confondre la note du score avec la *cotation* attribuée par la même banque de France à toutes les entreprises et qui exprime, ponctuellement, le jugement qu'inspire sa situation financière. La cotation peut être modifiée plusieurs fois dans une année alors que le score n'est calculé qu'à partir d'un bilan de clôture d'exercice. Le tableau ci-dessous rappelle la signification de cette cotation :

Cotation BDF exprimée par **une lettre** (A à J), **un chiffre** (3 à 6), **un second chiffre** (7 à 9)
La lettre exprime la taille de l'entreprise, par tranches de chiffre d'affaires (A pour les plus grosses... J pour les plus petites... avec 8 tailles intermédiaires), la lettre X étant réservée aux entreprises dont la Banque de France ignore le CA (pas de bilan disponible). Dans ce cas précis la cote de crédit ci-dessous sera 0, puisque impossible à déterminer.
Le premier chiffre exprime la cote dite « de crédit » (rentabilité et structure essentiellement) :
Cote 3 : réservée aux entreprises dont la situation financière est jugée excellente
Cote 4 : attribuée aux entreprises dont la situation est jugée bonne
Cote 5 : attribuée aux entreprises dont la situation motive des réserves sans présenter toutefois un risque imminent de défaillance
Cote 6 : attribuée aux entreprises présentant un *risque* grave ou imminent de défaillance
Le second chiffre exprime la cote dite « de paiement » (régularité du respect des engagements financiers vis-à-vis des fournisseurs, des créanciers privilégiés...) :
Cote 7 : attribuée aux entreprises dont les paiements sont réguliers (ponctuels...)
Cote 8 : attribuée aux entreprises connaissant ponctuellement des difficultés de paiement
Cote 9 : attribuée aux entreprises ayant des difficultés de paiement graves ou régulières.
La cote de paiement 8 ou 9 exclut de fait une cote de crédit 3 ou 4.

E ›2 Le score de Conan et Holder

Il n'utilise que 5 ratios, orientés « structure » et « rentabilité ». Le score remonte à la fin des années 70. N'ayant pas été ré-actualisé, il est sans doute moins pertinent aujourd'hui (par exemple sur-pondération du ratio « frais financiers / CA »), mais, en contre-partie, il est d'utilisation facile : il ne demande quasiment aucun retraitement et son mode de calcul est simple.
Les cinq ratios :

R1 – EBE / endettement global
R2 – Capitaux permanents / total du bilan (non retraité)
R3 – Réalisable et disponible (càd stocks + clients + créances + trésorerie du bilan comptable) / total bilan
R4 – Frais financiers / CA
R5 – Frais de personnel / VA

La fonction s'écrit : **24 R1 + 22 R2 + 16 R3 – 87 R4 – 10 R5**

Interprétation :
- Résultat < 0 = forte probabilité de défaillance dans les 3 ans
- Résultat compris entre 0 et 10 = probabilité non négligeable de défaillance
- Résultat compris entre 10 et 18 = très faible probabilité de défaillance
- Résultat > 18 = probabilité de défaillance quasi nulle.

E ›3 Une grille de diagnostic instantané

Il ne s'agit pas d'un score à proprement parler mais de quelques clignotants à lecture directe ou quasi-directe qui permettent de déceler – en 5 minutes – et

sans l'aide d'une calculette, si une entreprise est plutôt en situation favorable ou défavorable. Comme on se limite à un tout petit nombre de ratios on se contentera ici d'une analyse très superficielle qui ne concernera que les entreprises dont la situation est suffisamment typée : soit très bonne, soit avenir relativement sombre. C'est un exercice qui ne permettra donc de déceler, parmi les bonnes affaires, que celles qui se situent dans les trois déciles supérieurs... et, parmi les plus fragiles, celles qui occupent les trois déciles inférieurs (les 30 % qui présentent réellement le plus gros risque). Pour 40 % des cas, cette analyse sommaire ne suffira pas. Elle s'avèrerait même dangereuse si l'on s'en tenait là. Mais, souvent, un directeur financier ne dispose que de 5 minutes pour accorder un report d'échéance à un client...
Pour simplifier encore, *on n'utilisera que le bilan comptable* (avec tout de même quelques informations à chercher dans l'annexe, notamment le montant des Effets Escomptés Non Echus et la part des dettes bancaires < 1 an) *et le compte de résultat édités par l'entreprise.* On se désintéressera par conséquent des informations relatives au crédit-bail, par exemple (considéré comme une charge « normale » dans le compte de résultat). Autrement dit, on raisonnera sur un bilan liquidité fictif qui n'intégrerait pas le crédit-bail. Ici encore, pure convention qui montre, à l'occasion, la « personnalisation » (pour ne pas dire « les manies ») des méthodes d'analyse en fonction du praticien !

On considérera les dettes financières représentatives d'avances consenties par les associés en compte courant comme de vrais fonds propres, sans se préoccuper de rechercher si ces avances constituent une ressource stable ou précaire. En effet, de deux choses l'une :

- ou bien la ressource est précaire (pas de convention de blocage du compte courant), et l'associé peut en demander le remboursement à tout moment... à condition que sa société dispose de la trésorerie correspondante (et dans ce cas l'affaire peut être considérée comme relativement bonne),
- ou bien les comptes courants sont bloqués et, *à condition que cette convention de blocage soit honnêtement exécutée,* ce sont alors réellement de véritables fonds propres.

Comme il est toujours difficile de savoir, à la seule lecture du bilan, la nature exacte de ces comptes courants, faisons au dirigeant le crédit de les considérer comme des fonds propres sans trop se poser de questions. On veillera par contre à vérifier qu'il n'y a pas de compte courant débiteur (avance consentie par la société à un associé...) ligne **VC** feuillet 2057. Si tel était le cas, ils devraient bien évidemment être considérés comme des non-valeurs et retranchés des fonds propres... Cette seule information constituerait d'ailleurs, en soi, un clignotant péjoratif (sauf gestion de trésorerie centralisée au sein d'un Groupe de sociétés).
Cette grille permettra en outre de se remémorer les points forts et les points faibles d'un bilan (terme générique qui désigne ici le bilan proprement dit et le compte de résultat), autrement dit ceux qui sont porteurs de *sécurité* et ceux qui

sont porteurs de *risque*... On va donc identifier deux séries de ratios, en général calculables de tête, pour séparer les deux populations extrêmes :

Entreprise saine (c'est-à-dire pas de risque de cessation de paiement à 24 mois) **si :**

Résultat net bénéficiaire hors exceptionnel positif et hors reprises

\+

Autonomie financière > 25 % dans l'industrie (fonds propres / bilan)

\+

FDR positif (FP + dettes > 1 an – immobilisations nettes)

\+

FP / Dettes bancaires totales (hors CBC) = minimum 50/50

\+

CAF = minimum le montant de l'annuité d'emprunt
(CAF N et dettes < 1 an de N, ce qui n'est pas en soi comparable puisque les dettes < 1 an de N seront remboursables en N+1, mais l'expérience montre que l'annuité d'emprunt a plutôt tendance à baisser dans le temps. Donc qui peut le plus peut le moins...).

Risques de difficultés à moins de deux ans si deux ratios vérifiés :

Fonds propres négatifs + résultat courant négatif – ***

ou

FDR négatif + résultat courant négatif – ***

ou

CAF < 1/2 annuité d'emprunt avec FP/dettes < 20/80 – **

ou

Trésorerie passive EENE compris > 4 mois de CA – *

ou

Baisse du CA + baisse de la VA + augmentation du BFR – ***

Légende : *** ratio très pertinent
** ratio un peu moins pertinent (sauf si en même temps 1 ou 2 ratios ***)
* ratio à manipuler avec précaution dans affaires à forte saisonnalité.

Le risque sera proportionnel au nombre de ratios vérifiés : 2 ratios = existence d'un risque non négligeable... Les 5 ratios vérifiés = forte probabilité de défaillance dans les 24 mois... avec toutes les valeurs intermédiaires.

> F
Exercice d'application corrigé

La résolution de ce petit cas (inspiré de la situation réelle d'une entreprise) permettra de se familiariser avec la démarche de l'analyse... Elle fera appel aux notions et concepts financiers développés jusqu'ici, mais sans négliger pour autant l'examen d'autres critères d'appréciation : démarche marketing, stratégie de développement, mode de management... A titre très indicatif, l'exercice ne doit pas prendre plus de 3 heures pour un débutant... et plus de 2 heures pour un praticien à peine plus expérimenté.
La situation de cette entreprise étant relativement typée, il nous a paru intéressant d'aller au-delà de l'analyse traditionnelle et de la compléter par une analyse basée sur une approche « flux de trésorerie » et EVA®, même si ces concepts ne sont abordés qu'au chapitre 6. On verra d'ailleurs à cette occasion l'apport spécifique de ces approches par rapport aux conclusions suggérées par des méthodes plus traditionnelles. On pourra revenir utilement sur ce cas après avoir approfondi ces notions...

F › 1
Le cas MLP

Soit les comptes 2000 et 2001 de la société MLP (fabrication, depuis la création de la société en 1991, de revêtements de sols en plastique moulé destinés notamment à sécuriser les espaces pour enfants : tapis pour chambres ou crèches, tapis de sols, etc.), et quelques informations complémentaires ci-dessous :

- Cette affaire évolue sur un marché en pleine expansion : on prévoit une croissance européenne de 30 % par an sur les 5 à 7 ans à venir, qui s'infléchira ensuite à 10 % jusqu'en 2010. Au-delà, on ne pourra compter que sur un marché de renouvellement. La société MLP quant à elle s'est fixé un objectif de croissance de même ampleur sur le marché français (30 %), et d'au moins 50 % sur le marché italien, débouché presque plus naturel pour elle, compte tenu de la situation de son usine dans la périphérie immédiate de Menton. Par ailleurs, la concurrence locale italienne est assez peu dynamique, sauf la présence à Milan d'un très gros fabriquant de matière première qui semble avoir des velléités de s'intégrer en aval jusqu'au produit fini.
- Les produits MLP sont reconnus d'excellente qualité. La société consacre 3 % de son CA à des investissements en recherche et développement (produits nouveaux ou améliorations substantielles apportées chaque année aux produits traditionnels)
- Elle est propriétaire de ses installations (terrain, usine, matériels). Le niveau actuel des équipements permet de réaliser une production de 2 500 K€. Pour

monter à 3 000 K€, il faudra prévoir un investissement de 300 K€ environ, sans doute à l'horizon 2003, plus l'embauche d'un directeur d'usine (passage de la taille « gros artisanat » à la taille « industrielle »).

- Son activité de négoce se limite à la vente de quelques accessoires de pose.
- En 2001, sa clientèle se répartissait ainsi :
  - 60 % du CA avec la grande distribution de bricolage (paiements à 90 jours, facilement mobilisables),
  - 40 % à l'export sur l'Italie, auprès de petits installateurs ou de grossistes (paiements à 120-150 jours très difficilement mobilisables en France… méfiance des banquiers français à l'égard des petites PME italiennes dont les comptes sont rarement disponibles) – Sur l'Italie la facturation est libellée en Euros.
- Les actionnaires (SA à capitaux familiaux) désirent percevoir 45 K€ minimum de dividendes annuels.
- Après réception du bilan au 31 décembre 2001, la Banque du Midi a limité son plafond d'escompte à 80 % du compte « clients français » et son autorisation de découvert à 1 mois et demi de CA HT. Par ailleurs, le banquier semble un peu moins confiant sur l'avenir de cette affaire, attitude que le dirigeant a des difficultés à comprendre…
- Enfin, MLP détient 90 % d'une petite société de production de jeux en plastique (SARL JB, capital de 40 K€ – CA 2001 : 535 K€ – Résultat 2001 : – 66 K€), dont la clientèle est constituée essentiellement d'écoles. La Banque du Midi accorde 45 K€ de découvert à cette société, garantis par la caution solidaire de la société-mère MLP. Pas de relations commerciales entre MLP et JB.

Les comptes de résultat et les bilans sont présentés sous la forme liasse fiscale. Il est probable qu'il faille les retraiter sous la forme SIG, bilan fonctionnel et bilan liquidité. Cette application constituera ainsi un entraînement complémentaire à celles déjà proposées aux chapitres 3 et 4.

Le dirigeant (63 ans, ingénieur E.C.P.) souhaite recueillir un avis extérieur sur la situation financière globale de son entreprise. Plus particulièrement, il aimerait comprendre ce qui justifie la position désormais un peu plus restrictive de son banquier, alors que :

- le CA et le résultat sont en forte progression,
- le marché est très demandeur,
- sa société, bien que de taille modeste, a aujourd'hui une excellente notoriété : elle investit régulièrement en R et D ; elle a le souci permanent de la qualité (elle vient d'être certifiée ISO…) ; du reste, auprès de beaucoup de clients italiens, elle fait figure de fournisseur incontournable.

Pour conduire cette analyse :

- on examinera dans un premier temps l'évolution de quelques ratios significatifs…(n'en choisir qu'une douzaine, parmi ceux qui paraîtront les plus pertinents) et on portera une appréciation sur l'activité, la rentabilité et la structure,

- puis on confirmera l'impression générale par l'application du score de Conan et Holder et la cohérence avec la grille de diagnostic rapide du (voir p. 140 et suivantes),
- enfin on fera ressortir les éléments qui pèsent certainement sur l'appréciation spécifique du banquier et on indiquera les mesures à envisager ou les décisions à prendre pour restaurer la confiance...

Le « corrigé » qui suit cette application (voir p. 151 et suivantes) ne constitue qu'une proposition de solution. Il ne faut jamais perdre de vue que chaque analyste conduit son étude en fonction de son angle de recherche propre... Nous avons déjà indiqué que le banquier privilégiait la structure... le dirigeant, plutôt la rentabilité des capitaux investis... et les partenaires commerciaux, de leur côté, le mode de gestion des composantes du BFR (dans la perspective de l'influencer !). Comme ce cas doit conserver une portée pédagogique, on s'attachera à porter un jugement objectif sur la situation d'ensemble, sans oublier toutefois la mission spécifique fixée par le dirigeant qui souhaite comprendre la position de son banquier...

Bilans de la société MLP

	2000			2001				2000	2001
	Brut	Am/Pr	**Net**	Brut	Am/Pr	**Net**			
Terrains	–	–	–	46	–	**46**	Capital social	**8**	**70**
Constructions	–	–	–	120	6	**114**	Réserves	**43**	**13**
Install. techniques	202	94	**108**	310	187	**123**	Report à nouveau	**4**	**24**
Autres immob. corpor.	57	28	**29**	88	48	**40**			
Participations	36	–	**36**	36	–	**36**	Résultat	**112**	**168**
Stock mat. premières	22	–	**22**	52	–	**52**	Dettes Éts de crédit	**315**	**650**
Encours + prod. finis	16	–	**16**	30	–	**30**	Dettes financières	**46**	**8**
Stock marchandises	7	–	**7**	34	2	**32**			
Clients	397	28	**369**	527	42	**485**	Fournisseurs	**105**	**157**
Autres créances	54	–	**54**	126	2	**124**	Dettes fisc. et soc.	**8**	**13**
Disponibilités	–	–	–	16	–	**16**			
Charges const. avance	–	–	–	5	–	**5**			
Total général	791	150	**641**	1 390	287	**1 103**	Total	**641**	**1 103**

Renseignements complémentaires

- Dividendes distribués en 2001 au titre de 2000 : 60 K€
- Dividendes à distribuer en juin 2002 au titre de 2001 : 60 K€
- EENE :
- – Au 31.12.2000 : 0
- – Au 31.12.2001 : 494 K€
- Concours bancaires courants (compris dans dettes Ets de crédit) :
- – 31.12.2000 : 206 K€
- – 31.12.2001 : 259 K€
- Dettes Éts de crédit 31.12.2000 : 109 K€ dont 33 K€ < 1 an
- Dettes Éts de crédit 31 12.2001 : 391 K€ dont 97 K€ < 1 an
- Dettes financières diverses : comptes courants d'associés qui ne baisseront pas en deçà de 8 K€
- Autres créances au 31.12.2001 : comprennent 75 K€ d'avances à la filiale JB.

Comptes de résultat MLP

	2000	2001
Vente de marchandises	100	137
Production vendue de biens	1 074	1 805
Production vendue de services	15	6
Production stockée	3	14
Production immobilisée	12	–
Reprises sur provisions	–	5
Achats de marchandises	73	139
Variation de stock de marchandises	3	(27)
Achats de matières premières	298	742
Variation de stock de matières premières	14	(30)
Achats et charges externes	237	351
Impôts et taxes	30	31
Frais de personnel (charges comprises)	219	283
Dotations aux amortissements	62	119
Dotations aux provisions sur actifs circulants	28	23
Résultat d'exploitation	**240**	**336**
Produits financiers	2	–
Charges financières	64	83
Résultat financier	**(62)**	**(83)**
Produits exceptionnels	–	2
Charges exceptionnelles	1	1
Résultat exceptionnel	**(1)**	**1**
Impôt sur les sociétés	65	86
Résultat net	**112**	**168**

Renseignements complémentaires
- Achats de matières premières : sont réalisés auprès des deux seuls fournisseurs français capables d'assurer une qualité constante (répartition environ 50/50)
- Charges financières : sont constituées des seuls intérêts bancaires
- Produits et charges exceptionnels : uniquement sur opérations de gestion...
- Effectif au 31.12.2001 : 15 salariés.

F ›2

Corrigé du cas MLP

Il existe autant de méthodes d'analyse que d'analystes... C'est une observation que nous émettions déjà dans notre avant-propos sous forme de boutade. Un débutant aura intérêt à procéder par étapes, en commençant par ce qui peut paraître sans doute moins noble, mais qui est un passage obligé : la reconstruction des bilans (fonctionnel et liquidité) et la construction d'un tableau de SIG... Puis, à partir de ces éléments, il passera à l'examen de quelques ratios. En général le nombre de ratios sélectionnés sera inversement proportionnel à l'expérience de l'analyste, sauf les cas particulièrement complexes (sociétés cotées en Bourse... Groupes constitués d'une myriade de filiales...). Sur le cas MLP, 10 à 12 ratios nous semblent suffire... mais on peut évidemment aller au-delà. Enfin, étape la plus noble : à partir du matériau ainsi constitué, il faudra porter un jugement, sans craindre de s'engager... mais en restant nuancé.
Le cas MLP, *très proche d'une situation réelle de PME*, a été choisi dans le but de montrer qu'une même démarche d'analyse peut conduire à émettre des jugements relativement contrastés, dont tous sont recevables à condition d'être argumentés.

On procèdera donc comme devrait le faire un débutant, mais, en guise introduction, on passera en revue les informations qu'un œil expérimenté aurait décelées à première lecture :

- petite affaire familiale, de création récente, qui connaît une croissance forte sur un marché lui-même en expansion pour encore plusieurs années,
- une rentabilité forte (10 % du CA) et qui se confirme sur les deux exercices disponibles,
- une forte présence à l'export (40 % du CA sur l'Italie), mais, à l'inverse, une situation de dépendance vis à vis de la grande distribution,
- une volonté de conserver une place d'opérateur dynamique sur ce marché (investissements importants en 2001, ce qu'il convient de saluer de la part d'un PDG de 63 ans),
- ... et malgré tout des relations qui semblent se tendre avec le banquier historique, beaucoup plus fortement engagé depuis 2001 : découvert en augmenta-

tion, un encours d'escompte passé de 0 à près de 500 K€, de nouveaux crédits à MT pour financer les investissements...

Pour affiner ces premières impressions, et découvrir – peut-être – ce qui suscite cette inquiétude chez le banquier, nous examinerons l'évolution de quelques ratios à partir des bilans fonctionnel et liquidité et des soldes de gestion. Nous poursuivrons cette partie de l'analyse basée sur les outils traditionnels par un complément qui s'inspirera de l'approche par les flux (abordée au chapitre 6).

Bilan fonctionnel

	2000	2001		2000	2001
Immobilisations brutes	295	600	Fonds propres (1)	167	275
			Amortissements actif	122	241
Emplois stables	**295**	**600**	Provisions actives	28	46
			Dettes Éts de crédit	109	391
Stocks	45	116	Dettes financières	46	8
Clients	397	527	**Ressources durables**	**472**	**961**
EENE	–	494	Fournisseurs	105	157
Autres créances (1)	54	126	Fiscal et social	8	13
Charges constatées d'avance	–	5	**Passif circulant**	**113**	**170**
			Concours bancaires courants (cBC)	206	259
Actif circulant	**496**	**1 268**	EENE	–	494
Trésorerie active	–	**16**	**Trésorerie passive**	**206**	**753**
Total bilan	**791**	**1 884**	**Total bilan**	**791**	**1 884**

(1) Pour 2001, on pouvait s'interroger sur la nature de la créance détenue par MLP sur sa filiale (75 K€) : réelle créance (perspective de remboursement...) ? ou non-valeur ? Quelle est en effet la capacité de la société JB à rembourser, le cas échéant, l'avance qu'elle a reçue de MLP, compte tenu de sa situation financière (CA de 535 K€ et pertes de 66 K€) ? On pourrait arguer, il est vrai, que si le banquier accorde 45 K€ de découvert à cette société, elle est peut-être moins malade qu'elle ne paraît... Mais on pourrait aussi bien considérer que le banquier n'a accordé 45 que parce que la société mère MLP a elle-même accordé 75... Si l'on veut s'en tenir à une conception stricte des fonds propres, on devra les retraiter de cette avance. On aura alors des ressources durables de 886 K€ et un total de bilan de 1 809 K€ (la non-valeur ayant été « sortie » de l'actif). Compte tenu de l'importance des montants en cause, l'arbitrage qui sera opéré (créance ou non-valeur) aura une incidence non négligeable sur les ratios de structure.

	2000	2001	Δ
FRNG (ressources durables – emplois stables)	177	361	**(+) 184**
BFR (actif circulant – passif circulant)	383	1 098	**(+) 715**
Trésorerie (FRNG – BFR)	(206)	(737)	**(–) 531**

Bilan liquidité

	2000	2001		2000	2001
Immobilisations nettes	**173**	**359**	Fonds propres (1)	167	275
			(–) dividendes	(–) 60	(–) 60
Stocks	45	114	(+) c/c associés (2)	(+) 8	(+) 8
Clients	369	485	**Capitaux propres**	**115**	**223**
EENE	–	494	**Dettes Éts crédit > 1 an**	**76**	**294**
Autres créances	54	124	Dettes Éts crédit < 1 an	33	97
Charges constatées d'avance	–	5	(+) c/c associés (2)	(+) 38	–
			(+) dividendes	(+) 60	(+) 60
Actif CT	**468**	**1 222**	**Dettes financières < 1 an**	**131**	**157**
			Exploitation CT	**113**	**170**
Trésorerie	**–**	**16**	CBC	206	259
			EENE	–	494
			Trésorerie passive	**206**	**753**
Total bilan	**641**	**1 597**	**Total bilan**	**641**	**1 597**

(1) Même observation que pour le bilan fonctionnel en ce qui concerne la créance sur JB. Nous avons choisi, au moins au niveau de la présentation, de la traiter comme une « vraie » créance, susceptible d'être remboursée à tout moment. On ne pourra tout de même pas ignorer, dans la suite de l'analyse, la personnalité (filiale) ni la santé financière de la société débitrice.

(2) On pouvait aussi s'interroger sur le reclassement des c/c d'associés. Nous savions, grâce au bilan 2001, que les 46 apparaissant en 2000 n'étaient pas une ressource durable (puisque 38 ont été remboursés...). Il était donc logique de classer ces 38 en dettes financières < 1 an et de maintenir 8 en fonds propres (on nous dit dans l'énoncé que ce niveau est un minimum). On pouvait considérer aussi que, s'agissant d'une société familiale, les c/c peuvent être assimilés en totalité à des fonds propres, même si leur niveau varie dans le temps, les actionnaires les utilisant en fait comme une « soupape de sécurité » en fonction des besoins. En outre, le reclassement en fonds propres serait plus parlant au niveau d'un tableau de flux...

	2000	2001	Δ
FDR (capitaux permanents – actif immobilisé)	18	158	**(+) 140**
BFR (actif court terme – tous passifs CT)	224	895	**(+) 671**
Trésorerie (FDR – BFR)	(–) 206	(–) 737	**(–) 531**

Tableau des SIG (explication / formule de calcul)

	2000	%	2001	%
Ventes de marchandises	100		137	
(–) coût achat marchandises vendues (achats + Δ stock)	(–) 76		(–) 12	
= **Marge commerciale**	**24**		**25**	
Production (vendue + stockée + immobilisée) et % de Δ	**1 104**	–	**1 825**	**+ 65 %**
(–) consommation matières (achats + Δ stock MP)	(–) 312		(–) 712	
(–) charges externes	(–) 237		(–) 351	
(+) marge commerciale	(+) 24		(+) 25	
= **Valeur ajoutée** (en % de production + marge)	**579**	**51 %**	**787**	**42 %**
(–) impôts et taxes (sauf IS)	(–) 30		(–) 31	
(–) frais de personnel	(–) 219		(–) 283	
= **EBE** (en % de production + marge)	**330**	**29 %**	**473**	**26 %**
(–) dotation amortissements	(–) 62		(–) 119	
(–) dotations provisions / (+) reprises	(–) 28		(–) 18	
= **Résultat d'exploitation**	**240**		**336**	
(+) résultat financier (% de l'EBE)	**(–) 62**	**19 %**	**(–) 83**	**17 %**
= **Résultat courant avant IS** (en % de prod. + marge)	**178**	**16 %**	**253**	**14 %**
(+) résultat exceptionnel	(–) 1		(+) 1	
(–) IS	(–) 65		(–) 86	
= **Résultat de l'exercice**	**112**		**168**	
CAF (en % de production + marge)	**202**	**18 %**	**305**	**16,5 %**

Calcul de la CAF (méthode additive) – *Avec la méthode déductive (VA – personnel – État – créanciers), il aurait fallu retraiter la VA des charges et produits exceptionnels sur opérations de gestion, soit (–) 1 en 2000 et (+) 1 en 2001*

	2000	2001
Résultat net	112	168
(+) amortissements	62	119
(+) provisions (–) reprises	28	18
	202	**305**

Tableau de flux 2001

CAF 2001	305
(–) Δ BFR (1)	(–) 715
Flux exploitation	**(–) 410**
Cessions d'immobilisations	–
(–) investissements (2)	(–) 305
Flux investissement	**(–) 305**
Augmentation fonds propres	–
(–) Réduction de fonds propres (c/c) (3)	(–) 38
(–) Dividendes	(–) 60
(+) augmentation des dettes (4)	(+) 315
(–) réduction des dettes (5)	(–) 33
Flux financement (C)	**(+) 184**
Δ trésorerie (A + B + C) (6)	**(–) 531**

(1) Δ BFR du bilan fonctionnel (approche par les flux...)
(2) Investissements = Δ des immobilisations brutes au bilan fonctionnel. Pas de cession en 2001.
(3) Réduction de fonds propres : c/c classés en dettes dans le bilan liquidité mais considérer comme des fond propres, surtout dans une PME familiale.
(4) Augmentation des dettes = dettes 2001 (–) part > 1 an des dettes 2000.
(5) Réduction de dettes : part < 1 an à fin 2000.
(6) Δ trésorerie : correspond à celle constatée entre les deux bilans (EENE compris).

Même si nous n'avons pas encore entamé la phase d'analyse proprement dite, le tableau ci-dessus commence à fournir des indications sur la manière dont les investissements et la Δ du BFR ont été financés, d'une part, sur la politique financière des dirigeants / associés, d'autre part. Il est intéressant déjà de noter que l'exploitation dégage un flux très nettement insuffisant pour financer la Δ du BFR...

Les ratios (formules de calcul)

	2000	2001
Productivité		
... des investissements : **[(P + MC) / ES]** ou 1 € investi a produit...	3,8 €	3,1 €
... des capitaux investis : **[(P + MC) / (ES + BFR)]** ou 1 € investi a produit...	1,7 €	1,1 €
Répartition des actifs entre ES et BFR (Base 100)	43 / 57	35 / 65
Activité - Gestion		
Rappel CA HT (K€)	1189	1948

... / ...

	2000	2001
Δ CA 2000 / 2001		(+) 64 %
Δ valeur ajoutée (en valeur absolue) 00 / 01		(+) 36,4 %
Rappel CA TTC : [(CA HT × 60 % × 1,20) + 40 % CA HT export] (KF)	1 332	2 181
Rappel achats TTC : achats HT au compte de résultat × 1,20 (TVA 20 %)	445	1 057
Rotation stock MP **(MP × 360 / consommation MP)** en jours de consommation	25 j	26 j
Rotation des encours + PF : **[(EC + PF) × 360] / production** (en j de production)	5 j	6 j
Rotation stock Mses : **[(St. Mses × 360) / consom. Mses]** (en j de consom.)	31 j	110 j
Crédit clients au 31.12 : **[(Cl. + EENE) × 360] / CA TTC** (en j de CA TTC)	100 j	161 j
Crédit fournisseurs : **(Frs × 360) / achats TTC** (en j d'achats)	84 j	53 j
Rentabilité (se référer aux ratios directement calculés sur SIG)		
... des capitaux investis : **EBE / (ES + BFR)**	48 %	28 %
... économique de l'exploitation : **CAF / (P + MC)**	18 %	16 %
Répartition VA (VA des SIG + résultat exceptionnel) entre (total 100 %) :		
... Personnel	37,9 %	35,9 %
... État	16,4 %	14,8 %
... Créanciers	10,7 %	10,5 %
... Entreprise (c'est-à-dire CAF)	35,0 %	38,8 %
Structure		
Autonomie financière : **FP stricts bilan liquidité / total bilan liquidité**	17,8 %	13,8 %
FP / Dettes bancaires sauf CBC et EENE (sur bilan liquidité) – Base 100	51 / 49	54 / 46
Dettes sur CAF : **Dettes bancaires (sauf CBC et EENE) / CAF** en années de CAF	192 j	1,3 ans
Annuité 2001 (part < 1 an à fin 00) / **CAF 2001**	–	43 %
Trésorerie passive / total bilan liquidité	32,2 %	47,1 %
CBC / CA HT (limite fixée par le banquier : 1,5 mois)	62 j	48 j
% du compte « clients français » escompté : **EENE / (clients France + EENE)**	–	78,4 %

P : Production
EC : encours production
MC : marge commerciale
Mses : Marchandises
ES : emplois stables

Commentaires

Ceux que nous faisions en introduction sont très amplement confirmés par les ratios ci-dessus (nous rappelons que nous ne devions retenir qu'une douzaine de ratios, ce qui a été à peu près respecté, les ratios de stocks n'en faisant qu'un, ceux de répartition de la VA également...).

Globalement, on peut dire que la forte croissance de l'activité (+ 65 %) a finalement assez peu pesé sur la rentabilité. Certes la VA est en baisse, mais, plus on descend le compte de résultat, plus le différentiel s'amenuise par rapport à 2000, essentiellement en raison :

- de la meilleure productivité du personnel : le ratio **FDP / [production + marge commerciale]** est éloquent. Avec 1 € de FDP on réalisait une production et une marge cumulées de 5,4 € en 2000. En 2001, le ratio passe à 6,7 €. On constate cette même amélioration de productivité du personnel sur le ratio **FDP / VA** qui passe de 38 % en 2000 à 36 % (arrondis) en 2001. L'intégralité de cette amélioration se retrouve d'ailleurs dans la CAF...
- de la meilleure productivité des capitaux : le ratio **frais financiers / EBE** s'améliore également.

La CAF, certes en baisse relative par rapport à l'activité (production + marge commerciale), représente encore 16 % de cette dernière (contre 18 % en 2000), ce qui constitue une bonne performance. Ce constat nous conduit à évoquer la stratégie commerciale et la politique d'investissement. Il est clair que, sur un marché en croissance de 30 %, le maintien de sa propre PDM exige une croissance interne au moins équivalente. Or, la société MLP a connu en 2001 une croissance deux fois plus rapide, sans doute due :

- à ses investissements en R et D qui lui ont permis de mettre de nouveaux produits sur le marché,
- à sa réputation de qualité et à la manière sans doute dont elle a géré, en termes de communication extérieure, sa certification ISO,
- à ses investissements productifs enfin. Il convient de ne retenir en effet que ceux-là : un terrain, une usine, ne sont pas à proprement parler productifs. Ce sont les machines qui produisent plus ou mieux, et non l'usine... encore moins les terrains... et encore moins la participation dans la filiale JB ! Les seuls investissements en matériels (139 K€) ont permis de produire 733 K€ de plus qu'en 2000 : 1 € de nouveaux investissements a réalisé 5,3 € de production. En 2000, nous étions sur la base d'une production de 3,8 €. L'investissement de 2001 a donc été doublement judicieux :
  - Il a permis une croissance du CA deux fois plus forte que le marché,
  - Cette croissance s'est accompagnée d'une meilleure productivité (performances des nouveaux matériels par rapport aux anciens).

Elle a eu aussi, cependant, quelques effets pervers, notamment sur le BFR, qui « explose » littéralement de 2000 à 2001 : pour un CA qui progresse de 65 %, le BFR progresse, sur le bilan liquidité, de près de 300 % ! (Voir aussi répartition **emplois stables / BFR** en base 100 au bilan fonctionnel). Par suite, la trésorerie passive s'aggrave de son côté de 260 %, représentant, en 2001, près de la moitié de toutes les ressources du bilan « liquidité » (47 %) ! Sans anticiper sur les commentaires relatifs à la structure, il est clair que les ressources de cette société (on pourrait dire : les « finances ») reposent sur un équilibre extrêmement précaire... Il est donc intéressant d'examiner l'origine de cette progression du BFR. Certes les stocks de marchandises pèsent, en valeur relative, beaucoup plus qu'en 2000 (110 j au lieu de 31), mais les chiffres restent tout à fait insignifiants en valeur absolue. Quant aux autres stocks, ils connaissent une remarquable stabilité (toujours en valeur relative). L'essentiel du besoin provient donc :

- du crédit consenti aux clients, qui passe de 100 à 161 j de CA TTC,
- du crédit obtenu des fournisseurs, qui tombe de 84 à 53 j d'achats,
- et aussi des 75 K€ d'avances consenties à la filiale JB...

La société a souffert par conséquent d'un effet de ciseau très marqué sur son crédit inter-entreprise (moins de ressources fournisseurs, plus de besoins sur les clients), qui l'a contrainte à rechercher des ressources palliatives auprès de sa banque (découvert en hausse significative, et surtout escompte à concurrence de près de 80 % sur ses clients français*).

› Exemple.

* **Mode de calcul :** on connaît le compte « clients » 2001 qui se compose à la fois de ventes France (avec TVA) et de ventes export non soumises. Comme l'on sait que seuls les clients français sont mobilisables, et que le banquier par ailleurs a fixé un plafond, il convient de retrouver au sein de ce poste « clients » la part des seuls clients France. On peut recourir à une équation simple, dans laquelle ***x*** sera le compte clients HT : $[(60\ \%\ x)\ (1{,}20)] + [(40\ \%\ x)] = 1\,021$ (montant total clients + EENE), ce qui donne $x = 912$ K€. Connaissant le compte client HT, il suffit de faire ensuite :

Clients France = 912 × 60 % × 1,2 = 656 K€ (dont EENE = 494 K€, soit 75,3 %)

Clients Italie = 912 × 40 % = 365 K€.

Poste clients total : 656 + 365 = 1 021 (chiffre du bilan).

Les deux « cliquets » fixés par la banque (maximum 1,5 mois de CA pour le découvert et maximum 80 % des clients France admis à l'escompte) sont donc aujourd'hui atteints. Et comme l'on vient de voir que la croissance du CA induisait une croissance du BFR 3 fois supérieure, on peut considérer que ces deux « cliquets » constituent désormais un obstacle infranchissable pour poursuivre cette croissance. Or nous disions plus haut tout le bien que nous pensions de cette croissance : gains de PDM, gains de productivité (matériels... mais sans doute aussi phénomène de courbe d'expérience...), maintien de la rentabilité à un bon niveau, etc. et nous sommes convaincus que le banquier lui-même partage cette excellente opinion. D'où peut venir alors son attitude plus réservée ?

En procédant par élimination, si tous les autres critères sont satisfaisants, le problème doit venir des ratios de structure. Nous en avons déjà dit deux mots à propos de la trésorerie. C'est du reste (presque) le seul point délicat... Sans être opulents, tous les autres ratios sont à peu près dans les standards d'une petite PMI performante :

- autonomie (indépendance) financière : autour de 15 % dans son approche stricte (bilan liquidité), mais si on s'accorde sur une acception plus large des fonds propres (non retraitement des dividendes et des c/c), correspondant d'ailleurs à celle des banques le plus souvent, le ratio remonte à plus de 25 % (33 % en 2000),
- l'équilibre fonds propres / dettes (en base 100) reste, sur les deux exercices, dans la « zone verte » : 51 / 49 en 2000 et même 56 / 44 en 2001,
- la CAF assume le remboursement des dettes de 2000 en 6 mois, et de celles de 2001 en moins de 18 mois (nous sommes très en deçà des 3 ou 4 ans généralement admis),
- prise isolément, l'annuité d'emprunt de 2001 ne « consomme » que 43 % de la CAF de l'exercice...

Comme nous n'avons toujours pas trouvé le vrai maillon faible dans cette chaîne, il faut revenir sur la trésorerie. Nous avons vu qu'elle se dégrade très dangereusement au point de toucher maintenant les seuils au-delà desquels le banquier ne suivra plus. Nous devinons bien que cette dégradation provient de l'accroissement du BFR, lié pour une partie importante, aux sacrifices consentis en faveur des clients, et sans doute essentiellement des clients italiens (pas surprenant qu'ils préfèrent MLP à tout autre fournisseur !). Mais il y a au moins trois autres causes à cette dégradation :

- une avance de 75 K€ consentie à une filiale de santé « délicate », pour le moins...
- le retrait de 38 K€ de c/c d'associés...
- une généreuse politique de distribution : 60 K€ en 2001 au titre de 2000 (pour une mise initiale en capital de 8 K€ en 1991 !).

Sur le seul exercice 2001, ces décisions ont coûté 173 K€ de trésorerie à la société MLP. Si le dirigeant avait accepté, fût-ce sur la seule année 2000 qui a connu de gros investissements, de maintenir ses c/c et de passer le dividende (on peut supposer qu'il se rémunère convenablement par ailleurs...), cette économie de cash de 98 K€ aurait été la bienvenue pour financer le BFR.

Quant à la politique de soutien en faveur de la filiale, elle laisse perplexe. Cette société JB ne semble pas présenter un intérêt stratégique pour MLP... Elle fait des pertes... Elle pèse sur la physionomie du bilan de MLP (participation + créance)... Elle assombrit un peu l'image de patron dynamique et entreprenant du dirigeant... N'oublions pas enfin que MLP a souscrit en faveur du banquier un engagement de caution pour couvrir les risques qu'il accepte de prendre (sans doute bien à contre-cœur...) sur la société JB.

Rien de dramatique, certes, mais quelques petits clignotants de structure qui virent à l'orange. Comme tous les autres sont encore largement verts, les scores devraient donner un résultat favorable.

Conan et Holder pour 2001

EBE / endettement total y compris CBC : 473 / 650 = 0,73	(× 24)	17,52
Capitaux permanents / total bilan (hors EENE) : 517 / 1 103 = 0,46	(× 22)	10,12
(Réalisable + disponible hors EENE) / bilan : 739 / 1 103 = 0,67	(× 16)	10,72
Frais financiers / CA : 83 / 1 948 = 0,04	(× 87)	(–) 3,70
Frais de personnel / Valeur ajoutée : 283 / 787 = 0,36	(× 10)	(–) 3,59
Score		**31,07**

Zone de score très favorable. Même en retraitant les EENE, le score est très largement au-dessus de 18 (revoir p. 140 et suivantes), ce qui ne surprend pas dans une affaire globalement aussi performante.
Essayons le même exercice avec la **grille de diagnostic rapide** proposée (voir p. 146). Nous rappelons qu'il s'agit de n'utiliser que les éléments fournis par la liasse fiscale, sans aucun retraitement. Les EENE ne sont pris en compte que sur les critères de trésorerie. Les comptes courants d'associés créditeurs (au passif) sont toujours considérés comme des fonds propres (éventuellement retraités de c/c débiteurs).
Examinons d'abord les **ratios de la population saine.** On indiquera « oui » ou « non » en face de chaque critère selon qu'il est ou pas vérifié.

Résultat net bénéficiaire (hors exceptionnel et reprises)	OUI
Autonomie financière > 25 % : FP totaux / bilan = 24,9 %	OUI
FDR > 0	OUI
FP / Dettes (hors CBC) minimum 50 / 50 : 283 / 391 = 42 / 58	NON
CAF = minimum annuité emprunt	OUI

Quatre OUI (dont un « petit »...) et un NON. On est tout près des critères de l'entreprise ne présentant aucun risque de solvabilité.
Examinons maintenant (à tout hasard...) **les critères péjoratifs.** Il serait logique de trouver une grosse majorité de NON.

FP négatifs + résultat courant négatif	NON
FDR négatif + résultat courant négatif	NON
CAF < 1/2 annuité emprunt	NON
Trésorerie passive EENE compris > 4 mois de CA	OUI
Baisse CA + baisse VA + augmentation BFR	NON

Il y a tout de même un OUI, sur le critère trésorerie (ce qui ne nous surprendra pas). On voit bien que cette société MLP est tout près d'être classée parmi les meilleures... mais, chaque fois, il manque un « petit quelque chose ». Le croisement des deux grilles est à cet égard plus parlant que le score brut Conan et Holder. En fait l'excellente performance en termes d'activité, la bonne rentabilité, la structure somme toute enviable (par rapport à celle de beaucoup de PME...), ne sont pas parvenues à « tromper » la grille d'analyse. MLP doit se situer à peu près à l'endroit indiqué sur l'échelle ci-dessous...

- - - - -	- - - -	- - -	- -			++	+++	++++	+++++

↑ MLP ↑

Nous rappelons que cette grille n'a pas la prétention de donner un résultat scientifique. Elle ne peut être utilisée qu'en complément ou vérification d'une analyse un peu plus fine, ou alors pour porter un jugement très rapide (donc très sommaire...) sur une situation financière de PME, et uniquement dans une préoccupation « solvabilité ».

Pour en revenir à la question que se pose le dirigeant, on commence à comprendre ce qui doit contrarier le banquier dans cette affaire :

- Une exploitation performante et dynamique qu'il a très envie de soutenir...
- Mais, dans le même temps, un comportement plus que « décalé » de la part du dirigeant qui, l'année où il réalise de lourds investissements :

– n'y consacre pas un sou d'autofinancement et sollicite au maximum sa banque (MT + EENE + découvert)
– en profite même pour retirer plus de 80 % de ses c/c
– continue de se distribuer de très généreux dividendes...
– soutient massivement une filiale déficitaire, non stratégique... dans laquelle le même banquier est déjà lourdement engagé (10 % du CA)...

En anticipant sur les concepts que nous développerons au chapitre 6, le tableau de flux que nous avons reproduit à la suite de celui des SIG est à cet égard tout à fait explicite :

- un investissement net de 305 K€,
- une augmentation de BFR de 715 K€ (dont 75 en avance à la filiale),
- soit un besoin global de 1 020 K€ financé par :

– la CAF pour 305 K€ (30 %),
– la banque pour 282 K€ (nouveaux crédits moyen terme – remboursements emprunts anciens + 531 K€ de nouveaux concours à court terme), soit 813 K€.

- D'où un solde positif de 98 K€ (305 + 813 – 1 020) que le dirigeant s'empresse d'utiliser pour retirer des fonds propres (60 k€ de dividendes et 38 K€ de comptes courants d'associés)...

S'il ne s'agissait que d'une question d'amour-propre ou de préséance, l'agacement du banquier serait facile à gérer. Il s'agit plutôt ici d'une politique qui, délibérément, s'oppose au respect des équilibres fondamentaux entre engagement de l'actionnaire et engagement des tiers. Au demeurant, certains de ces tiers n'ont pas eu la même patience que le banquier. Comment expliquer autrement le rétrécissement significatif du crédit fournisseurs, alors que le volume d'achats de MLP a été multiplié par 2,4 entre 2000 et 2001 ?

Certes, l'affaire n'est pas en mauvaise posture, mais la politique financière un peu inconséquente du dirigeant risque de la contraindre à réduire ses ambitions commerciales, alors que le marché est très porteur et qu'elle y montre un réel savoir-faire. On ne peut pas réellement condamner (l'actionnaire est maître de ses décisions), mais on peut déplorer...

Que pourrait-on suggérer comme remèdes ?

- D'abord de **régler le sort de la filiale JB** : ou bien elle peut être redressée *rapidement* sans capitaux supplémentaires, et on peut lui laisser sa chance un an de plus... ou bien elle ne le peut pas et il conviendra alors de s'en débarrasser dans des conditions qui préservent au mieux les intérêts de MLP : soit cessation progressive d'activité, soit cession à un tiers...
- Puis, dès l'année 2002, de **recapitaliser**, même « petitement », **MLP.** Si le dirigeant / actionnaire reconstituait simplement son c/c, ce serait pour le banquier un signal fort. On parle volontiers de l'effet de levier de la dette, *on évoque trop peu l'effet de levier des fonds propres* (dont le niveau plus ou moins élevé conditionne l'accès plus ou moins facile aux capitaux extérieurs). Compte tenu de sa rentabilité, une re-capitalisation (50 K€ par exemple...) rassurerait la banque et permettrait de desserrer l'étau sur les crédits court terme.
- Pourquoi ne pas envisager d'aller **chercher de l'escompte** sur les clients italiens **auprès d'une banque italienne** : meilleure connaissance du marché et des usages commerciaux... Il suffirait que MLP passe la frontière et ouvre un compte en Italie... Une variante consisterait à rechercher un factor spécialisé sur l'export (il en existe...).
- Enfin, MLP dispose encore d'un rapport de force favorable pour essayer de **négocier des délais** de paiement un peu **plus longs auprès de ses fournisseurs.** Si, en 2001, elle avait profité des mêmes conditions qu'en 2000, son crédit se serait monté à 245 K€ environ [(1 057 / 360) × 84 jours], soit 88 K€ d'allégement sur son BFR (donc 88 K€ de trésorerie supplémentaire) ; quitte à proposer aux fournisseurs d'y revenir en deux paliers. MLP pourrait aussi voir son banquier qui préférera remplacer son découvert par une **caution bancaire** pour garantir les dits fournisseurs...

En conclusion

- Rien d'alarmant à fin 2001,
- Mais nécessité pour le dirigeant de prendre conscience de certaines contraintes,
- ... pour accepter de restaurer les équilibres rompus en 2001,
- ... et continuer à profiter d'une conjoncture favorable qu'il a su, au demeurant, parfaitement gérer jusqu'ici.

Pour illustrer les effets de cette bonne gestion, essayons d'en mesurer la performance à travers le concept d'EVA (développé p. 177 et suivantes). Ce petit exercice va au-delà de ce qui était demandé pour la société MLP. En l'absence de certaines informations, nous nous contenterons d'une simple approche pédagogique. Rappelons que l'EVA mesure la « valeur créée », exprimée par la différence entre « profit opérationnel » et « coût du capital employé ». On supposera, pour les besoins de la démonstration que :

- les c/c sont assimilables à des fonds propres,
- les dividendes, bien qu'exprimant la rémunération des fonds propres, n'en sont pas retirés (ce qui est assez neutre au demeurant si l'on considère que, lorsqu'ils le sont effectivement, ils ont déjà été remplacés par le résultat généré sur les premiers mois de l'exercice suivant...). Dans la réalité, il faudrait évidemment être un peu plus précis ;
- le coût de la dette sera représenté par les intérêts versés diminués de l'économie d'impôt correspondante ;
- l'on pourra ensuite comparer l'EVA ainsi calculée à la production (y compris la marge commerciale), puisque c'est la production qui crée de la valeur..., mais aussi au montant des capitaux employés et au montant des seuls capitaux propres.

	2000	**2001**
Capitaux propres réels	167	275
Comptes courants d'associés	46	8
Dettes productives d'intérêts (y compris EENE)	315	1 144
Capitaux employés	**528**	**1 427**
Coût des capitaux propres	60	60
Coût de la dette (intérêts – économie d'impôt) ou [intérêts (1- taux de l'impôt)] – cf. tableau ci-dessous	40	54
Coût total des capitaux employés	**100**	**114**
Taux moyen apparent	18,9 %	7,9 %
Profit opérationnel (intérêts + résultat net)	**174**	**251**
EVA (profit opérationnel – coût des capitaux employés)	**74**	**137**
EVA / (production + marge commerciale)	**6,5 %**	**7,4 %**
EVA / capitaux employés	**14 %**	**9,6 %**
EVA / capitaux propres (c/c d'associés compris)	**34,7 %**	**48,4 %**

› Exemple

	Société A *(pas de frais financiers)*	**Société B** *(frais financiers)*
CA	1 000	1 000
Charges	750	750
Frais financiers	0	100
IS (40 %)	100	60
Résultat net	150	90

Pour 100 de frais financiers en plus chez la société B, le résultat net ne baisse que de 60 (150 – 90). En réalité, la dette n'a pas coûté 100 mais 60, c'est-à-dire : 100 – taux de l'IS.

Qu'observe-t-on ?

• Que le coût relatif des capitaux employés baisse significativement (plus de dettes mais coût bien moindre que les fonds propres).

• Que le profit opérationnel est très supérieur au coût des capitaux utilisés.

• Que, par rapport à la production, l'EVA progresse sensiblement (alors que l'approche traditionnelle par le résultat net ou la CAF suggérait le contraire...).

• Que, en termes de création de valeur pour l'actionnaire, la croissance de 2001, malgré le recours à des capitaux plus importants, a été très profitable. La croissance a donc un effet amplificateur sur la création de valeur pour l'actionnaire*.

• Que l'effet de levier de la dette prend ici tout son sens (cf. EVA / capitaux propres) et le conservera tant que la croissance sera plus rentable que le coût du capital (... et que le banquier acceptera d'apporter son concours). Mais ne pas perdre de vue l'effet de levier des fonds propres dont nous parlions plus haut...

* **La création de valeur** est le moteur qui alimente la hausse du cours des actions. C'est parce qu'un investisseur pense que la société (dont il convoite les titres) va créer de la valeur à l'avenir, qu'il acceptera de payer ses titres un peu plus cher aujourd'hui que leur prix réel : la Bourse anticipe toujours sur une perspective de valorisation future. D'où la nécessité de ne pas confondre « prix » (expression objective du nombre d'unités monétaires à débourser pour acquérir un objet...) et « valeur » (expression subjective de la satisfaction qu'apportera cet objet en fonction de son prix futur escompté...).

Raison de plus pour le dirigeant pour ne pas obérer l'avenir par une politique de financement inadaptée, au risque de perdre ses soutiens extérieurs, alors que sa société prend tous les ans plus de valeur. À 63 ans, et compte tenu des perspectives du marché, il convient peut-être de commencer à préparer la suite, c'est-à-dire la cession au meilleur prix, sans doute vers 2006 / 2007.

> > > > > > > >

chapitre 6

L'analyse par les flux de trésorerie

Dans les chapitres précédents nous avons passé en revue les matériaux et les outils permettant de porter un jugement sur l'activité, la rentabilité et la structure financière de l'entreprise : compte de résultat, SIG, bilans, ratios... Au cours de cette démarche, nous avons mis en exergue deux grands concepts de l'analyse financière : le fonds de roulement et le BFR, et l'équation qui les relie : FDR – BFR = Trésorerie. Autrement dit, nous nous sommes contentés de constater au bilan un niveau de trésorerie, mais simplement en tant que solde de ses deux composantes.
Les analystes des années 50 et 60 s'arrêtaient en général à cette démarche, qui privilégiait la structure financière, c'est-à-dire les grands équilibres, par rapport à l'activité (en forte croissance à l'époque) et à la rentabilité (car une affaire non rentable, en ces temps-là, ne survivait pas au-delà de quelques mois). Avec l'accroissement et l'exaspération de la concurrence, les marges ont commencé à se rétrécir au cours des années 70, mais, parallèlement, les banques développaient sensiblement leur activité de crédit aux PME, acceptant déjà de « soutenir » (avec mesure...) des affaires en devenir, encore peu rentables. On s'est donc beaucoup intéressé à cette époque à l'analyse de la rentabilité.
Avec l'augmentation très forte des dépôts de bilan à partir du début des années 80 (qui commençaient déjà à concerner quelques grandes entreprises que l'on croyait jusque-là préservées en raison de leur taille...), on a (re)décou-

vert que la défaillance provenait toujours d'une situation d'illiquidité, donc d'un incident de trésorerie, quelles que soient par ailleurs la structure et la rentabilité. Du coup, la trésorerie retrouvait une place tout à fait majeure dans l'analyse. Il ne suffisait plus de constater qu'elle résultait de la combinaison FDR / BFR, qui sont des agrégats de bilan calculés à une date d'arrêté, il fallait comprendre comment cette trésorerie se « formait » au cours de l'exercice, ou comment d'une trésorerie X au 1er janvier, on passait à une trésorerie Y au 31 décembre. Plus que l'analyse de la trésorerie, ce qui allait primer c'était l'analyse de sa variation (Δ).
Or, si T = FDR – BFR, on peut aussi écrire : Δ T = Δ FDR – Δ BFR. Prenons un exemple très simple avec une entreprise dont les bilans aux 31 décembre 2000 et 2001 présentent le FDR, le BFR et la trésorerie ci-dessous :

	2000	2001		
FDR	4 000	3 300	Δ FDR	(700)
BFR	3 500	3 200	Δ BFR	(300)
Trésorerie	500	100	Δ Trésorerie	(400)

On retrouve bien la vérification de l'équation : **Δ T (– 400) = Δ FDR (– 700) – Δ BFR (– 300)**
Le problème se complique un peu dès lors que l'on sait que la variation du FDR peut provenir de la variation de chacun des postes qui le constituent : fonds propres, dettes, immobilisations ; même observation pour la variation du BFR, qui peut provenir d'une variation de chaque élément de bas de bilan (actif et passif). Pour expliquer *a posteriori* la variation de la trésorerie, on va donc construire un tableau qui récapitulera la variation de chacun des postes constituant le FDR d'une part, le BFR d'autre part. C'est le tableau dit « de financement » (à ne pas confondre avec le « plan de financement » que nous verrons au chapitre suivant).

> A Le tableau de financement de l'exercice

L'exercice consiste à identifier dans un premier temps:

- toutes les ressources nouvelles (de FDR) entrées dans le patrimoine de l'entreprise au cours de l'exercice, aussi bien celles générées par l'exploitation (CAF), que celles apportées par l'extérieur,
- tous les emplois (de FDR) qui en sont sortis, et à retrouver, par différence, la variation du FDR. En fait, c'est la variation du fonds de roulement net global (FRNG) que donnera le tableau de financement, dans la mesure où les amor-

tissements et les provisions, éléments de la CAF, sont considérés comme une ressource (bilan fonctionnel) ;

puis, dans un deuxième temps :

- tous les « besoins » nouveaux ayant pesé sur le BFR,
- toutes les ressources nouvelles ayant allégé ce BFR, appelées ici « dégagements » (sous-entendu : « de ressources »),
- pour retrouver, par différence, un « besoin » net ou un « dégagement » net ;
- enfin, à vérifier la variation de trésorerie enregistrée au cours de l'exercice.

Avertissement : *Cette approche diverge de celle de l'Ordre des Experts-Comptables (OEC) qui explique la Δ du FRNG, par le haut de bilan d'une part, par le bas de bilan d'autre part. La Δ de trésorerie est considérée comme un besoin ou un dégagement au même titre que les éléments du BFR. Mais la finalité reste identique.*

Pour comprendre la construction de ce tableau et se familiariser avec sa gymnastique intellectuelle, nous prendrons l'exemple de deux bilans et deux comptes de résultat relativement simplifiés :

	2000			2001				2000	2001
	Brut	A / P	Net	Brut	A / P	Net			
Terrains	300	–	**300**	300	–	**300**	Capital social (1)	**400**	**450**
Constructions	850	150	**700**	850	220	**630**	Réserves	**230**	**430**
Matériels (3)	1 235	615	**620**	985	545	**440**	Résultat (1)	**350**	**210**
Participations	200	–	**200**	250	–	**250**			
							Dettes Éts crédit (2)	**1 710**	**1 400**
Stocks	220	30	**190**	250	40	**210**	Dettes financières	**400**	**370**
Clients bruts	1 630	120	**1 510**	1 980	200	**1 780**	Fournisseurs	**720**	**850**
Autres créances	180	–	**180**	230	–	**230**	Fiscal et social	**105**	**130**
							Autres dettes	**85**	–
Disponibilités	300	–	**300**	–	–	–			
Total général			**4 000**			**3 840**		**4 000**	**3 840**

(1) Sur le résultat de 2000, 100 K€ seront distribués aux actionnaires en 2001. L'augmentation de capital n'a pas donné lieu à un apport en numéraire.

(2) Comprennent 245 K€ de CBC en 2000 et 225 K€ en 2001.

(3) En 2001 : revente d'un ancien matériel amorti pour 310 K€.

	2000	2001
Chiffre d'affaires	8 300	10 400
Production stockée	30	70
Achats matières premières	4 800	6 900
Variation de stock (matières premières)	50	40
Frais généraux (achats externes + impôts et taxes + frais de personnel)	2 337	2 736
Dotations aux amortissements	345	310
Dotations aux provisions	80	90
Frais financiers	190	140
Produits exceptionnels (1)	10	209
Charges exceptionnelles (2)	8	143
Impôt société	180	110
Résultat net	350	210

(1) Dont produits sur opérations de gestion : 10 K€ en 2000 et 9 K€ en 2001.
(2) Dont charges sur opérations de gestion : 8 K€ en 2000 et 3 K€ en 2001.

Schématiquement, **le tableau de financement de 2001** se présentera sous la forme suivante :

Emplois		Ressources	
Dividendes distribués dans l'exercice	100	CAF de l'exercice (1)	550
Acquisition d'immobilisations		Cession d'immobilisations	
Corporelles (3)	200	Corporelles (2)	200
Incorporelles		Incorporelles	
Financières	50	Financières	
Charges à répartir s/ plusieurs exercices			
Réduction de capitaux propres		Augmentation de capitaux propres (4)	
Remboursement de dettes financières (5)	320	Augmentation des dettes financières	
Total des emplois (A)	**670**	Total des ressources (B)	**750**
Δ **de FRNG** (ressource nette = B – A) (6)	**80**	Δ **de FRNG** (emploi net = A – B)	

(1) Pour calculer la CAF, il faut analyser les éléments exceptionnels. On sait qu'en 2001, il y a des charges et des produits sur opérations de gestion. La différence est donc constituée de produits (200)

et charges (140) sur opérations en capital. Ces opérations concernent des éléments du patrimoine physique qui seront traités ensuite au niveau investissement ou désinvestissement, plus bas dans le tableau. Il faut donc les neutraliser dans le calcul de la CAF, en rajoutant au résultat la charge exceptionnelle qui l'a déjà diminué (valeur comptable d'un actif cédé) et en y retranchant le produit exceptionnel qui l'avait auparavant augmenté (produit de cession d'un actif), soit :
CAF = Résultat (210) + dotations (90 + 310) + charge op. en capital (140) – produit op. en capital (200) = 550.
(2) Montant du produit de la revente d'un matériel (opération exceptionnelle en capital) : 200.
(3) Investissement corporel de 2001 : l'entreprise a revendu un bien amorti pour 310. On sait que la valeur nette comptable de ce bien était de 140 (charge exceptionnelle en capital ligne **HF**). Donc sa valeur brute était de 450 (140 + 310). Revente = sortie des immobilisations brutes. Celles de 2000 s'élevaient à 1 235 K€. Donc, après revente, elles tombent à 785 K€ (1 235 – 450). Sachant que, fin 2001, les immobilisations brutes s'élèvent à 985 K€, il y a eu un nouvel investissement pour la différence, soit 200 K€ (985 – 785).
(4) Pas d'augmentation de ressources (on précisait : « *pas d'apport en numéraire* »). On peut détailler les opérations de 2001 sur les fonds propres : Fonds propres 2000 : 980 K€, dont 350 de résultat, mais distribution en 2001 d'un dividende de 100. Sans autre opération sur les fonds propres, on devrait les retrouver en 2001 pour 880 K€ (avant résultat 2001), ce qui est effectivement le cas (450 K€ de capital + 430 K€ de réserves).
(5) Dettes financières hors CBC en 2000 = 1 710 – 245 + 400 = **1 865 K€**. En **2001,** elles passent à : 1 400 – 225 + 370 = **1 545 K€**. Elles ont donc été réduites de 320 K€.
(6) Vérifions la Δ de FRNG entre les deux bilans. **FRNG 2000** (bilan fonctionnel) = **1 175 K€.** Le **FRNG 2001,** suivant la même méthode = **1 255 K€.** Il y a bien eu augmentation nette du FRNG, c'est-à-dire une ressource de **80 K€.**

Si l'on souhaite maintenant expliquer la variation de trésorerie, il faut analyser la variation du BFR. Il suffira de faire ensuite : Δ FRNG – Δ BFR = Δ Trésorerie, dont on connaît du reste déjà le montant :
Trésorerie 2000 = disponibilités (300) – CBC (245) = **55 K€**
Trésorerie 2001 = disponibilités (0) – CBC (225) = **– 225 K€**
Δ trésorerie = (– 225) – 55 = **– 280 K€**

Tableau de variation du BFR entre 2000 et 2001

	Besoin (1)	Dégagement (2)	Solde
Variation des stocks	30		
Variation des clients	350		
Variation des autres créances d'exploitation	50		
Variation des fournisseurs		130	
Variation des dettes fiscales et sociales		25	
Variation des autres dettes d'exploitation	85		
Totaux	**515**	**155**	**+ 360**

(1) Les postes d'actif qui varient à la hausse ou les postes de passif qui varient à la baisse engendrent un besoin
(2) Et inversement pour les dégagements de ressources.

On retrouve : Δ FRNG (+ 80) – Δ BFR (+ 360) = Δ T (– 280)

On voit bien ce que le tableau de financement apporte par rapport au simple constat, fait sur le bilan, que la trésorerie augmente ou diminue d'un exercice sur l'autre...

Résultat net (retraité des opérations exceptionnelles en capital)

+

Dotations aux amortissements et provisions

–

Reprises d'amortissements et de provisions

=

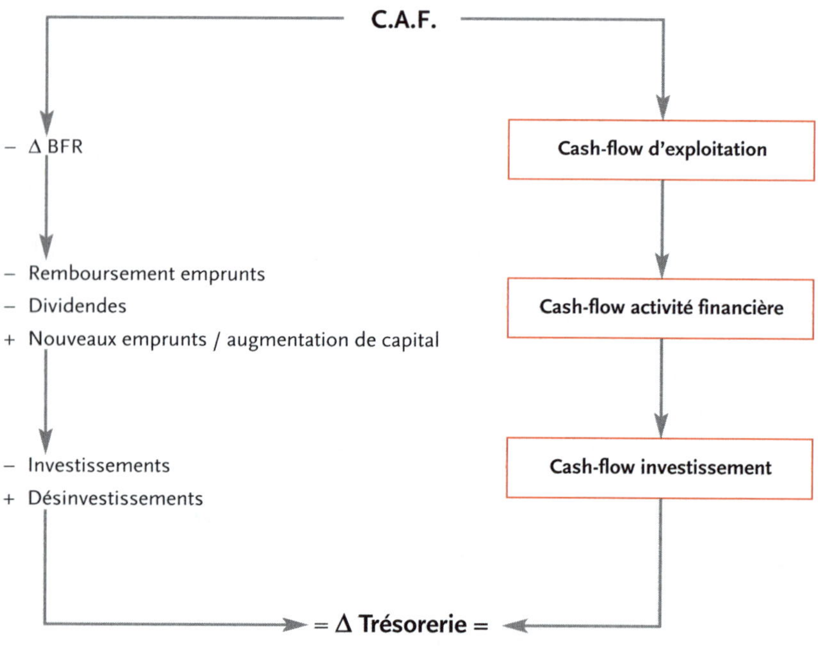

Trésorerie initiale

+

Cash-flow d'exploitation

+

Cash-flow de l'activité financière

+

Cash-flow de l'activité d'investissement

=

Trésorerie de fin de période

Mais on peut essayer d'aller encore plus loin en s'intéressant aux flux que dégagent, tout au long de l'année, les trois activités de l'entreprise : l'activité d'exploitation, l'activité financière et l'activité d'investissement. On retrouve les notions que le bilan fonctionnel nous avait permis de découvrir et, à titre subsidiaire, la justification du terme cash-flow (flux de trésorerie), utilisé parfois à la place de CAF. Le tableau de financement permet de dire, *a posteriori,* quels sont les éléments constituants du FRNG ou du BFR qui ont été modifiés au cours de l'exercice. C'est un constat brut, qui ne fait aucune place à l'interprétation. L'analyse des flux va introduire une notion de hiérarchie et, *selon l'approche que l'on en fait,* opérer un classement dans la vocation spécifique du flux issu de chaque activité à financer un besoin déterminé. Avant d'étudier les tableaux de flux, remettons-nous en mémoire les trois fonctions de l'entreprise qui, à partir de la CAF, « créent » ou « détruisent » de la trésorerie, autrement dit les trois sources de cash-flow (voir schéma page 170).

> B Les tableaux de flux

C'est la présentation, sous forme d'un tableau, des flux de trésorerie issus des trois activités rappelées dans le schéma précédent. Il s'agira ensuite pour l'analyste de porter un jugement sur l'affectation de ces flux. Mais ce jugement sera orienté en fonction de postulats selon lesquels, par exemple, le flux généré par l'activité (CAF) doit être encore positif après avoir financé la variation du BFR... ou encore qu'il doit aussi financer les nouveaux investissements d'exploitation... D'autres considéreront qu'il suffit que ces nouveaux investissements soient financés par des ressources durables équivalentes (fonds propres + dettes « longues »)... Il n'y a pas une vérité unique. Chaque approche procède d'une conception financière différente et permet par conséquent de faire son choix en fonction de l'angle d'attaque de chaque analyste.
Beaucoup de théoriciens se sont penchés sur l'analyse de la trésorerie. Depuis les années 70 / 80, trois approches ont pris le dessus par rapport à tout ce qui a été écrit sur la question :

- une approche à connotation économique, avec le TPFF (Tableau Pluriannuel des Flux Financiers), élaboré au début des années 70 par Geoffroy de Murard,
- une approche plutôt financière élaborée par l'Ordre des Experts-Comptables (OEC),
- une approche plutôt tournée vers le risque bancaire, élaborée par la Centrale de Bilans (CDB) de la Banque de France.

Toutes ces approches ont la même finalité. Elles diffèrent entre elles sur des nuances de vocabulaire, sur la fonction attribuée à certaines ressources (par exemple le TPFF considère les concours bancaires courants comme une ressource financière parmi d'autres, alors que les deux autres tableaux les intègrent à la trésorerie...), et sur les conclusions qui en sont tirées ensuite. Nous allons donc les passer en revue *en précisant qu'il ne s'agit pas ici de faire l'étude exhaustive de chaque tableau, mais simplement d'en examiner l'architecture générale pour en comprendre la philosophie. Ce chapitre n'a pas l'ambition de faire du lecteur un spécialiste des tableaux de flux.* C'est d'ailleurs une spécialité dont on peut se passer dans la gestion quotidienne de la PME. Il convient d'ajouter que l'analyse des flux de trésorerie ne se substitue pas à l'analyse de la rentabilité ou de la structure à partir du compte de résultat et du bilan : elle n'en constitue qu'un complément... une extension... permettant d'affiner le jugement initial.

B ›1 Le TPFF

a ›• Construction

EBE (cf tableau des SIG)
– Δ BFR
= **ETE** (Excédent de Trésorerie d'Exploitation)
– Investissements d'exploitation
= **DAFIC (ou solde E) :** Disponible Après Financement Interne de la Croissance

Δ de la dette financière (y compris concours bancaires courants)
– charges financières décaissables
– Impôt société
– Participation
= Solde financier **(Solde F)**

Solde E + solde F = **Solde G**
+ autres produits
+ transferts de charges
+ Produits de cession d'immobilisations
+ augmentation de capital
– charges à répartir
– dividendes
= **Δ du disponible** (disponibilités seules à l'actif du bilan)

b ›• Interprétation et commentaires

• C'est un tableau que l'on bâtit sur plusieurs exercices (pluri-annuel), l'examen d'un seul d'entre eux n'étant pas pertinent. Sur une série de 4 exercices, le TPFF considère que le DAFIC doit être positif en moyenne, ce qui suppose que le flux dégagé par l'exploitation doit financer à la fois la Δ du BFR *et* l'investissement physique. C'est une conception extrêmement stricte de l'équilibre financier, d'ailleurs rarement respectée dans la gestion moderne.

• La Δ des dettes financières (sous-entendu « positive ») n'assure que le financement des frais financiers et de l'IS (puisque, par hypothèse, la croissance est intégralement financée par la CAF), ce qui ne correspond nullement à la pratique quotidienne de la finance (en général on s'endette pour financer un investissement...). Le solde F peut être en principe légèrement négatif sur une période de plusieurs exercices.

• Au-delà du solde G, le tableau « mélange » des ressources de nature très différente (par exemple « Autres produits d'exploitation » et « augmentation de capital ») et *semble considérer,* compte tenu du rang auquel il les classe, que les dividendes par exemple sont, en quelque sorte, à l'origine d'un flux de trésorerie « mineur »... La présentation spécifique du tableau *suggère même* que l'augmentation de capital génère un flux (positif pour l'entreprise...) qui se trouvera compensé, ou annulé, par le flux en sens contraire lié au paiement des dividendes : les actionnaires reprendraient d'une main ce qu'ils auraient versé de l'autre. En réalité le TPFF ne dit nullement cela. Il ne raisonne pas – ni aucun tableau de flux – en termes de ressources et/ou d'emplois (même si l'on revient toujours à cette finalité), mais en termes de flux : à partir de quels événements ou opérations la trésorerie évolue-t-elle au cours de l'exercice ? La présentation peut néanmoins dérouter à première lecture.

• Le TPFF ne s'intéresse qu'à la variation des disponibilités. Les concours bancaires courants sont partie prenante des dettes financières. C'est une conception qui nie le caractère précaire de cette ressource (que la banque peut dénoncer avec un préavis de un mois).

• Le TPFF présente cependant l'avantage d'être assez facile à construire dans la mesure où il part de l'EBE (concept sur lequel tout le monde est d'accord), alors que l'OEC et la CDB de la Banque de France partent de concepts qui leur sont propres... Il existe même une construction alternative du tableau qui part d'un agrégat appelé ESO (Excédent Sur Opérations), qui correspond à l'EBE hors la Δ des stocks. On retranche ensuite de cet ESO la Δ du seul encours commercial (Δ BFR sans la Δ des stocks). Nous reviendrons sur ces définitions en fin de chapitre.

• Enfin, il faut dire que le TPFF a inauguré, en quelque sorte, le passage de l'analyse financière traditionnelle (après 1945) à l'analyse financière moderne (à partir des années 70). C'était le « *must* » de la fin des années 70 ! Assez rapidement ensuite, l'engouement s'est un peu estompé, après que l'on eût réalisé que l'analyse par les flux ne répondait pas à toutes les questions. Le TPFF notamment fonctionne sur des schémas économiques et financiers datant d'une époque où l'argent était rare et cher. Aujourd'hui, la dette est infiniment moins onéreuse que les fonds propres : elle permet de ce fait un « effet de levier » beaucoup plus important. Du coup, la CAF résiduelle, après financement de la variation positive des BFR, a surtout pour vocation de rémunérer le plus généreusement possible les actionnaires institutionnels (fonds de pension, compagnies d'assurance, caisses de retraite...).

B ›2 Le tableau de flux de l'OEC

Beaucoup plus « logique » que le TPFF, en ce sens qu'il isole de manière très claire les trois grands flux :

- celui généré par l'activité (sommairement CAF – Δ BFR),
- celui généré par les opérations d'investissement (cessions – acquisitions),
- celui généré par les opérations de financement (Δ des ressources durables – dividendes).

a ›• Construction du tableau de flux de l'OEC

Résultat net + dotations aux amortissements et provisions (nettes des reprises)
– augmentation des frais d'établissement
– transferts de charges *(uniquement charges activées)*
+ valeur comptable des éléments d'actif cédés (VCEAC ligne **HF**)
– produits de cession d'éléments d'actif (PCEA ligne **HB**)
= **Marge Brute d'Autofinancement (MBA)**
– Δ du BFR
= **Flux net généré par l'activité (1)**

Cessions d'immobilisations
– acquisitions d'immobilisations *(y compris charges activées)*
+ Δ des dettes sur immobilisations (ligne **DZ**)
= **Flux lié aux opérations d'investissement (2)**

Augmentation de capital (uniquement partie effectivement libérée)
+ Δ des dettes financières
– dividendes versés
= **Flux lié aux opérations de financement (3)**

(1) + (2) + (3) = Δ de trésorerie

b ›• Interprétation et commentaires

- La CAF est remplacée ici par la MBA qui en constitue une expression un peu plus stricte (retraitement des transferts de charges et des frais d'établissement).
- Le tableau n'introduit aucune hiérarchie spécifique entre l'affectation des flux, sauf celle, relativement évidente, liée à la nécessité de financer l'augmen-

tation du BFR par la MBA. Pour le reste, il identifie simplement trois sources de flux dont l'addition (en valeur algébrique) explique la Δ de trésorerie.

- Il permet néanmoins de dire comment se répartissent, sur plusieurs exercices, les sources de financement de l'activité « investissement » : contribution apportée par l'exploitation / contribution apportée par l'activité financière. Selon le poids respectif *dans le temps* de l'une et de l'autre, on comprendra mieux les choix ou les contraintes de gestion des dirigeants.
- On dira volontiers en conclusion que c'est un tableau « carré » qui laisse une place plus grande à l'interprétation de l'analyste, libre d'en tirer les conclusions qu'il souhaite (contrairement au TPFF qui édicte des normes...). Le tableau de l'OEC est utilisé notamment pour affiner une analyse traditionnelle basée essentiellement sur la structure. Assez fréquemment, on rencontre des affaires dont tous les clignotants instantanés sont au vert (structure, activité, parfois rentabilité) et dont on se rend compte, grâce à l'examen des flux, qu'en fait cette amélioration n'est qu'apparente : que l'augmentation du CA de 10 % s'accompagne d'une Δ du BFR de + 20 %, que la CAF ne peut assurer un dividende correct aux actionnaires, etc.

B ›3

Le tableau de flux de la CDB de la Banque de France

Résolument orienté vers l'analyse du risque d'insolvabilité, ce tableau fait appel à des concepts propres à la BDF, notamment l'Excédent Brut Global (EBG).

a ›• Construction

Résultat net
+ dotations aux amortissements et provisions (nettes des reprises)
– produits exceptionnels
+ charges exceptionnelles
+ intérêts
+ Impôt sur les sociétés
= Excédent Brut Global **(EBG)**
– Δ BFR
= **Excédent de trésorerie global (A)**
– Intérêts
– Impôt société
– Dividendes
– Remboursement de dettes
= **Flux de trésorerie disponible (B)**
Investissement (net des subventions d'investissement reçues)
– cessions d'immobilisations

= **Investissement net (C)**
Δ de fonds propres (y compris groupes et associés)
+ nouveaux emprunts
= **Apports en ressources stables (Δ)**
(B) – (C) + (D) = Δ de la trésorerie

b ›• Interprétation et commentaires

- L'EBG doit prendre en charge, seul, le financement de la Δ du BFR **et** les paiements obligatoires (État, actionnaires, prêteurs).
- La BDF pré-suppose que le flux de trésorerie résiduel doit être positif (elle le qualifie d'ailleurs de « disponible »). C'est une approche un peu moins stricte que le TPFF, mais beaucoup plus conservatrice que celle de l'OEC.
- Du coup, l'activité financière n'a plus l'homogénéité que l'on retrouvait dans l'approche OEC : ici elle est scindée entre le remboursement des dettes d'une part (mais est-il vraiment anormal que les banquiers souhaitent être « servis » en priorité... ?), et les nouveaux apports en ressources stables, d'autre part.
- Il faut d'ailleurs reconnaître à la BDF un souci d'équité entre le traitement réservé aux prêteurs et celui réservé aux actionnaires, dans la mesure où les dividendes doivent également être financés de manière prioritaire par l'EBG.

B ›4
Définitions de termes usuels

- **EBG :** CAF + intérêts + IS
- **EBE :** Valeur ajoutée – Impôts et taxes – Frais de personnel
- **ETE :** EBE – Δ BFR mais aussi : ESO – Δ encours commercial
- **ESO** (Excédent Sur Opérations) : EBE – Δ stock
- **Encours commercial :** tous éléments du BFR sauf stocks
- **DAFIC (solde E) :** ETE – investissements d'exploitation
- **Solde financier « F » :** DAFIC + Δ dette financière (avec CBC) – intérêts – IS – participation
- **Solde G :** DAFIC – solde F
- **ETOIF** (Excédent de Trésorerie sur Opérations d'Investissement et de Financement) : Δ ressources durables – Δ emplois stables
- **ETOG** (Excédent de Trésorerie sur Opérations de Gestion) : CAF – Δ BFR

> C
Les flux en tant qu'instrument d'analyse de la valeur

Lorsque l'analyse financière a commencé à s'intéresser aux flux, la démarche a dérouté parfois les premiers praticiens, non pas en raison de sa complexité... mais plutôt en raison de la philosophie même de cette approche, considérée au contraire comme un peu trop élémentaire : s'intéresser à la trésorerie, cela ne faisait pas très « noble »... et s'apparentait, au mieux, à une préoccupation de chef caissier, au pire, de ménagère qui note scrupuleusement sur son petit carnet « ce qui rentre et ce qui sort » ! Et puis, ne considérer que les flux, c'était revenir à une comptabilité d'encaissements... Outre que c'est faux, pourquoi serait-ce infamant ? En fait, il a fallu quelques années pour que les financiers redécouvrent toutes les vertus de la trésorerie :

- bien sûr, en tant que capacité à honorer les engagements immédiats,
- mais surtout en tant que mesure la plus concrète, et donc sans doute la plus pertinente, de ce que l'on appelle aujourd'hui « la création de valeur ».

Quand une entreprise réalise un bénéfice, ce « résultat » ne correspond pas à son enrichissement réel (ou celui de ses propriétaires). Le niveau du bénéfice net (dernière ligne du compte de résultat, ou « bottom line » comme disent les anglo-saxons) dépend autant d'arbitrages fiscaux ou de gestion que de la performance réelle de l'exploitation. Un bénéfice qui procède d'une opération de reprise de provisions est assez « virtuel ». Par contre, une excellente performance économique pourra, en première analyse, paraître décevante si les dirigeants ont choisi, cette année-là, de constituer d'importantes provisions... Au-delà, d'autres arbitrages peuvent modifier, à exploitation constante, le niveau d'un résultat : des cessions d'actifs, la comptabilisation en charges de dépenses à inscrire normalement en investissements, etc. Sans oublier que tous ces arbitrages, dans les deux sens, seront ensuite sanctionnés par un niveau d'imposition différent.
La contribution réelle de l'exploitation à l'enrichissement de l'entreprise se mesure par la CAF, par le flux de trésorerie (cash flow) qu'elle dégage. On dit souvent que le bénéfice *« traduit une opinion »*, alors que la trésorerie dégagée, le cash, *« traduit une réalité »*. Et encore, la CAF n'est-elle qu'un potentiel d'enrichissement. Si, sur un exercice donné, elle est affectée à 100 % au financement d'une augmentation du BFR, l'entreprise ne peut ni rémunérer ses actionnaires, ni financer sa croissance : dans cette configuration, quel intérêt à être actionnaire ? Par contre, lorsque, après avoir couvert la Δ du BFR et le renouvellement de son outil, la CAF résiduelle est positive, il y a enrichissement des actionnaires, c'est-à-dire « création de valeur » :

- soit à travers le dividende qu'ils perçoivent,
- soit à travers l'accroissement de la situation nette de leur entreprise (actif – passif).

Ce qui précède nous renvoie à la notion de DAFIC (revoir TPFF). Le çoncept plus récent de « création de valeur » procède de la même démarche mais en la réactualisant significativement par rapport aux schémas du début des années 70. Ce concept est « né » aux États-Unis, au milieu des années 90, dans les bureaux du cabinet de conseil Stern and Stewart à New York, inventeur – et propriétaire – du sigle EVA® (**E**conomic **V**alue **A**dded), traduit en français par « valeur économique *créée* » (pour éviter la confusion avec la notion de valeur *ajoutée*).

Comment passe-t-on du DAFIC à l'EVA® ?

Le **DAFIC** considérait que le cash-flow résiduel disponible, ou libre, résultait de l'équation : **CAF – (Δ du BFR + investissement productif)**. En fait le DAFIC part de l'EBE et non de la CAF, mais les deux agrégats sont proches. Dans notre critique du TPFF (voir p. 172 et suivantes) nous disions que cette conception ignorait le rôle dévolu à la dette dans la gestion moderne (coût relativement faible, effet de levier, etc.). Aujourd'hui, ce que les actionnaires demandent à leur société c'est une croissance rentable du CA, *et seulement cela*. Croissance, pour gagner des parts de marché, et rentabilité, pour enrichir leur patrimoine. Tout le reste est de la littérature... Si, pour assurer cette croissance rentable, il est préférable de s'endetter plutôt que de remettre des fonds propres, on s'endettera. C'est une question de coût et/ou d'opportunité. Et, quand on parle de croissance du CA, on sait bien qu'elle passe par des investissements en immobilisations **et** en BFR. La mission confiée aux dirigeants repose donc sur une exigence simple : que le profit dégagé par l'entreprise soit supérieur au coût des capitaux engagés pour financer la croissance. La différence mesurera la véritable création nette de valeur pour les actionnaires, c'est-à-dire l'enrichissement de leur patrimoine. L'EVA® (valeur économique créée) résultera donc de l'équation :

EVA® = profit opérationnel – coût des capitaux employés

dans laquelle nous aurons :

- **Capitaux employés :** ceux, de toute origine, mis à la disposition de la société, que l'on peut calculer à partir du passif (fonds propres + dettes) ou à partir de l'actif (emplois stables + BFR). On retrouve les concepts suggérés par le bilan fonctionnel.

- **Coût des capitaux employés :** intérêts (pour rémunérer la dette) + dividendes (pour rémunérer les fonds propres). Le coût de la dette est fixé par les prêteurs, le coût des fonds propres est fixé par les actionnaires (en fait il répond à la préoccupation de rémunérer correctement le risque qu'ils prennent et, en général, on considérera que ce coût résultera de l'approche : coût d'un investissement non risqué + prime de risque). Il est aisé de retrouver le coût moyen : (intérêts + dividendes) / (dettes + fonds propres), que l'on exprimera soit en taux (si l'on exprime le profit opérationnel en taux également), soit en unités monétaires si on exprime ainsi le profit. En fait, lorsque l'on dit que le coût de la dette est représenté par les intérêts, c'est imparfaitement vrai. Si l'entreprise est déficitaire, les intérêts viennent aggraver ce déficit et pèsent donc intégralement sur la (contre) — performance économique. Mais si elle est bénéficiaire, les intérêts, en diminuant le résultat, diminuent aussi l'impôt. Il y a donc « économie » d'impôt (second volet de l'effet de levier). Ainsi, le **coût réel de la dette** s'exprimera par la formule : **intérêts – économie d'impôt qui en résulte**, ou, par un calcul différent : **intérêts x (1 – taux de l'impôt).**

- **Profit opérationnel** : c'est un agrégat qui, dans l'optique EVA®, n'a plus rien à voir avec le cash-flow. Dans sa mesure la plus courante, on définit le cash-flow par : résultat net (après intérêts de la dette) + amortissements + provisions... Et nous avons vu par ailleurs que ce cash-flow avait trois destinations : le financement de la Δ du BFR, le remboursement du capital de la dette et/ou l'investissement, enfin la distribution de dividendes. On peut représenter cette double égalité de la manière suivante :

A		B
Résultat net + dotation amortissements + dotation provisions	=	Δ du BFR + Rbt dette et/ou investissement + dividendes + autofinancement net résiduel

La variable qui équilibre l'équation est évidemment l'autofinancement net résiduel, appelé aussi cash-flow résiduel ou cash-flow libre, qui peut donc être négatif. Dans cette approche, le cash-flow (cadre **A**) joue le rôle de ressource, cependant que le cadre **B** reprend un ensemble de besoins (d'emplois...).
Pour comprendre le concept de « profit opérationnel », revenons à l'origine de l'approche EVA®. Dans cette approche, nous avons :

Immobilisations + **BFR**	=	**Fonds propres** (rémunérés par dividendes) + **Dettes** (rémunérées par intérêts)

Quel que soit le poids relatif des composantes de chaque « masse » de besoins ou de ressources, nous aurons toujours égalité entre les deux. Or, de quoi sont constitués les fonds propres ? De la mise de fonds initiale des actionnaires, abondée au cours des ans des résultats mis en réserves, mais aussi des amortissements et des provisions (qui ont une incidence directe sur la situation nette, qu'ils soient pris à l'actif ou au passif)... Et de quoi sont constituées les dettes ? Des emprunts souscrits mais qui se remboursent, puis se renouvellent, puis se remboursent de nouveau, etc. Dans l'approche EVA®, peu importe par conséquent que le cash-flow puisse financer à lui seul les besoins que, traditionnellement, on lui fait supporter. L'essentiel est que l'ensemble des besoins (disons « des actifs »), soit financé à chaque instant par un « pool » de ressources qui ne coûte pas globalement plus cher que le profit dégagé par l'exploitation de ces actifs. Et, dès lors que l'on n'affecte plus telle ressource à tel besoin, mais que l'on raisonne en termes de « pool », on ne prendra plus en compte *de manière isolée* la ressource spécifique « amortissement » ou la ressource spécifique « provisions », ni le besoin spécifique « BFR » ou le besoin spécifique « investissements physiques ».

Le profit opérationnel ne sera donc constitué que du **résultat net et** des **intérêts payés** aux créanciers. Une approche différente, qui conduira au même résultat, consistera à partir du **résultat d'exploitation**, donc avant frais financiers, **diminué de l'impôt...** Connaissant le coût du capital (coût global de la ressource = intérêts retraités de l'économie d'impôt + dividendes) et le profit opérationnel, on pourra déterminer l'EVA® :

EVA® = (profit opérationnel) – (intérêts retraités + dividendes)

que l'on peut aussi exprimer autrement :

EVA® = rentabilité des capitaux investis – coût global réel des dits capitaux

On peut enfin exprimer l'EVA® en taux :

EVA® = [rentabilité des capitaux investis (en %) – coût global de ces capitaux (en %)] [capitaux investis], où :

Rentabilité (*a posteriori*) des capitaux investis exprimée en taux = profit opérationnel / capitaux investis

Coût des fonds propres exprimé en taux = taux d'un placement sans risque + prime de risque (50 % de plus pour être confortable... mais beaucoup aujourd'hui exigent une prime plutôt de 100 %)

Coût de la dette exprimé en taux : taux d'intérêts (1 – taux de l'impôt)

Coût global des capitaux utilisés = (coût des FP + coût de la dette) / (fonds propres + dette)

Financièrement, on n'est pas réellement si éloigné de la notion de cash-flow libre. Par contre, on en est à cent lieues en termes de philosophie de gestion. Dans l'approche traditionnelle « cash-flow », on considérait – et c'est ce que nous disions p. 138 et suivantes – que la distribution de dividendes était une obligation secondaire par rapport à l'obligation primaire de rembourser la dette. On voit bien que l'EVA se situe – presque – à l'opposé de cette conception : l'entreprise a besoin de capitaux pour financer sa croissance → ces capitaux ont un coût d'où qu'ils viennent → donc la croissance doit dégager un profit au moins égal à ce coût (création de valeur = 0) et si possible supérieur (création de valeur > 0). On serait presque tenté d'ajouter : c'est aussi simple que cela !

Mesure de la création de richesse nette, l'EVA® est très utilisée pour apprécier le potentiel de hausse d'une action. On sait que le cours d'une action reflète plus l'anticipation que les investisseurs font de sa *valeur* future, que son prix réel aujourd'hui. Si l'on pouvait donc mesurer avec certitude les EVA® des 4 ou 5 prochaines années de la société « X », on pourrait à coup sûr (ou presque...) prédire

l'évolution du cours de son action sur la période... C'est en effet la somme (le cumul...) des EVA® futures qui viendra accroître le patrimoine de la société, donc par contre coup celui de ses actionnaires, via l'appréciation dans le temps du cours de leurs actions. C'est la raison pour laquelle on demande aux dirigeants d'établir de plus en plus des prévisions fiables d'EVA® plutôt que de résultat ou de cash-flow... Parce que c'est l'EVA® qui fait les plus-values (d'où d'ailleurs l'identité des termes). Et les actionnaires sont beaucoup plus demandeurs de plus-values (rémunération du risque...) que de rendement (le dividende ne rémunère que le loyer des capitaux mis à disposition de la société). L'EVA®, mesure *a priori* de création de valeur, est devenue, depuis quelques années, un critère d'appréciation qui supplante progressivement le traditionnel P.E.R. (**P**rice **E**arning **R**atio ou ratio « prix de l'action / bénéfice par action »), constat *a posteriori* (...même si l'on parle parfois de PER estimé sur les bénéfices futurs).
Le chapitre relatif à l'analyse par les flux trouvait naturellement sa place après ceux consacrés aux outils traditionnels. Il en est en quelque sorte le prolongement. Il ne faut pas oublier cependant que, lorsque l'on dit, aussi bien dans l'approche EVA® que dans l'approche « flux » stricto sensu, que l'origine des capitaux mis en œuvre est indifférente (actionnaires ou prêteurs), c'est vrai en termes de coût, mais c'est une théorie à manipuler avec précaution en termes de structure de bilan. Car, à se préoccuper exclusivement du coût de ces capitaux, on pourrait être tenté de rechercher une structure qui privilégierait la ressource bancaire la plus courte possible (peu onéreuse...), au détriment de la ressource longue et des fonds propres, au motif qu'elle présente l'avantage de « coller » plus précisément au besoin et de procurer le meilleur effet de levier. L'argument n'est recevable qu'en environnement favorable.
Il ne faut jamais oublier que la première vertu du fonds de roulement (donc l'obligation de disposer de ressources longues) est son rôle d'amortisseur des chocs de conjoncture. Et on ne saurait dire que les entreprises de l'an 2000 évoluent dans un environnement dénué de risques, de toute nature...

> D
Exercices d'application corrigés

D › 1
Cas SA Aéroméca (entraînement à la méthode et aux calculs)

a ›• Données et problèmes

Il s'agit d'une entreprise fabriquant, en tant que sous-traitant d'un grand constructeur aéronautique, des petites pièces mécaniques de train d'atterrissage d'avion. Créée en 1987 par un ancien ingénieur d'Airbus, elle est actuellement constituée en société anonyme. La Famille du fondateur (et dirigeant) détient 88 % des actions (le solde est entre les mains d'investisseurs institutionnels – Société de Développement Régional et Institut de Participation).

En 1994, avec l'un de ses confrères, la société Aéroméca a créé une filiale (la SA Meca-Engineering au capital de 375 000 €) qui intervient comme bureau d'études pour le compte de ses deux actionnaires mais aussi ponctuellement pour le compte de tiers. Aéroméca en détient 66,67 % (majorité aux Assemblées extraordinaires). Meca-Engineering a connu un démarrage un peu long (sous-activité...) qui a nécessité le soutien financier de ses actionnaires : Aeroméca, pour sa part, a apporté un compte courant de 750 K€ chez sa filiale qui a trouvé aujourd'hui un rythme d'activité de croisière (CA 5,5 M€ – Résultat net : + 180 K€).

À partir des bilans aux 31 décembre 2000 et 2001 de la SA Aéroméca, et des comptes de résultat correspondants :

- établir le tableau de financement pour 2001 (Δ du FRNG),
- établir le tableau de flux (version OEC) expliquant la variation de trésorerie à fin 2001,
- vérifier les chiffres trouvés avec un tableau du modèle ci-dessous.

	2000	2001	Δ
FRNG			
BFR			
Trésorerie			

En conclusion, on fera un commentaire général, en quelques mots, sur la situation financière de cette société (évolution FRNG... BFR... mais aussi activité, rentabilité... etc.) et sa capacité à se maintenir sur son marché. En extrapolant (mais sans en faire le calcul), on vérifiera, à titre de rappel, si la construction d'un TPFF aurait dégagé un DAFIC respectant la norme spécifique pour ce solde.

Informations complémentaires

- Dividendes distribués en 2001 au titre de 2000 : 300 K€.
- Un matériel, amorti pour 1 119 K€, a été revendu en 2001 (voir résultat exceptionnel au compte de résultat).
- Un investissement a été réalisé en 2001 dans une nouvelle machine à commandes numériques.
- Les dettes auprès des Établissements de crédit se décomposent comme suit :
  - en 2000 : 241 K€ de CBC et 3 518 K€ d'emprunts à moyen terme (dont 892 K€ < 1 an),
  - en 2001 : 1 150 K€ de CBC et 2 626 K€ d'emprunts à moyen terme (dont 744 K€ < 1 an).

- Les immobilisations financières se décomposent en :
  - titres de filiales pour 250 K€,
  - créances détenues sur ces filiales pour 750 K€.
- Les dettes financières diverses sont constituées du compte courant du dirigeant (pas de convention de blocage au profit de la société).
- Il convient de prévoir, en 2002, le versement d'un dividende de 350 K€ au titre de l'année 2001.
- L'augmentation de capital de 500 K€ en 2001 a été décidée par une Assemblée Générale Extraordinaire de juin 2001.

Bilans SA Aéroméca aux 31 décembre 2000 et 2001

	2000			2001				2000	2001
	Brut	A / P	**Net**	Brut	A / P	**Net**			
Immob. corporelles	6 512	3 234	**3 278**	6 037	3 067	**2 970**	Capital social	**4 000**	**4 500**
Immob. incorporelles	1 128		**1 128**	1 400		**1 400**	Réserves	**331**	**531**
Immob. financières	1 000	100	**900**	1 000		**1 000**	Report à nouveau	**408**	**322**
Sous-total	*8 640*	*3 334*	*5 306*	*8 437*	*3 067*	*5 370*	Résultat	**914**	**1 286**
Stock mat. premières	1 538	142	**1 396**	1 749	168	**1 581**	*Sous-total*	*5 653*	*6 639*
Stock produits finis	1 819	138	**1 681**	2 281	183	**2 098**	Dettes Éts crédit	**3 759**	**3 776**
Clients	5 184	171	**5 013**	5 659	212	**5 447**	Dettes financières	**500**	**600**
Autres créances	635	8	**627**	332		**332**	Fournisseurs	**2 817**	**2 733**
Sous-total	*9 176*	*459*	*8 717*	*10 021*	*563*	*9 458*	Dettes fisc. et soc.	**782**	**541**
Banque	103		**103**	181		**181**	Autres dettes expl.	**615**	**720**
Total général	17 919	3 793	**14 126**	18 639	3 630	**15 009**		**14 126**	**15 009**

Comptes de résultat SA Aéroméca pour les exercices 2000 et 2001

	2000	2001
Production vendue de biens	21 893	25 108
Production stockée	112	462
Reprises sur provisions	40	169
Achats de matières premières	14 818	17 623
Variation de stock de matières premières	(127)	(211)
Achats et charges externes	977	1 135
Impôts et taxes	837	974
Frais de personnel (charges sociales comprises)	2 634	2 783
Dotations aux amortissements	986	952
Dotations aux provisions	105	173
Résultat financier	(422)	(396)
Produits exceptionnels		250
Charges exceptionnelles	18	191
Impôt sur les sociétés	461	687
Résultat net	914	1 286

Informations complémentaires

- Le résultat financier est constitué en 2001 :
  - d'agios bancaires sur les CBC pour 76 K€,
  - d'intérêts sur les emprunts pour 280 K€,
  - d'intérêts sur les comptes courants d'associés pour 40 K€.
- Le résultat exceptionnel de 2001 (+ 59 K€) se décompose en :
  - produits exceptionnels sur opérations en capital : 250 K€,
  - charges exceptionnelles sur opérations en capital : 181 K€,
  - charges exceptionnelles sur opérations de gestion : 10 K€ (créance irrécouvrable).

b › Corrigé

Ce cas avait pour objectif de se familiariser avec les calculs qui permettent d'établir le tableau de financement (Δ du FRNG) et le tableau de flux préconisé par l'Ordre des Experts-Comptables (OEC).

Tableau de financement 2001

Emplois		Ressources	
Dividendes payés en 2001	300	CAF 2001	2 173
Acquisitions d'immobilisations		Cessions d'immobilisations	
Corporelles	825	Corporelles	250
Incorporelles	272	Incorporelles	
Financières		Financières	
Réduction de capitaux propres		Augmentation de capitaux propres	
Remboursement de dettes	892	Augmentation de dettes	100
Total emplois	**2 289**	**Total ressources**	**2 523**
Δ FRNG (+)	**(+) 234**	**Δ FRNG (–)**	

- **CAF** : voir mode de calcul sur tableau de flux.
- **Acquisition immobilisations corporelles** : un matériel, amorti pour 1 119 a été revendu en 2001. La valeur comptable nette de ce matériel, sortie du bilan, ce qui correspond à un appauvrissement du patrimoine comptabilisé en charge, est de 181 (charge exceptionnelle sur opérations en capital = VCEAC). La valeur brute de ce matériel au bilan 2000 était donc : 181 + 1 119 = 1 300 K€. On devrait donc retrouver au bilan 2001 des immobilisations en valeur brute pour : 6 512 (valeur 2000) – 1 300 (sortie 2001) = 5 212. Or, elles se montent en fait à 6 037 K€. Il y a donc eu nouvel investissement en 2001 pour : 6 037 – 5 212 = 825 K€.
- **Acquisition immobilisations incorporelles** : par différence entre 2001 et 2000.
- **Capitaux propres** : ni augmentation ni réduction contrairement à ce que pourrait laisser penser l'augmentation de capital social réalisée en 2001. Considérons le total des capitaux propres à fin 2000, soit 5 653 K€, et le total à fin 2001, hors résultat, soit 5 353 K€. Différence : 300 K€, correspondant aux dividendes distribués en 2001 au titre de 2000. Comment le capital social a-t-il été augmenté ?
  - Le résultat de 2000 après dividendes (soit 614) a sans doute été mis dans un premier temps en réserves, celles-ci passant de 331 à 945.
  - Puis l'entreprise a prélevé 414 sur ces réserves (qui retombent alors à 531).

– Prélèvement supplémentaire de 86 sur le report à nouveau (qui passe de 408 à 322).
– Le total (414 + 86) correspond bien à l'augmentation de capital social de 500. Il n'y a donc eu aucun apport en numéraire.

• **Remboursement de dettes** : nous avions 3 759 K€ auprès des **Éts de crédit en 2000**, dont 241 de CBC, soit **3 518** de dettes amortissables. Fin 2001, nous avons 3 776 K€ auprès des Éts de crédit dont 1 150 de CBC, soit des dettes amortissables pour **2 626**. Au cours de 2001, l'entreprise a donc remboursé la différence, soit 892 K€, correspondant à la partie < 1 an de 2000 (que donnait d'ailleurs l'énoncé).

• **Augmentation de dettes** : dettes financières passant de 500 à 600. S'agissant de c/c d'associés on aurait aussi bien pu les considérer comme des quasi fonds propres et les classer alors au chapitre « augmentation de capitaux propres »...

Vérification au bilan du solde de financement et de la Δ de trésorerie du tableau de flux

FRNG 2000 : (tous fonds propres + toutes dettes sauf CBC + amortissements et provisions) – immobilisation brutes = **4 824**
FRNG 2001 : par le même calcul on obtient **5 058**
BFR 2000 : actifs circulants bruts – passifs circulants = **4 962**
BFR 2001 : **6 027**

	2000	2001	Δ
FRNG	4 824	5 058	**(+) 234**
BFR	4 962	6 027	**(+) 1 065**
Trésorerie	(–) 138	(–) 969	**(–) 831**

On peut déjà porter un premier jugement sur l'évolution de cette affaire, tant à partir des tableaux ci-dessus que des documents comptables de base.

• Elle évolue sur un secteur d'avenir et semble maintenir et peut-être même gagner des PDM.

• Elle semble aussi soucieuse de maintenir la performance de son outil : investissement en 2001, immobilisations corporelles amorties pour moitié seulement.

• Par ailleurs elle contrôle la filiale Meca-Engineering, aujourd'hui rentable (d'où réintégration de la provision de 2000) et qui intervient sur un secteur à forte valeur ajoutée.

• L'activité progresse convenablement (CA en hausse de 15 %) et s'accompagne d'une bonne rentabilité (autour de 1 M€ après retraitement de l'exceptionnel et des reprises).

• Cette progression semble néanmoins consommer du BFR, en hausse de 21 % (contre 15 % pour le CA...)

• Les capitaux investis procurent une rentabilité très correcte : 350 de dividendes + 175 d'avoir fiscal + 40 d'intérêts sur c/c d'associés pour des fonds propres 2001 élargis (hors résultat) de 6 000 K€ environ, soit un rendement brut de l'ordre de 9,5 %...

Tableau de flux de l'OEC

Résultat net	1 286
(+) amortissements	(+) 952
(+) provisions	(+) 173
(–) reprises	(–) 169
(+) valeur comptable éléments d'actif cédés (VCEAC)	(+) 181
(–) Produits de cession d'éléments d'actif (PCEA)	(–) 250
= *CAF*	*2 173*
(–) Δ positive du BFR	(–) 1 065
= Flux de trésorerie issu de l'exploitation (A)	**1 108**
Cessions d'immobilisations	250
(–) acquisitions	(–) 1 097
= Flux de trésorerie issu de l'activité « investissement » (B)	**(–) 847**
Augmentation de fonds propres	
(–) réduction de FP	
(–) dividendes distribués en 2001 au titre de 2000	(–) 300
(+) augmentation des dettes	(+) 100
(–) diminution des dettes	(–) 892
= Flux de trésorerie issu de l'activité « financement » (C)	**(–) 1 092**
(A) + (B) + (C) = Δ de trésorerie	**(–) 831**

Quels renseignements (ou confirmation de renseignements) ce tableau apporte-t-il ?

• Certes que l'accroissement du CA est consommateur de BFR, mais que la CAF dégagée permet d'assumer largement le financement de ce BFR supplémentaire...

- Que le flux résiduel de cash, après financement de la Δ du BFR, répondrait (dans l'esprit...) aux exigences à la fois du TPFF et du tableau de la Banque de France (qui ne le calculent pas tout à fait de la même manière...) :
  - pour le TPFF, le DAFIC serait positif puisque le flux (A) de 1 108 est suffisant pour financer à lui seul les investissements de croissance (1 097),
  - pour la BDF, le flux (A) permet d'assumer seul la charge de remboursement des emprunts.
- On peut aussi faire quelques critiques (mais de forme...) sur certains choix de gestion :
  - pourquoi a-t-on privilégié le désendettement à long terme au détriment de la trésorerie : qui coûte plus cher, qui est une ressource plus précaire, et qui donne toujours une image un peu négative dans un bilan...
  - ou alors, pourquoi ne pas améliorer (certes un peu artificiellement...) la présentation en recourant à une mobilisation du compte clients (escompte ou autre...), pour effacer ce découvert, d'autant que la marge de manœuvre sur les clients est très confortable (il suffirait d'escompter 20 % du compte clients, ce qui ne devrait pas poser de problèmes compte tenu de la qualité du poste, pour présenter une trésorerie positive...).

D ›2
Cas SA QFU (entraînement aux calculs et à l'analyse)

a ›• Données et problèmes

SA « familiale » au capital de 7 500 000 €, créée en 1958.
Répartition des actions :

- 38 % pour la Famille de Monsieur Pitot (PDG),
- 35 % pour Monsieur Karman (cousin du précédent),
- 27 % pour Monsieur Flettner (parent plus éloigné...).

Activité : négoce de gros France et export d'articles et de produits liés à l'aéromodélisme. La société commercialise des produits importés d'Extrême-Orient pour 60 % (boîtes de télécommandes, moteurs...), et d'autres pays d'Europe pour 20 %. Le solde (20 %) est acheté en France. Les clients sont constitués de petits magasins de détail en France et en Europe. Aux États-Unis, QFU commercialise à travers la société Immelman Inc. (dont elle détient 6 %), spécialisée dans la diffusion de produits et d'articles liés à l'aéronautique : vêtements, accessoires, publications diverses... (CA de Immelman : 430 millions USD).

Bilans SA QFU au 31 décembre

	2000			2001				2000	2001
	Brut	A / P	Net	Brut	A / P	Net			
Immo corporelles	3 150	2 070	**1 080**	5 650	4 420	**1 230**	Capital social	**5 000**	**7 500**
Immo incorporelles	5 820		**5 820**	4 020		**4 020**	Réserves	**2 200**	**1 200**
Immo financières (3)	5 000	2 500	**2 500**	5 500	2 500	**3 000**	Rep. à nouveau	**670**	**1 050**
							Résultat (1)	**1 180**	**2 960**
Stock marchandises	3 240	280	**2 960**	6 190	780	**5 410**			
							Dettes Éts crédit (2)	**7 910**	**5 930**
Clients	12 380	860	**11 520**	16 920	2 330	**14 590**	C/c associés	**4 500**	**6 000**
Autres créances	3 430	500	**2 930**	4 710	500	**4 210**			
							Fournisseurs	**2 140**	**4 520**
Disponibilités	1 170		**1 170**				Dettes exploit.	**1 160**	**2 370**
							Banque	**3 220**	**930**
Total général	34 190	6 210	**27 980**	42 990	10 530	**32 460**		**27 980**	**32 460**

(1) 800 K€ de dividendes seront distribués en 2001 au titre de 2000.
(2) Dont < 1 an en 2000 : 2 590 K€ et < 1 an en 2001 : 2 340 K€.
(3) Dont créances rattachées = 3 200 K€ en 2000 et 3 700 K€ en 2001.

Comptes de résultat

	2000	2001
Ventes de marchandises (1)	44 470	57 310
Reprises sur provisions	1 190	500
Achats de marchandises	30 180	43 260
Variation de stock de marchandises	(460)	(2 950)
Autres achats et charges externes	2 940	3 910
Impôts et taxes	830	930
Frais de personnel	4 450	5 140
Amortissements	1 320	2 350
Provisions	3 520	2 470
Frais financiers	1 090	780
Résultat exceptionnel (2)		2 550
IS	610	1 510
Résultat net	**1 180**	**2 960**

(1) dont export vers Etats-Unis : 40 % environ
(2) dont charge exceptionnelle (VCEAC) = 1 800 - produit exceptionnel (PCEA) = 4 350

- Que peut-on dire, de la situation financière de cette affaire (sans calculer des dizaines de ratios) ? Quels sont les points qui mériteraient des précisions ?
- Qu'est-ce qui, en première analyse, s'est amélioré – ou détérioré – d'un exercice sur l'autre ?
- On affinera le premier jugement à l'aide des informations fournies par le tableau de flux de l'OEC (à construire par conséquent) et on conclura sur l'analyse après prise en compte de ces éléments.

Ce cas est plus complet que le précédent. Il doit donner lieu à une analyse un peu plus fine et en même temps plus globale de la situation financière de cette entreprise.

b › Corrigé

En examinant rapidement les bilans et comptes de résultat fournis, et sans recourir aux outils classiques de type ratios, on sera enclin à porter un jugement globalement favorable sur cette affaire.

- Un CA en forte augmentation.
- Une bonne rentabilité, en forte augmentation aussi...
- Une trésorerie qui s'améliore nettement d'un exercice à l'autre...

- D'énormes fonds propres, si l'on considère que les c/c d'associés peuvent y être intégrés...
- Un désendettement rapide : de l'ordre de 2,5 M€ par an... et des frais financiers à la baisse...
- Une politique de distribution de dividendes qui paraît généreuse...

Autrement dit : de quoi se plaindrait-on ? Allons donc un peu plus avant et, toujours sans outil particulier, regardons les choses un peu plus dans le détail.

L'activité : négoce de gros typique dont une partie (proportion inconnue) réalisée à l'export à travers une société « liée ». Le volume des ventes connaît une progression intéressante de près de 30 % avec, semble-t-il, un maintien (en fait une légère érosion...) des marges... Plutôt bon clignotant. À ce stade néanmoins, on peut déjà être interpellé par :

- L'importance des immobilisations : même sans compter l'investissement dans la filiale américaine, l'entreprise a un « outil » de presque 10 M€ ! Or, le négoce ne nécessite a priori que des entrepôts, quelques matériels de manutention, et un peu d'informatique...
- L'importance et la justification des capitaux investis aux États-Unis : 5 M€ déjà en 2000, et un investissement supplémentaire de 500 K€ en 2001 alors que, sur le bilan précédent, ces immobilisations étaient déjà provisionnées à 50 %. Double question : pourquoi la nécessité de ré-investir en 2001 ? Quid de la santé financière de Immelman ? Et, question subsidiaire : QFU est-elle condamnée à détenir cette participation pour exporter sur les États-Unis ?
- L'importance et l'accroissement vertigineux des stocks ! Pour un chiffre d'affaires qui augmente de 30 % avons-nous dit, des stocks de marchandises qui augmentent de 100 %... L'entreprise a-t-elle connu un problème particulier (mauvaise livraison...), une mévente par rapport à ses objectifs ? Pourquoi ces stocks sont-ils provisionnés à plus de 10 % ? Il ne sont *a priori* ni périssables ni démodables...
- Le crédit clients semble progresser lui aussi plus vite que le CA (alors qu'il devrait y avoir parallélisme absolu...) et surtout, ici aussi, de très importantes provisions : près de 14 % du montant du poste... en très forte augmentation par rapport à 2000 (moins de 7 % à l'époque).

La rentabilité : à y regarder de plus près, le bénéfice de 2001 est très artificiellement gonflé. Si on le retraite du produit exceptionnel et des reprises, la rentabilité est médiocre. Le résultat passerait à : (2 960 + 1 510) – (2 550 + 500) – IS = 920 K€ environ, à peine 1,5 % du CA. Il n'est pas utile de calculer des SIG pour s'apercevoir que la valeur ajoutée est sans doute en légère baisse (en valeur relative par rapport au CA), que l'EBE est donc en baisse aussi avec l'augmentation des FDP...

La structure : elle constate, il est vrai, un engagement très fort des actionnaires, qui ont « remis » encore plusieurs millions en 2001... un désendettement très significatif… mais, tout de même, ce bilan ressemble plus à un bilan d'industrie lourde que de négoce, avec des ressources durables qui pèsent environ 80 % du bilan (!) et des emplois stables environ 35 %. Et puis, toujours le poids de ce stock et du crédit clients qui pèsent immanquablement sur le BFR…

Le tableau des flux de trésorerie va nous éclairer un peu mieux.

CAF 01 (résultat + dotations A et P – reprises + VCEAC – PCEA)	4 730
(–) Δ positive du BFR (–)	5 180
= flux de trésorerie issu de l'exploitation – A	**(–) 450**
Cessions d'immobilisations (PCEA)	4 350
(–) acquisitions (2 500 de corporelles + 500 de financières)	(–) 3 000
= Flux issu de l'activité « investissement » – B	**(+) 1 350**
Augmentation de FP (cf. détail ci-dessous)	3 000
(–) dividendes	(–) 800
(+) augmentation des dettes (voir détail)	(+) 610
(–) diminution des dettes (part < 1 an de 00)	(–) 2 590
= Flux issu de l'activité « financement » – C	**(+) 220**
A + B + C = Δ trésorerie	**(+) 1 120**

Δ des FP : FP 2001 hors résultat = 9 750. FP 2000 après distribution de dividendes : 8 250. Δ 1999 / 1998 = + 1500. Il faut rajouter à cette variation, celle des c/c (+ 1 500), soit une augmentation nette en cash de 3 000.

Dettes : dettes 2001 = dettes 2000 – remboursement de l'année, soit 7 910 – 2 590 = 5 320. Or, nous avons à fin 2001, 5 930 de dettes, soit un endettement net supplémentaire de 610 (5 930 – 5 320).

Commentaires à partir de l'examen des flux

- La CAF, d'un niveau acceptable en soi (un peu plus de 8 % du CA), ne suffit pas à financer l'augmentation très forte du BFR…
- Toutes choses égales par ailleurs, ce constat devrait induire une aggravation de la trésorerie…
- D'autant que l'entreprise a remboursé par ailleurs 2,59 M€ de dettes dans l'année…

• Or, s'il n'en est rien , c'est parce que les associés ont remis 3 M€ d'une part, et que, d'autre part, la société a enregistré un produit de cession d'immobilisations pour 4,35 M€.

• Elle a donc pu, avec ces deux sources de cash *externes à l'exploitation,* non seulement financer de nouveaux investissements (3 M€) sans véritablement s'endetter, mais aussi distribuer 800 K€ de dividendes... Mais ces deux sources de cash ne se renouvelleront pas chaque année !

Autrement dit, une logique de gestion contraire non seulement à l'orthodoxie financière classique mais même au simple bon sens :

• des actionnaires qui investissent massivement dans une affaire de négoce dont l'exploitation ne dégage même pas assez de cash pour couvrir la variation du BFR...

• une partie de ces investissements va dans une société américaine (contrôlée à 6 % seulement...) dont la situation financière motive sans doute de graves réserves (voir provisions...)...

• ces apports de fonds étaient peut-être la condition d'un accroissement du volume des ventes vers les États-Unis (voir croissance du CA). Mais cette croissance est bien peu performante, que ce soit en termes de rentabilité réelle (nous l'avons déjà vu...), en termes de qualité de clientèle (provisions des comptes clients...), et encore même en termes de gestion des stocks...

En réalité, il n'est pas interdit de penser que :

• la société QFU ait été « contrainte » d'une manière ou d'une autre (sans doute commercialement...) de recapitaliser la société Immelman Inc.

• ses ventes aux Etats-Unis s'en sont ressenties...

• mais, de même qu'elle doit provisionner sa participation dans Immelman, de même elle doit aujourd'hui provisionner sans doute ses créances commerciales sur cette société. Rien ne permet d'être absolument affirmatif, mais il y a un tel faisceau d'indices concordants...

Et que dire de la politique de gestion des actionnaires pour leur propre patrimoine ! Il est vrai que les immobilisations incorporelles semblent receler d'importantes plus-values potentielles (en 2001, vente pour 4 350 d'une immobilisation qui avait « coûté » 1 800... sauf à vérifier à quelle date elle était entrée au bilan).

On comprendra sans doute mieux, à partir de ce cas, ce qu'apporte l'examen spécifique de l'origine des flux à l'analyse financière traditionnelle... et comment, d'un constat plutôt positif à partir des seuls documents comptables, on en est venu à douter des qualités de gestionnaire des dirigeants (même si par ailleurs ils sont de toute évidence fortunés...), et, partant, de la pérennité même de leur société, à moyen terme en tout cas...

chapitre 7

Le financement bancaire de l'entreprise

Si ce chapitre fait la part essentielle au financement d'origine bancaire, nous dirons aussi quelques mots des autres sources possibles de financement, sans oublier que la principale, ou la première d'entre elles, est constituée de la CAF...
En guise d'introduction rapide, on pourrait dire que l'entreprise rencontre des besoins de financement à chaque étape de sa vie :

- lorsqu'elle est encore à l'état d'embryon, il faudra trouver la ressource nécessaire à sa constitution (sans doute d'importance limitée – autour de 2 à 3 000 € pour une petite SARL – mais... à trouver tout de même),
- dans les premiers jours de sa vie : financement de l'acquisition d'un local, ou d'un bureau, ou d'un ordinateur... autrement dit de l'outil qui va permettre de réaliser le premier euro de chiffre d'affaires. Pour ces deux besoins initiaux, c'est le capital social, en première approche qui constituera la seule ressource disponible,
- puis à chaque étape de sa croissance : besoin lié au financement de nouveaux investissements et/ou du BFR.

> A

Comment se pose la question des financements ?

Ce que nous venons de dire en introduction permet déjà de scinder la question en deux sous-questions : les financements de haut de bilan (FDR) et les financements de bas de bilan (BFR). On retrouve bien évidemment les notions de ressources durables, d'emplois stables, et de BFR du bilan fonctionnel :

- **Les besoins de haut de bilan** (emplois stables) interviendront au moment d'un investissement (*investissement :* engagement d'un capital dans une opération dont on attend un gain mesurable étalé dans le temps, ce gain pouvant être de nature financière – plus de cash-flow ou de rentabilité – ou de nature « morale », ce qui sera le cas pour les investissements sociaux, ou de formation, ou de traitement de la pollution...).

- **Les besoins de bas de bilan** interviennent tout au long du cycle d'exploitation, c'est-à-dire, pour caricaturer, quotidiennement. Dans les très grandes entreprises, ce n'est pas du tout de la caricature : le trésorier évalue *chaque jour* le besoin et met en place le financement correspondant ou les instruments de placement en cas d'excédents (la question se pose de manière encore plus aiguë dans les Groupes qui gèrent une trésorerie centralisée).

La question se pose aussi selon d'autres critères.

- **En termes de coût :** quelle que soit l'origine des capitaux à mettre en place (à mobiliser...), ceux-ci ont un coût : dividende pour les actionnaires, frais financiers pour les prêteurs, marge supplémentaire à abandonner au fournisseur en échange d'un délai de paiement, parfois commission facturée par la banque en échange de la garantie qu'elle donnera à un autre fournisseur de capitaux, etc. Le responsable financier (c'est-à-dire, dans une petite PME, le patron... ou son épouse... ou la secrétaire parfois...) devra donc toujours opérer un arbitrage parmi les différentes ressources mobilisables, en termes de coût absolu (mieux vaut emprunter à 6 % qu'à 7 %) mais aussi en termes de coût relatif (mieux vaut utiliser 2 jours de découvert à 9 % que 10 jours d'escompte à 6 %... si le besoin est effectivement limité à 2 jours).

- **En termes de dépendance vis à vis du fournisseur de capitaux :** être le débiteur de quelqu'un crée toujours une situation de dépendance. Il y a des dépendances dont on s'accommode, d'autres dont on s'accommode moins... Il y en a dont on peut se libérer à tout moment, d'autres dont on ne peut se libérer que difficilement. Cette dépendance peut être :
  - *d'ordre financier :* difficulté à se libérer d'un crédit par anticipation, sauf pénalités dissuasives...
  - *d'ordre psychologique :* l'entreprise qui a été aidée par un banquier lors de son installation aura ensuite beaucoup de scrupules à le quitter même si son service s'est dégradé...

– *d'ordre commercial :* une entreprise qui a eu recours à l'affacturage, à un moment de son existence, a beaucoup de mal ensuite à « en sortir », les clients ayant pris l'habitude de régler directement le factor...

- **En termes d'équilibre du bilan pour les financements longs** : il convient de doser correctement la répartition financement interne / financement extérieur pour respecter l'équilibre fonds propres / dettes (minimum 40/60 et, si possible, plutôt 50/50), mais aussi l'équilibre entre endettement total et CAF (annuité d'emprunt autour de 50 à 60 % de la CAF et endettement total = maximum 3 à 4 ans de CAF), entre FDR et BFR. Dans la pratique quotidienne, on observe que les défaillances (dépôt de bilan) proviennent à plus de 50 % de mauvais arbitrages à ce niveau. C'est le **plan de financement** (voir p. 203 et suivantes) qui permettra d'appréhender correctement le besoin et les capitaux à mettre en face.

- **En termes d'adéquation aux recettes pour les crédits d'exploitation :** le financement du BFR doit trouver sa « sortie » par l'exploitation, c'est-à-dire par les recettes (chiffre d'affaires) futures, d'où la nécessité de les appréhender correctement. Ce n'est pas toujours facile dans certaines activités à forte saisonnalité qui exigent des prévisions à 6 mois... Ici aussi, l'expérience montre que, généralement, ces prévisions sont toujours un peu optimistes, et, lorsqu'elles font ressortir un besoin de 1 000, que le besoin réel sera sans doute plutôt de 1 200. Qui financera la différence ? Evidemment pas le banquier, qui, lui, s'en tient aux prévisions. C'est donc l'entreprise qui devra la prendre en charge via son FDR, comme elle doit le faire, au moins partiellement, pour toute augmentation de BFR.

> Exemple.

Supposons une entreprise dont le BFR moyen de 100 est couvert par un FDR de 40 (bon ratio de 40 % par conséquent, et trésorerie = – 60). Si, grâce à son talent commercial, son chiffre d'affaires croît rapidement de 50 %, le nouveau BFR se montera, toutes choses égales, à 150. Pour conserver le même bon ratio de 40 %, le FDR devra atteindre 60. Si BFR = 150 et FDR = 60, on aura Trésorerie = – 90 (soit + 50 % par rapport à la situation antérieure, ce qui est logique). Pour la maintenir à – 60, il faudrait en fait FDR = 90... La vérité se situera sans doute entre ces deux extrêmes et un FDR de 75 sera sans doute suffisant. On aura alors trésorerie = – 75 (dégradation de 25 % par rapport à – 60). Ce qui signifie que pour une augmentation de BFR de 50 %, on limitera le besoin supplémentaire de trésorerie à 25 % à condition que l'on augmente le FDR de 87 % (75 par rapport à 40) !!! On mesure à quel point il serait imprudent de déconnecter les problèmes d'équilibre du bilan (point n° 3) de ceux de financement du BFR (point n° 4)...

On en revient à la notion de dépendance. Et aussi à l'idée que le financement du BFR ne peut pas être satisfait par les seules solutions de bas de bilan. Le besoin de financement du bas de bilan sera appréhendé au moyen du **plan de trésorerie** (voir p. 209 et suivantes).

Elle se pose enfin en termes de sources de financement. Elles sont multiples et de natures très diverses, mais on peut les regrouper en quatre grandes catégories.

- **La CAF** : c'est une évidence, mais il faut la rappeler, la première source de financement est celle que l'entreprise dégage de sa propre exploitation. C'est celle qui améliore, à elle seule, tous les ratios d'équilibre financier : le FDR, la capacité de remboursement des dettes, la trésorerie évidemment... et qui contribue de ce fait à accroître l'indépendance vis-à-vis des tiers. C'est une source de financement sur laquelle l'actionnaire a tous pouvoirs (niveau des dividendes) et dont il est par conséquent responsable, au moins en partie. La CAF dite « libre » est celle qui reste disponible après remboursement de la dette (et normalement après financement de la Δ du BFR – revoir tableaux de flux).
- **Le marché financier** : c'est le marché des capitaux à long terme (par opposition au marché monétaire : capitaux à court terme) sur lequel les grandes entreprises trouvent leurs capitaux, essentiellement sous deux formes : fonds propres (augmentation de capital), et dette (émission d'un emprunt obligataire), outre une infinité de solutions hybrides dont la description dépasserait le cadre de cet ouvrage. Pour accéder à ce marché il faut être coté en Bourse.
- **Les banques** : source de financement privilégiée des PME, elles interviennent à la fois sur des financements courts, moyens ou longs, et sur des financements spéciaux par signature (garanties bancaires) que nous évoquerons plus loin. Les banques dites « de dépôt » (le terme a disparu des textes organisant la profession, mais la spécificité demeure) interviennent de manière préférentielle sur des crédits à court et moyen terme, qui représentent autour de 70 % de leurs encours, cependant que des Etablissements de crédit spécialisés n'interviennent que sur des financements à long terme (Crédit National, Banque de Développement des PME, Sociétés financières spécialisées...).
- **Les fournisseurs de financements alternatifs**
  - *Les sociétés de crédit-bail,* qui fournissent des financements de « haut de bilan » (même s'ils ne sont pas dans le bilan). Revoir le paragraphe concernant ce mode de financement dans le chapitre III. Les PME y ont recours de plus en plus fréquemment (financement à 100 %... procédure souvent plus allégée que le crédit bancaire... coût approximativement identique...)
  - *Les sociétés d'affacturage,* qui financent le BFR en achetant à l'entreprise son compte « Clients » moyennant paiement comptant ou différé. C'est une alternative à l'escompte. Il s'agit toujours de « mobiliser » (rendre « mobile », « liquide ») des créances qui ne seraient normalement encaissées que plusieurs semaines plus tard, à la date contractuelle de règlement. L'affacturage (ou factoring) va cependant un peu plus loin que l'escompte puisque il gère intégralement le compte « clients » en offrant à la fois : le financement, l'assurance-crédit, et le recouvrement (éventuellement jusqu'au contentieux). Voir note sur l'affacturage page 215 ci-après.

> B Les financements de haut de bilan

Ils concernent les besoins qui, comptablement, se traduisent par une immobilisation : corporelle, incorporelle ou financière, c'est-à-dire un emploi stable dans l'entreprise. On sait que les emplois stables ont une incidence directe sur le FDR, et qu'il est plus prudent de les financer par des ressources durables. Autrement dit, on a toujours intérêt à ajuster les *ressources longues* aux *emplois longs*. Mais quelle est la durée d'un emploi ?
Tout investissement a une durée de vie économique, que l'on pourrait définir comme « le temps pendant lequel il va générer significativement du cash-flow », temps qui peut différer notablement de sa durée d'amortissement fiscal et surtout de sa durée de vie technique (pour un matériel). On sait qu'un système informatique devient obsolète (« dépassé » techniquement) bien avant qu'il ne commence à « tomber en panne »..., qu'un transporteur, au contraire, pourrait conserver ses véhicules parfois 2 ou 3 années au-delà de la durée de leur amortissement fiscal (parce qu'un camion-citerne âgé de 6 ans produit à peu près le même cash-flow qu'un camion neuf). Il faut donc savoir de quelle durée l'on parle, et la notion de vie économique est celle qui « colle » le mieux aux exigences de l'équilibre financier, tant pour l'actionnaire qui « mettra » des fonds propres, que pour le banquier qui « mettra » un crédit : le premier parce qu'il souhaite savoir *quand* et *combien* il touchera de dividendes ; le second parce qu'il exigera d'être remboursé aux échéances prévues.
Les financements « de marché » (fonds propres ou emprunts) étant réservés aux grandes entreprises, nous allons nous intéresser surtout aux financements bancaires. Comment se pose le problème vu du côté du banquier ? Quels sont les éléments qui vont orienter le choix de l'emprunteur et les exigences du prêteur ? Comment appréhender le besoin avec précision ? Peut-on recourir à l'emprunt en dehors d'une opération d'investissement ?

B › 1 Le problème vu côté banquier

Traditionnellement il distingue moyen terme (jusqu'à 7 ans de durée) et long terme (de 8 à... parfois 25 ans). Même si certains établissements de crédit se sont spécialisé sur les prêts à long terme (LT), les banquiers de dépôt interviennent sur les deux catégories, avec une préférence pour le moyen terme (MT) évidemment. Depuis une vingtaine d'années, les formules de crédit se sont sophistiqué (uniquement dans leur présentation, l'essence du contrat de prêt restant immuable) :

- prêts en euros ou en devises (par exemple pour les entreprises encaissant des recettes dans la devise concernée),

- conditions de remboursement multiples et variées (différé total ou partiel, remboursement in fine, amortissement constant ou progressif, etc.),
- plus grande souplesse dans les taux (fixe, variable, indexé partiellement...),
- et plus grand choix parmi les instruments de couverture du risque lié à l'évolution de ces taux (le recours à ces instruments ayant bien entendu un coût qui renchérit, parfois lourdement, celui du crédit).

Sous l'effet de la concurrence inter-bancaire, l'offre de crédit est aujourd'hui très large et l'on peut tout financer (ou presque) avec un prêt à MT : des investissements corporels, incorporels, financiers... et même l'augmentation du fonds de roulement (mise en place d'un prêt d'une durée de 5 à 7 ans, sans emploi direct correspondant à l'actif, uniquement pour accroître les ressources durables). À condition cependant que l'emprunteur connaisse les « règles du jeu » du banquier.

Le seul souci de ce dernier tient dans la question : « Comment l'emprunteur va-t-il me rembourser ? », ce qui signifie que la CAF future sera examinée à la loupe, souvent pessimisée même pour conserver une marge de sécurité. Toute la difficulté pour le banquier sera d'apprécier correctement la pertinence des prévisions, parfois sur 8, 10 ou 12 ans... Lorsque l'investissement à financer doit améliorer la productivité, c'est assez simple : il mesurera l'économie de frais de personnel, de transport peut-être, de délais de fabrication, etc. et vérifiera que cette économie « paye » l'investissement, c'est-à-dire que la CAF supplémentaire correspondante suffira à prendre en charge le remboursement de l'annuité d'emprunt. C'est beaucoup plus difficile dans le cas d'un investissement de pure croissance. La PME qui investit pour conquérir de nouveaux marchés... fabriquer de nouveaux produits..., fait un pari sur l'avenir, et son banquier aussi. À ce stade, l'emprunteur devra faire appel à des arguments de type plus commercial (marketing) que financier : comment va évoluer tel marché ? Comment va réagir tel concurrent ? À quel prix pourra-t-on vendre le nouveau produit ? C'est encore plus difficile au moment de la création de l'entreprise parce que le banquier n'a aucune antériorité sur la capacité des dirigeants à mener à bien leur projet. D'où la difficulté des jeunes entreprises à trouver des financements.

Le banquier a besoin aussi de références sur la santé de tel ou tel secteur économique, et sur ses perspectives d'avenir. Dans « l'inconscient collectif » bancaire, on sait – *ou l'on considère* – que certains secteurs présentent un risque aggravé : le textile, la chaussure, la chaudronnerie industrielle de base, la restauration, le transport terrestre (avec des réserves...), certaines branches du secteur agro-alimentaire..., et que d'autres, au contraire sont porteurs d'avenir : l'industrie des loisirs, de la communication, du recyclage des déchets, tous les secteurs évoluant sur le marché des économies d'énergie, ou encore ceux ayant un rapport avec la consommation des enfants ou des adolescents... Les « start-up » de la « nouvelle économie » (Technologie-Media-Télécommunications) ont ainsi beaucoup de difficultés à convaincre les prêteurs traditionnels qui manquent de recul sur le secteur. Heureusement, avec cette nouvelle génération d'entreprises, est appa-

rue aussi une nouvelle génération de fournisseurs de capitaux (la nature ayant horreur du vide !), si joliment appelés « business-angels ».
Autre difficulté pour le banquier : quand il s'engage sur 5, 8 ou 10 ans, il sait qu'il devra « suivre » l'entreprise sur cette période. S'il y a un moment difficile à passer (et sur 10 ans il serait surprenant qu'il n'y en eût pas...), que fera-t-il ? S'il aide l'emprunteur à passer le cap, il aggrave momentanément son risque, mais il sauvera *peut-être* l'entreprise. S'il ne l'aide pas, il perd le capital qu'elle lui doit encore. Un financement à M ou LT n'est donc jamais déconnecté de l'environnement général de l'entreprise. Un banquier ne fait jamais un prêt sur 10 ans en se disant « qu'il est ensuite tranquille pendant 10 ans »...
La situation est un peu différente pour les établissements de crédit spécialisés dans les seuls financements à LT. En cas de difficulté ponctuelle, l'emprunteur sollicitera l'aide du banquier qui assure les financements court terme, pour obtenir de lui une avance momentanée, un relèvement de son plafond d'escompte (dans le meilleur des cas), et continuer à assurer le remboursement auprès du prêteur de LT. Le banquier peut ainsi être conduit à aggraver sa position de prêteur à CT pour alléger un confrère sur sa propre position de prêteur à LT.

B ›2 Les éléments qui vont orienter les choix

On peut les regrouper en cinq rubriques.

• ›1 La structure du bilan

Elle a une incidence directe sur le FDR (et sur la trésorerie). Le mode de financement sera donc choisi en fonction de son effet positif ou négatif sur le FDR. Un investissement de 100 financé par un prêt de 60 dégradera le FDR de 40 (le 1er jour), toutes choses égales par ailleurs. On connaît aussi le ratio « fonds propres / dettes » (40/60 ou 50/50). Il faudra examiner l'évolution de ce ratio après mise en place du financement choisi. Enfin, on ne perdra pas de vue le ratio « Dettes / CAF ». Tous ces ratios peuvent être dégradés au cours des premiers mois qui suivent l'investissement : il n'est pas rare que l'installation d'un nouveau matériel demande des délais, des réglages... et l'expérience montre qu'il n'atteint sa performance maximum qu'au bout d'un certain temps. *Mais ils doivent se reconstituer dès la deuxième année.*

• ›2 Le coût du crédit

Tout doit être pris en compte, le taux d'intérêt ne représentant qu'une partie de ce coût : les frais de dossier, de constitution des garanties, les pénalités en cas de remboursement anticipé, le coût de la couverture du risque de taux, les commissions d'engagement « *flat* » (contraire de « *pro rata temporis* ») éventuelles, etc. Le

problème du taux est lié à l'anticipation que l'emprunteur fait de son évolution dans le temps : si le taux paraît élevé aujourd'hui, il vaudra mieux s'endetter en variable (plus de chance de baisse que de hausse) ; s'il paraît faible aujourd'hui, mieux vaudra s'endetter en fixe. La question sera regardée avec d'autant plus d'attention que le crédit sera long. Sur une durée de 2 ou 3 ans, il est inutile de se torturer l'esprit. Sur une durée dépassant 5 ans, il vaut mieux s'interroger. Et, dans le doute, on partagera le prêt en deux tranches égales, l'une assortie d'un taux fixe, l'autre d'un taux variable (c'est sans doute un mode de couverture un peu « artisanal » du risque de taux, mais qui ne coûte rien !). Le coût du crédit dépendra aussi de son mode d'amortissement : amortissement constant (ou linéaire) du capital = premières annuités plus importantes mais coût plus faible... Au contraire, remboursement par annuités constantes « capital + intérêts » = charge plus faible en trésorerie les premières années mais coût plus élevé...
Prenons l'exemple d'un crédit présentant les caractéristiques suivantes :
- Montant : 5 M€.
- Durée : 5 ans.
- Taux : 6 %.

Amortissement constant du capital

Années...	Capital restant dû en début d'année	Amortissement du capital fin d'année	Intérêts annuels dus en fin d'année	Remboursement total (fin d'année)
1	5 000 000	1 000 000	300 000	1 300 000
2	4 000 000	1 000 000	240 000	1 240 000
3	3 000 000	1 000 000	180 000	1 180 000
4	2 000 000	1 000 000	120 000	1 120 000
5	1 000 000	1 000 000	60 000	1 060 000
Total	0	**5 000 000**	**900 000**	**5 900 000**

Amortissement financier
(c'est-à-dire annuités de remboursement constantes)

Années...	Capital restant dû en début d'année	Amortissement du capital fin d'année	Intérêts annuels dus en fin d'année	Remboursement total (fin d'année)
1	5 000 000	886 982	300 000	1 186 982
2	4 113 018	940 201	246 781	1 186 982
3	3 172 817	996 613	190 369	1 186 982
4	2 176 204	1 056 410	130 572	1 186 982
5	1 119 794	1 119 794	67 188	1 186 982
Total	0	**5 000 000**	**934 910**	**5 934 910**

Les deux modes d'amortissement ont une incidence différente :
- *sur la trésorerie :* charges plus lourdes en début de période avec l'amortissement constant...
- *sur le cash-flow (CAF) :* identique la première année (mêmes charges financières) mais plus faible ensuite à partir de la 2e dans le cas de l'amortissement financier (charges financières plus lourdes, donc moins de résultat...).

• ›3 Les facilités d'accès

Toutes les entreprises n'ont pas le même accès au crédit. Les très grandes ont le marché financier... Les moyennes (bien installées) ont peut-être le marché financier, mais aussi le crédit bancaire, le crédit-bail, le capital-risque si elles sont sur un secteur porteur... Les plus petites ou les plus jeunes n'ont sans doute que le crédit bancaire (qui leur sera mesuré), et le crédit-bail (qui leur sera mesuré aussi dans un premier temps). La facilité d'accès se mesure aussi à la capacité à trouver le bon interlocuteur (une grosse PME y parviendra toujours, une petite difficilement) ; à la capacité à obtenir rapidement une réponse (pour une petite PME, il faut parfois attendre 2 ou 3 mois... pour une très grosse PME, il suffira souvent d'une heure au téléphone) ; à la capacité à présenter des prévisionnels fiables (problème de la structure en hommes...) ; à la capacité – réelle ou supposée – de résistance aux aléas de conjoncture (une petite entreprise est par hypothèse plus fragile, sauf niche particulière...). Et la facilité d'accès va à son tour conditionner le coût (moins de choix = coût plus élevé) : on revient à la case précédente !

• ›4 La CAF attendue du projet

Elle est toujours difficile à chiffrer dans le cas d'un investissement de croissance. On rencontrera trois cas de figure :
- CAF prévisionnelle confortable mais seulement après une phase de montée en puissance de 1 ou 2 ans (cas relativement fréquent) : obligation dans ce cas d'assortir le remboursement du crédit d'une période de différé partiel (seul le remboursement du capital est retardé de 1 ou 2 ans) ou total (aucun paiement en capital ni intérêts sur la période de différé),
- CAF prévisionnelle moins importante mais linéaire : obligation de rallonger sans doute la durée du crédit pour faire coïncider CAF et charges de remboursement,
- CAF confortable mais structure financière faible : on s'orientera vers une formule de crédit-bail (aucune incidence sur la structure – financement à 100 %),

sans oublier que la CAF dépendra aussi du mode d'amortissement fiscal (linéaire ou dégressif) et qu'une partie devra obligatoirement être affectée au financement de la variation du BFR (Δ positive par hypothèse dans le cas d'un investissement de croissance, car hausse prévisible du CA).

• ›5 Les garanties associées au crédit

Les prêts d'investissement (M ou LT) sont assortis d'une garantie qui porte en général sur le bien financé (hypothèque pour un immeuble, nantissement ou gage pour un meuble – au sens juridique du terme –). Parfois, l'emprunteur sera plus exigeant et demandera en outre une caution personnelle (au dirigeant… ou parfois aussi à un tiers qui paraîtra peut-être plus solvable). Les garanties ont un coût pour l'emprunteur (parfois élevé lorsqu'il s'agira d'une hypothèque). Par ailleurs le prêteur doit respecter un formalisme juridique lourd (acte authentique pour prendre une inscription d'hypothèque… délais stricts de publicité pour les nantissements ou les gages… obligation d'information annuelle des cautions, etc.). C'est donc le point le plus épineux du dossier pour les deux parties, qui conduira parfois l'entreprise à préférer une durée de 5 ans sans la caution personnelle de son dirigeant, à une durée de 7 ans (peut-être mieux adaptée à son projet) assortie de sa caution.

B ›3
Le plan de financement

Il se présente sous la forme d'un tableau prévisionnel pluri-annuel (4 ou 5 ans) reprenant en « emplois » toutes les sorties de fonds de la période (dépense à financer, remboursement de la dette, dividendes, Δ positive du BFR…), et en « ressources » toutes celles qui amélioreront le FDR (CAF, cessions d'immobilisations, nouvelles dettes, augmentation de fonds propres…). Connaissant la trésorerie de départ et sa variation annuelle, on pourra appréhender la trésorerie de fin de période. C'est en quelque sorte *un tableau de financement prévisionnel,* incluant le besoin issu de la variation du BFR, qui permet de fixer le montant des ressources extérieures à mobiliser (nouveaux emprunts, nouveaux fonds propres). L'exercice ne présente pas de difficulté particulière comme nous allons le voir dans l'exemple ci-dessous.

La société ABC prévoit un programme d'investissement global de 1 800 réparti comme suit :

- 600 en année N (1re année du plan de financement)
- 800 en N+1
- 200 en N+2
- 200 en N+3

En N-1, elle a réalisé un CA de 32 000, qui devrait, à la suite de ces investissements, évoluer comme suit :

- 36 000 en N
- 45 000 en N+1

- 48 000 en N+2
- 52 000 en N+3

Le BFR représentait 37 jours de CA en N–1. Il devrait rester stable (en jours de CA) sur N, et ne représentera plus ensuite que 32 jours de CA.
La CAF, de 650 en N–1, devrait passer, *avant incidence de nouveaux emprunts éventuels,* à :

- 700 en N
- 850 en N+1
- 1 100 en N+2
- 1 200 en N+3

Les actionnaires pourraient envisager un apport d'argent frais de l'ordre de 500 KF en N+1.
Prévoir une distribution de dividendes de 100 en N et N+1 et 150 à partir de N+2 au titre de chacune des années précédentes.
Le bilan au 31.12.N–1 présentait les chiffres caractéristiques suivants :

Actif		Passif	
Immob. nettes	1 321	Capital social	2 400
		Réserves (résultat compris)	1 182
Stocks	374	Dettes Éts crédit (1)	1 748
Clients	3 392	Fournisseurs + dettes expl.	479
Banque	1 125	Banque	403
	6 212		**6 212**

(1) dont 477 < 1 an
588 > 1 an et < 2 ans
610 > 2 ans et < 3 ans
73 > 3 ans et < 4 ans

a › Plan de financement initial

Ce premier plan va reprendre les seuls éléments de ressources et d'emplois connus à ce jour : remboursement d'emprunts anciens, versement de dividendes, CAF prévisionnelles, apport d'argent frais par les actionnaires, etc. uniquement pour mesurer le besoin de capitaux supplémentaires à mobiliser.

	N	N+1	N+2	N+3
Remboursement emprunts anciens	477	588	610	73
Investissement	600	800	200	200
Dividendes	100	100	150	150
Δ du BFR (1)	411	300	266	356
Total emplois	**1 588**	**1 788**	**1 226**	**779**

… / …

	N	N+1	N+2	N+3
CAF prévisionnelle	700	850	1 100	1 200
Augmentation de fonds propres		500		
Total ressources	**700**	**1 350**	**1 100**	**1 200**
Écart : Ressources – Emplois	**888**	**438**	**126**	**+ 421**
Trésorerie début de période (2)	722	166	604	730
Trésorerie fin de période	**166**	**604**	**730**	**309**

(1) En N, 37 jours de CA HT, donc Δ = 37 j sur l'augmentation du CA = [(36 000 – 32 000) / 360] × 37 = 411.
Pour la Δ de N+1, calculer BFR de N (37 j) puis BFR de N+1 (32 j). Par différence : Δ positive de 300. À partir de N+2, appliquer 32 j sur la Δ du CA pour obtenir la Δ du BFR.
(2) Trésorerie début N = trésorerie fin N–1 = (+ 1 125 – 403) = + 722 (chiffres donnés par le bilan de N–1). La trésorerie de début de N+1 = trésorerie de fin N, et ainsi de suite.

Commentaires

• Avec les seuls éléments en notre possession, le plan est déséquilibré assez lourdement à partir de N+1 (surtout si l'on compare le niveau de la trésorerie avec ce qu'il était en fin de N–1).

• Si l'on considère le besoin maximum de 730 en N+2, il convient de prévoir un emprunt d'au moins 900 (peut-être 1 000) pour permettre de couvrir cette impasse et de retrouver une trésorerie correcte (la société ABC semblant être habituée à gérer une trésorerie très confortable).

• On pourrait mettre en place cet emprunt dès l'année N (la trésorerie remontant alors à + 750 environ), mais est-ce bien indispensable ? Avec sa structure financière (voir bilan N–1) la société peut très bien attendre N+1, à condition de négocier un découvert de 166 (même 200... pour être à l'aise) sur l'année N (à partir du moment où apparaîtra le besoin réel).

• Retenons cette hypothèse (mais une autre serait tout aussi acceptable si elle était financièrement défendable...) :
– un découvert de 200 maximum en N, sur une durée maximum de 6 mois, à 8 %
– un prêt de 1 000 sur 5 ans à 6 % (amortissement constant en capital) mis en place en N+1 et intégrons-la dans un nouveau plan de financement. La CAF sera modifiée puisqu'elle devra tenir compte maintenant des intérêts de ces crédits. *Attention :* les intérêts ne vont pas affecter la CAF pour 100 % de leur montant, mais à concurrence seulement de (1 – taux de l'impôt), soit 60 % pour un taux d'IS de 40 % (voir exemple chiffré ci-dessous).

> Exemple

	CAF avant nouvelles charges	**CAF après** nouvelles charges
CA	100	100
Charges	60	70
Amortissements	10	10
Résultat avant IS	30	20
IS (40 %)	12	8
Résultat net	18	12
CAF	**28**	**22**

Pour une augmentation de charges de 10 (70 au lieu de 60), la CAF ne diminue que de 6 (22 au lieu de 28), soit 60 % de la nouvelle charge (en raison de l'économie d'impôt induite).

Le plan de financement corrigé devra également tenir compte de la mise en place du prêt de 1 000 en N+1 (nouvelle ressource), et de son remboursement par cinquième (200) chaque année suivante (nouvel emploi).

b › Plan de financement corrigé (on suppose un taux d'IS de 40 %)

	N	N+1	N+2	N+3
Total emplois du plan initial	1 588	1 788	1 226	779
Remboursement nouvel emprunt			200	200
Total emplois plan corrigé	**1 588**	**1 788**	**1 426**	**979**
Total ressources du plan initial	700	1 350	1 100	1 200
Incidences intérêts sur CAF	4,8		36	28,8
Nouvel emprunt		1 000		
Total ressources plan corrigé	**695,2**	**2 350**	**1 064**	**1 171,2**
Écart Ressources - emplois	**892,8**	**562**	**362**	**192,2**
Trésorerie fin de période	**170,8**	**391,2**	**29,2**	**221,4**

Commentaires sur le nouveau plan

- La trésorerie se retrouve en zone positive dès l'année N+1. Nous avons vu que l'impasse de N était financée par du découvert (il ne faut évidemment pas intégrer son remboursement en emplois de N+1. Ce dernier se fait naturellement par l'excédent des ressources sur les emplois).
- Pour un investissement global de 1 800, la société n'a recours à de la dette que pour 1 000, soit 55 % de son besoin : très bon équilibre.
- On observe que le FRNG se dégrade de 892,8 en fin de N, pour regagner 562 dès N+1. On en ignore par contre le montant en valeur absolue, mais on connaît

celui du FDR (bilan liquidité reconstituable à partir des chiffres communiqués par ABC) de N–1, soit 3 432 : (fonds propres – dividendes + dettes Éts de crédit > 1 an) – immobilisations nettes. Ce FDR représentait près de 40 j de CA HT et 127 % du BFR. La société disposait donc d'un très confortable matelas de sécurité, qui se trouvera finalement peu entamé par le déséquilibre tout relatif du plan de financement...

- Que disent les ratios d'endettement ?
  - Fin N, l'endettement bancaire (hors CBC) tombe à 1 271, soit 1,8 années de CAF... Approximativement, le ratio « FP / Dettes » à fin N doit se situer autour de 75/25... Enfin, l'annuité d'emprunt (477) ne consomme que 68 % de la CAF de l'année.
  - Fin N+1, les dettes remonteront à 1 683 avec la mise en place du nouveau prêt, soit moins que leur niveau de fin N–1. La CAF de 850 permet un remboursement en deux ans... La même année, les fonds propres sont abondés de 500 d'argent frais...
  - Fin N+2, la dette retombe à 873 (1 683 – 610 – 200), soit 10 mois de CAF (1 064).
  - Fin N+3, tous les ratios, déjà excellents, s'améliorent encore : la CAF de l'exercice permet de rembourser l'annuité d'emprunt, de financer la Δ du BFR, l'investissement de 200, et de payer les dividendes. C'est plus que n'en demandent le TPFF et la Banque de France réunis !

> C

Le financement du bas de bilan

Le haut du bilan étant correctement financé (lorsqu'il en résulte un FDR positif dans des proportions suffisantes), l'entreprise doit financer maintenant son cycle d'exploitation, c'est-à-dire mettre en place – ou disposer de – suffisamment de ressources pour ne jamais se trouver en situation d'insolvabilité. Pour financer ses emplois de bas de bilan, elle peut faire appel à trois types de ressources.

- **Le passif circulant** : partie du bilan classée en regard des actifs du même nom. Il est constituée essentiellement du crédit consenti par les fournisseurs, mais aussi, dans une moindre mesure, de celui consenti par les autres partenaires : l'État (au sens large), réglé avec un décalage de 1 à 3 mois (TVA à reverser... charges sociales...) ; éventuellement le personnel dont on peut retarder (un peu) la date de rémunération (en général au 2 ou au 5 du mois suivant pour alléger les besoins de fin de mois...).

- **Le FDR**, qui est la ressource la plus « naturelle » de financement. On se souvient du ratio jugé satisfaisant : FDR / BFR = 40 % minimum.

- **La trésorerie avancée par les banques** : FDR – BFR.

En quoi va consister la gestion du financement du cycle d'exploitation ? A arbitrer, chaque fois que nécessaire, entre ces trois ressources. Mais, pour arbitrer, il faut avoir des options, des choix. Il faut donc être suffisamment libre à l'égard des tiers pour décider de recourir à l'un plutôt qu'à l'autre... pour exercer ce choix en toute sérénité. Etre libre de recourir à sa banque suppose que l'on ait aussi la liberté de pouvoir s'en passer, parce que la banque peut toujours dire « non »... D'où la nécessité d'appréhender correctement l'importance du besoin pour mettre en place des ressources (des financements) suffisamment tôt. Ceci vaut pour les financements d'origine bancaire, mais aussi pour les autres : le FDR bien sûr... le crédit fournisseurs à négocier assez tôt, etc.
Comment détermine-t-on le besoin ? La question se pose de manière différente selon l'activité plus ou moins saisonnière de l'entreprise.

- **En l'absence de saisonnalité** : c'est la situation la plus simple. En général l'entreprise connaît ses besoins en termes de stock, de crédit clients..., et ce qu'elle peut obtenir de ses fournisseurs. Elle sait aussi que son BFR représente en moyenne *x* jours de CA. Il lui est donc relativement aisé de déterminer le besoin de l'année N à partir de l'expérience de N–1. Si le BFR « tourne » en moyenne autour de 40 jours de CA, il représentera peut-être l'an prochain 38 j ou 43 j, mais sûrement pas 75 ou 18 ! Elle connaît aussi son FDR. Elle peut en tout cas estimer son évolution sur l'année de manière relativement fiable, sauf événement imprévu... Connaissant le FDR et le BFR moyen (qu'il faudra peut-être pessimiser dans les deux cas), elle pourra déterminer son besoin net à couvrir par des ressources d'origine bancaire (ou par un rallongement du crédit fournisseurs... ou par un renforcement de son FDR...).
- **En situation de saisonnalité** : dans un premier temps, il convient d'apprécier correctement la saisonnalité. Si l'activité est liée à un calendrier connu (Noël, vacances d'hiver ou d'été, fête des mères...), c'est assez simple, sauf à évaluer correctement le chiffre d'affaires prévisionnel. Si elle est liée à une époque de récolte (fruits, primeurs, céréales), elle peut connaître des décalages importants d'une année sur l'autre (de plus d'un mois parfois). On sera donc obligé de procéder par approximations. Quelle que soit l'approche retenue (on peut même calculer des espérances mathématiques de besoins...), l'entreprise se livrera à une analyse de son besoin à partir d'un plan pluri-mensuel de trésorerie. L'exercice consiste à identifier la date – et le montant – les plus probables de *tous les encaissements et tous les décaissements attendus sur la période,* exprimés bien entendu *toutes taxes comprises* (ce qui nous intéresse ici étant de savoir comment va évoluer le niveau du compte en banque). On n'est plus dans un contexte comptable ou financier de produits et de charges, mais dans un contexte « trésorerie » (avant de reverser la TVA au Trésor, l'entreprise la conserve quelques semaines sur son compte... et, inversement, si elle peut récupérer la TVA facturée par ses fournisseurs, dans un premier temps il faut bien qu'elle la décaisse). Les grandes entreprises ont mis au point des modèles de simulation très sophistiqués, plus d'ailleurs pour optimiser la gestion de

leur trésorerie *au jour le jour* (le moins de besoins et le moins d'excédents...) que pour appréhender l'évolution de leur BFR. Les PME se contentent (et c'est largement suffisant) de plans mensuels ou décadaires sur la seule période où elles connaissent le besoin saisonnier...

C ›1
Le plan de trésorerie en situation de saisonnalité

Il se présente généralement sous la forme d'un tableau récapitulant, mois par mois, toutes les rentrées et toutes les sorties de trésorerie, qu'elles concernent l'exploitation, les financements stables, les investissements ou désinvestissements... On listera par conséquent, pour le mois concerné, toutes les opérations susceptibles d'influencer la trésorerie. On déterminera ensuite, par différence encaissements / décaissements, l'importance et l'époque du besoin maximum.

Avant de travailler sur un exemple chiffré, on rappellera quelques règles.

- **L'expression des délais de règlement.**
  - Payer un fournisseur à 60 jours, c'est clair pour tout le monde : facture du 14 avril, paiement le 14 juin.
  - 60 jours fin de mois (60 j fdm) équivaut à un délai moyen de 75 jours. On peut avoir : facture du 29 mars, paiement 31 mai (60 j = 29 mai, et fdm = 31 mai). Dans ce cas, l'entreprise a bénéficié de 63 jours de crédit (du 29 mars au 31 mai). Mais on peut avoir aussi : facture du 2 avril, paiement 30 juin (60 j = 2 juin et fdm = 30 juin). Dans ce cas le crédit a couru sur 89 jours. Si les factures sont réparties de manière assez homogène, on a bien une moyenne de 75 jours : (63 + 89) / 2 = 76.
  - 60 j fdm le 10 : le règlement est reporté de 10 jours supplémentaires par rapport à la situation précédente...
- **La TVA.**
  - En général, l'entreprise reverse autour du 20 du mois suivant, le solde : TVA collectée – TVA déductible du mois précédent.

> **> Exemple**
> Avec un taux de TVA de 20 %.
> Ventes HT de mars : 2 000 (donc ventes TTC = 2 400 et TVA collectée 400).
> Achats et charges HT de mars : 1 500 (donc TTC = 1 800 et TVA déductible 300)
> Solde de TVA au titre de mars à reverser au Trésor le 20 avril : 400 – 300 = 100 (quelle que soit par ailleurs la date d'encaissement de ces ventes – peut-être 90 j plus tard – ou de décaissement des achats).

  - Les ventes à l'exportation sont exonérées de TVA. Par contre les achats importés sont passibles de la TVA lors de l'entrée en France.

- Lorsque la TVA déductible est supérieure à la TVA collectée (cas d'une entreprise qui vendrait toute sa production à l'export par exemple), l'État rembourse le solde également autour du 20 du mois suivant. L'entreprise est créancière du Trésor (on dit aussi qu'elle est créditrice en TVA).
- Lorsque la TVA déductible est exceptionnellement supérieure à la TVA collectée, en général le solde est imputé sur la TVA à reverser le mois suivant (sauf exceptions). Dans nos exercices d'applications, on considèrera que le solde débiteur ou créditeur de TVA, au titre d'un mois donné, est reversé ou remboursé le mois suivant.

Exemple de construction d'un plan de trésorerie

Établir le plan de trésorerie d'une société commerciale sur les 6 mois suivant la clôture du dernier bilan au 31.12.N, à partir des renseignements suivants :

- **CA HT annuel France** : 24 000 dont 40 % répartis linéairement sur les 8 premiers mois de l'année et 60 % sur les 4 autres – Crédit 30 jours fin de mois.
- **CA annuel export** : 9 000 (crédit de 60 j fin de mois), dont 30 % sur les 3 premiers mois, 70 % sur les 9 suivants (linéairement).
- **Achats :** 1 000 tous les deux mois (première livraison : début janvier) – crédit fournisseur : 60 j.
- **Charges annuelles de fonctionnemen**t uniformément réparties dans le temps.

– FDP : 8 100 dont 1/3 de charges sociales (salaires réglés en fin de mois; charges le 10 du mois suivant).
– Autres frais généraux : 3 600 (la moitié supportant la TVA).
– Frais financiers : 900 par an.
– Impôts et taxes : 660 par an.
– Amortissements : 1 200 par an.

- **TVA :** taux de 19,6 % - Règlement le 22 de chaque mois.

Extrait du bilan au 31.12.N

Clients	1 800 (1)	Résultat	960
		Dettes financières (2)	800
		Fournisseurs	520
Disponibilités	30	État (TVA à payer)	160
		Charges à payer (3)	240

(1) dont 300 de clients étrangers
(2) Emprunt remboursé par fractions annuelles de 100 (en mars)
(3) À payer fin janvier

Corrigé du plan de trésorerie

Mois	1	2	3	4	5	6
Clients bilan France	1 500					
Clients bilan export	150	150				
Encaissements France TTC		1435,2	1435,2	1 435,2	1 435,2	1 435,2
Encaissements export			900	900	900	700
Total encaissements	**1 650**	**1 585,2**	**2 335,2**	**2 335,2**	**2 335,2**	**2 135,2**
Fournisseurs bilan	520					
Charges à payer bilan	240					
Achats TTC			1 196		1 196	
Salaires	450	450	450	450	450	450
Charges sociales		225	225	225	225	225
Autres frais généraux	329,4	329,4	329,4	329,4	329,4	329,4
Frais financiers	75	75	75	75	75	75
Impôts et taxes	55	55	55	55	55	55
Emprunt			100			
Total décaissements avant TVA	**1 669,4**	**1 134,4**	**2 430,4**	**1 134,4**	**2 330,4**	**1 134,4**
TVA collectée	235,2	235,2	235,2	235,2	235,2	235,2
TVA déductible	225,4	29,4	225,4	29,4	225,4	29,4
TVA à régler	9,8	205,8	9,8	205,8	9,8	205,8
TVA à décaisser	**160**	**9,8**	**205,8**	**9,8**	**205,8**	**9,8**
Total décaiss. TVA comprise	**1 829,4**	**1 144,2**	**2 636,2**	**1 144,2**	**2 536,2**	**1 144,2**
Écarts encaiss. / décaissements	179,4	441	301	1 191	201	991
Trésorerie initiale	30	149,4	291,6	9,4	1 181,6	980,6
Trésorerie finale	**149,4**	**291,6**	**9,4**	**1 181,6**	**980,6**	**1 971,6**

Principaux pièges

- Les amortissements ne sont évidemment pas des charges décaissables.
- La TVA à régler ou à récupérer se calcule sur chaque mois mais le solde se règle ou se récupère le 22 du mois suivant.
- Frais généraux : la moitié seulement supporte la TVA.
- Ventes export : en suspension de TVA.

C ›2
Le choix du mode de financement

Une fois apprécié le besoin net, qui tient compte du FDR par le truchement de la trésorerie initiale, il va s'agir de le financer : 150 en janvier dans l'exemple ci-dessus. Si l'on convient que ce chiffre résulte de l'équation FDR – BFR, les solutions de financement peuvent concerner chaque composante : le FDR bien sûr, mais aussi tous les postes du BFR. Sortons un instant de notre exercice précédent, qui constate un besoin tout à fait modique en montant et en durée (que l'on financera en l'occurrence par un découvert de quelques jours).

> Quelles sont ces solutions de financement ?

- Celles qui peuvent accroître le FDR : apport de fonds propres, recours à un emprunt à MT
- Celles qui peuvent diminuer le BFR : diminution ou meilleure rotation des stocks, raccourcissement du crédit clients, rallongement des délais de règlement aux fournisseurs.
- Celles qui combinent les deux...

> Qui peut les mettre en œuvre ?

- L'entreprise elle-même : meilleure gestion de ses stocks, raccourcissement des délais de fabrication, négociation plus serrée avec les clients et les fournisseurs...
- L'actionnaire : par apport d'argent frais
- La banque qui peut aider à améliorer le FDR (crédit MT de restructuration) ; qui peut offrir des solutions pour anticiper les encaissements (escompte, avances Dailly, et, par extension, affacturage) ; ou pour rallonger le crédit fournisseurs (garanties bancaires).

Stocks (↓)
Meilleure rotation
Garantie pour la banque

FDR (↑)
Apport en FP
Crédit de restructuration

Clients (↓)
Renégociation des délais (↓)
Escompte
Avances Dailly
Affacturage

Fournisseurs (↑)
Renégociation des délais (↑)
Caution bancaire

Besoin Net (↓)
Découvert

> Sur quels critères s'opérera le choix du financement ?

D'abord sur des critères d'équilibre du bilan : avant d'envisager, d'un point de vue purement technique, telle ou telle solution, il faut commencer par régler la question des équilibres fondamentaux (FDR/BFR... FP/total bilan... etc.). Un banquier, ou un fournisseur, n'acceptera d'ailleurs de fournir une aide ponctuelle que si le bilan présente une physionomie globale rassurante. Autrement dit, il faut apprécier objectivement (et c'est toujours difficile pour le dirigeant) si le besoin provient d'un problème de fond (le plus souvent FDR insuffisant), ou d'un aléa ponctuel d'exploitation. Il y a un critère qui ne trompe pas (et qui fonctionne quelles que soient les variations saisonnières) : la trésorerie doit être positive au moins 2 mois par an après mobilisation à 80 % du compte clients (ce n'est pas la théorie financière qui démontre ce ratio, c'est, plus modestement, la pratique quotidienne des affaires...). Si tel n'est pas le cas, il faut d'abord régler le problème du FDR. Si le ratio est vérifié – le plus largement possible –, alors on peut effectivement dire que le besoin est lié à la saisonnalité de l'exploitation, et réfléchir à son financement...

Ensuite, c'est affaire d'opportunité. Comme, en général, un apporteur de capitaux aime bien savoir ce qu'il va financer, il faut dans un premier temps identifier l'origine du besoin, qui peut provenir de l'une des trois composantes du BFR. Nous les passons en revue ci-dessous. On choisira ensuite le crédit qui s'adapte le mieux à la structure spécifique de ce besoin. Nous dirons à cette occasion quelques mots de chaque technique.

- **Les stocks** : c'est généralement le poste qui souffre le plus de la saisonnalité. On rencontre deux principaux cas de figure :

– obligation de stocker massivement de la matière première sur une très courte période, pour transformer et vendre ensuite tout au long de l'année. On parle alors de *saisonnalité des achats*. C'est le cas classique des activités de conserverie (fruits, céréales, primeurs...) ou de certaines activités de transformation de matières premières mises en vente à des époques très précises de l'année (ventes de bois de l'Office National des Forêts à l'automne, par exemple). Le BFR exceptionnel lié à cette saisonnalité sera financé par un crédit dit « de campagne », facile à garantir par le stock qu'il finance (gage sur stock avec gestion par un tiers-détenteur).

– production linéaire sur l'année à partir d'une matière première disponible en permanence, stockage de produits finis, et ventes concentrées ensuite sur une courte période. On parlera de *saisonnalité des ventes* (production de skis, de maillots de bain, d'articles de décoration de sapins de Noël, de cartables d'écolier... et bien d'autres encore). Le financement ressemblera au précédent, à la différence qu'il concernera ici un stock de produits finis qui va se constituer progressivement sur 9 ou 10 mois et se dégonfler ensuite très brutalement en quelques semaines.

Crédit de campagne : de courte durée, il peut prendre la forme d'un découvert... Lorsqu'il dépasse 2 mois, il sera plutôt matérialisé par un billet à ordre (en général à échéance d'un mois, parfois moins...) souscrit par l'emprunteur au profit de la banque. Cette dernière en fera l'escompte et en portera le produit (nominal du billet à ordre diminué des agios d'escompte) au crédit du compte de l'emprunteur. A l'échéance, l'emprunteur souscrira un nouveau billet, dont il actualisera éventuellement le montant (les besoins ont pu évoluer en un mois...). L'escompte de ce nouveau billet permettra de rembourser le billet précédent venu à échéance. Par opposition au papier « commercial » (effets de commerce représentatifs d'une créance commerciale... traite tirée par un fournisseur sur son client...), on appelle papier « financier » les effets représentatifs d'une créance financière (le billet souscrit par l'entreprise à l'ordre de la banque représente bien une créance de cette dernière – ou une dette vis à vis de cette dernière – mais qui n'a pas le caractère commercial : pas de livraison de marchandises...).

Gage sur stock : garantie donnée à un créancier qui devient propriétaire virtuel de ce stock. Un gage n'a de réelle efficacité que s'il y a dépossession du débiteur. Dans le cas d'un stock, on ne peut évidemment pas en déposséder physiquement l'entreprise ! Le créancier confiera donc à un tiers (Organisme spécialisé) le soin d'assurer, pour son compte, et moyennant le paiement de commissions, la détention de ce stock. Le « tiers-détenteur » (Auxiga... Sofigarant... et d'autres encore) aura plusieurs missions : vérifier d'abord l'existence ou la constitution progressive de ce stock ; l'isoler physiquement dans un « magasin » auquel il aura seul accès ; débloquer ensuite progressivement ce stock au fur et à mesure des ventes et donc du remboursement à la banque du crédit consenti. Excellente garantie pour le créancier : en cas de procédure collective – redressement ou liquidation judiciaire – un actif gagé au profit d'un créancier ne peut être appréhendé par les autres. Des difficultés peuvent néanmoins survenir lorsque le créancier a besoin ensuite (en cas de non remboursement) de procéder à la vente de ce stock... Le cas est heureusement assez rare.

- **Les clients** : ils sont beaucoup plus rarement à l'origine d'un besoin saisonnier. On rencontre néanmoins le cas dans certaines productions, écoulées habituellement via des canaux de distribution traditionnels (avec des délais de paiement de 45 à 60 jours), mais qui, quelques semaines par an, passeront aussi par la grande distribution (avec alors des délais de paiement de 90 à 120 jours parfois). On sait que les grandes enseignes font des campagnes promotionnelles (pour la rentrée des classes par exemple) sur quantités d'articles qu'elles ne vendent pas le reste de l'année (fournitures scolaires bien sûr, mais aussi habillement, chaussures, etc.). On résoudra ce besoin spécifique limité dans le temps par un recours plus massif à l'escompte (ou techniques apparentées de type Dailly ou affacturage).

L'escompte : on a évoqué la technique lors de l'examen du bilan (revoir chapitre 4). C'est une opération par laquelle un créancier (fournisseur) cède à un banquier un effet représentatif d'une créance commerciale (traite tirée sur son client), en contrepartie du paiement immédiat de cet effet (dont le montant sera inscrit au crédit de son compte). En cas de non-paiement de l'effet à son échéance, le banquier peut, à sa convenance, soit poursuivre le débiteur principal (le tiré qui s'était engagé à payer cet effet), soit re-débiter son propre client du montant dont il l'avait crédité initialement (on parle alors de « contre-passation » de l'écriture d'escompte), en vertu de la solidarité qui lie tous les signataires de l'effet. L'entreprise qui procède à l'escompte de ses effets de commerce ne peut donc pas considérer que la trésorerie issue de cette opération lui est définitivement acquise. Le développement des procédés de transmission informatique et la non-circulation des effets de commerce ont contribué, à partir du milieu des années 80, à faire disparaître progressivement l'escompte traditionnel au profit de nouveaux instruments de crédit : les avances Dailly et l'affacturage.

Les avances Dailly : du nom du sénateur Étienne Dailly qui a fait voter, en 1981, une loi supposée « faciliter le crédit aux entreprises », organisant la cession de créances commerciales au profit d'une banque, par simple bordereau (liste des créances « cédées »). La loi poursuivait un objectif très louable : permettre aux entreprises ne disposant pas d'un effet de commerce (parce que le client ne l'avait pas retourné dans les délais, par exemple) d'obtenir néanmoins d'une banque le paiement anticipé de sa créance. La pratique a vite montré que, pour être absolument sécurisé du point de vue de la banque, ce crédit devait respecter un formalisme extrêmement lourd (notification de la cession au débiteur, acceptation par ce dernier..., le tout pouvant prendre autant de temps qu'auparavant le retour d'un effet accepté !). Les très nombreux cas de contentieux liés à l'application de cette loi ont fini par avoir raison de la bonne volonté des banquiers qui, à partir du début des années 90, s'en sont progressivement détournés au profit de l'affacturage.

L'affacturage : la technique n'est pas nouvelle mais elle a connu un développement considérable au cours des années 90. Mise en œuvre par des sociétés spécialisées, le plus souvent filiales de banques, elle consiste à acheter, en bloc, la totalité d'un compte clients et à le gérer ensuite intégralement (assurance du crédit, financement au profit de l'entreprise cédante, recouvrement, contentieux...). Contrairement au banquier escompteur, le factor acquiert définitivement la créance et ne peut donc pas se retourner contre l'entreprise cédante en cas d'impayé. L'affacturage (ou factoring) est moins onéreux que la réputation qu'on lui fait (si on considère la totalité des services qu'il offre). Il n'a pourtant pas toujours bonne presse et est encore considéré comme une forme de crédit réservée aux entreprises « malades ». On reproche souvent aussi au factor son ingérence, parfois peu commerciale, dans la relation primaire fournisseur / client.

- **Les fournisseurs :** eux aussi sont rarement à l'origine d'un besoin saisonnier. Il arrive cependant parfois, dans la vie d'une entreprise, que le crédit fournisseurs se réduise brutalement, entraînant, de fait, un BFR exceptionnel. Prenons l'exemple de l'entreprise A, habituée à s'approvisionner depuis de longues années auprès de B pour 70 % de ses achats, avec un délai de règlement de 60 jours. Brutalement B disparaît (liquidation judiciaire...), ou est racheté par un groupe international (qui la délocalise à l'autre bout du monde...), ou cesse de produire ce que lui achetait A... Cette dernière va devoir se retourner rapidement vers un nouveau fournisseur. Il est très improbable qu'elle obtienne spontanément les délais de règlement que lui consentait B.

Pendant au moins quelques mois (le temps de faire connaissance...) le nouveau fournisseur n'accordera sans doute que 30 jours, peut-être même pas... Il y aura bien alors une augmentation exceptionnelle de BFR chez A. Le problème est facile à résoudre. Le banquier de A offrira au nouveau fournisseur une garantie de paiement (sous forme de caution) en contrepartie d'un délai de règlement qu'on lui demandera de fixer d'emblée à 60 jours.

Les cautions bancaires : engagement pris par la banque, au profit d'un tiers, de payer la dette du débiteur principal en cas de défaillance de ce dernier. Excellente garantie pour le bénéficiaire, et d'un coût très modique pour le débiteur : entre 0,50 et 2 % l'an. Un fournisseur, muni d'une garantie bancaire, acceptera bien volontiers de faire crédit à son client, compte tenu de la sécurité qui est maintenant la sienne. Tout peut être garanti par une caution : le paiement, étalé dans le temps, d'une dette fiscale... le remboursement éventuel d'un acompte perçu sur une commande (en cas de non-exécution de la commande ou des travaux)... la garantie de 5 % à laquelle sont légalement assujetties les entreprises du BTP... les dettes vis à vis de fournisseurs... etc. (la liste est loin d'être exhaustive).

> D

Exercice d'application corrigé : Société Belcaze

a › Problèmes, données

- Préparer un plan prévisionnel de trésorerie sur le 4e trimestre 2001 (en utilisant le modèle fourni en annexe 5).
- Bâtir un plan de financement sur les années 2002 à 2005 incluses (en utilisant le modèle fourni en annexe 6).
- Faire un commentaire sur ces deux états et proposer des solutions alternatives le cas échéant, tenant compte des contraintes de l'entreprise et/ou de la banque.

(Dans tous les cas on arrondira les chiffres au K€ inférieur ou supérieur. Taux de TVA de 20 %).

Pour réaliser ces travaux, l'analyste dispose des éléments ci-dessous :

Annexe 1 : une situation intermédiaire arrêtée au 30 septembre 2001
Annexe 2 : un compte de résultat prévisionnel de l'exercice 2001 accompagné de diverses observations.
Annexe 3 : un plan d'investissement sur les années 2002 à 2005 ainsi que des solutions possibles de financement (parmi lesquelles il conviendra d'arbitrer).
Annexe 4 : une copie du courrier reçu récemment de la banque.
Annexe 5 : un modèle de plan de trésorerie
Annexe 6 : une matrice de plan de financement

Annexe 1

Situation intermédiaire au 30 septembre 2001

	B	A/P	N		
Immobilisations	5 136	1 219	**3 917**	Capital	**1 500**
				Réserves + Report à nouveau	**3 036**
Stocks	354	100	**254**	Résultat (estimé à fin 09)	**500**
Clients	4 776		**4 776**		
Créances	100		**100**	Dettes financières totales	**1 438**
				Fournisseurs	**1 980**
Banque	39		**39**	Dettes fiscales	**110**
				Concours banc. courants	**522**
Total	10 405	1 319	**9 086**	**Total**	**9 086**

- **Clients** : la société Belcaze travaillant essentiellement avec la grande distribution, elle ne peut recourir aux financements classiques de son compte « clients » par la voie de l'escompte. Le banquier accorde par contre des avances Dailly plafonnées à 2 M€ (qui apparaissent en concours bancaires courants...).
- **Créances** : il s'agit de la part appelée mais non versée du capital non libéré (doit être versée au plus tard le 20 décembre 2001).
- **Dettes fiscales** : TVA due en octobre au titre du mois de septembre 2001.
- **Dettes financières** : Remboursement de 450 K€ par an (capital et intérêts) en 2 semestres les 5 juin et 5 décembre de chaque année (dont 400 K€ de capital et 50 K€ d'intérêts).

Annexe 2

Compte de résultat prévisionnel de l'exercice 2001 (en chiffres arrondis)

Ventes (1)	20 000
Achats (2)	10 000
Charges externes (3)	2 400
Impôts et taxes	960
Frais de personnel (4)	4 810
Amortissements (dotation)	550

Dotation aux provisions	50
Frais financiers (5)	290
IS = 36 % du résultat brut	

(1) Dont 50 % payables à 60 j et 50 % à 90 jours. On sait par ailleurs que les ventes du 2e semestre ont été (ou seront) de :

juillet	3 000	août	580
septembre	1 900	octobre	2 000
novembre	1 200	décembre	1 500

(2) Payables uniformément à 60 jours. On donne aussi les achats du 2e semestre :

juillet	1 400	août	450
septembre	1 200	octobre	900
novembre	1 100	décembre	1 000

(3) 75 % sont à répartir linéairement (et supportent la TVA). Le solde est constitué de :
- 150 d'honoraires payables en octobre (passibles de TVA)
- 200 de primes d'assurances (exonérées de TVA) payables en novembre
- 250 d'abonnements à des contrats de maintenance (passibles de TVA) payables en décembre

(4) Personnel payé sur 13 mois (un double mois en décembre). On considérera que les charges et les salaires sont intégralement payés dans le mois concerné (paiement le 30 septembre au titre de septembre...)

(5) dont 50 K€ au titre des dettes amortissables (payables en même temps que le capital) et 240 K€ au titre des CBC, payables par trimestre, le 10 du 1er mois suivant chaque trimestre civil (10.04 par ex. pour le 1er trimestre).

Annexe 3

Plan d'investissement pour la période 2002 à 2005

Pour accroître ses capacités de production et diversifier ses débouchés, la société Belcaze a arrêté un ambitieux programme d'investissements qui se présente comme suit.

• Achat d'un fonds de commerce de vente de papiers peints : adjonction d'une activité de négoce de détail à son activité traditionnelle de fabrication. Le dirigeant y voit l'opportunité de se libérer de la « tutelle » de la grande distribution avec les avantages de la vente au détail. Cet achat serait réalisé en début d'année 2002, pour un coût de 1,5 M€ (prévoir en outre 75 K€ de frais et droits divers qui seront passés en frais généraux déductibles).

• Achat de deux nouvelles machines, d'un coût unitaire de 800 K€ pour la première, qui serait acquise début 2003, et 900 K€ pour la seconde qui serait acquise début 2004.

Extension des ateliers de production en 2005 pour un coût de l'ordre de 1 M€. Compte tenu des CA et des CAF prévisionnels (voir ci-dessous), le dirigeant pense s'orienter vers les financements suivants pour alléger les garanties :

• 70 % sur 7 ans pour le FDC (amortissement annuel linéaire en capital – intérêts à 7 %)

- 60 % sur 5 ans pour les machines (même type d'amortissement – taux 6 %)
- 50 % sur 8 ans pour l'extension (pour éviter le coût d'une hypothèque) avec un amortissement annuel constant en capital et des intérêts dégressifs au taux de 7,5 %

Il convient de prévoir en outre, l'obligation de verser un dividende annuel de 250 K€ *au titre* des exercices 2001 et 2002, et de 300 K€ *au titre* des suivants. On pense que le BFR baissera, dès 2001, à 50 jours de CA HT. Par ailleurs, le CA et la CAF devraient évoluer comme suit :

	2001	**2002**	**2003**	**2004**	**2005**
CA	20 000	26 000	31 000	35 000	35 000
CAF (1)	1 150	1 200	1 600	2 000	2 100

Enfin, il convient de noter que l'emprunt apparaissant au bilan (1 238 K€ à fin 2001) s'amortit en capital à raison de 200 K€ par semestre (38 K€ sur le 7e semestre...).

(1) Ces CAF ne tiennent compte ni des intérêts sur emprunts (sauf celui en cours) ni des nouveaux frais. Par contre, les intérêts sur les CBC ont été pris en considération (ainsi que les dotations futures...).

Annexe 4

Copie du courrier du 23 septembre 2001 reçu de la Banque pour le Commerce et l'Industrie (B.C.I.)

Messieurs,

Notre Comité vient d'examiner votre programme d'investissement sur la période 2002 à 2005. Compte tenu de son étalement dans le temps, nous ne pouvons vous confirmer notre accord de financement ci-dessous que pour les opérations prévues en 2002 et 2003 :

Quotité de financement : 70 % du montant de la dépense avec les garanties habituelles.
Durée : 10 ans maximum pour le FDC et 5 ans maximum pour le matériel à acquérir en 2003.
Taux : 8 % sur 10 ans – 7 % sur 7 ans – 6 % sur 5 ans pour les quotités ci-dessus.
Garanties : nantissement du FDC ou du matériel selon le cas pour des financements à l'intérieur des quotités ci-dessus. Dans l'hypothèse d'un financement à 100 % du fonds de commerce, que nous avions évoquée ensemble, notre Comité donnerait son accord mais le concours, dans ce cas, serait garanti par votre caution personnelle solidaire.

Cet accord est soumis bien entendu à la condition suspensive de remise préalable de votre bilan au 31 décembre 2001 qui devra constater un fond de roulement équivalant à un mois minimum de CA HT et une exploitation dégageant une rentabilité nette d'au moins 3 %.

Par ailleurs, compte tenu des encours que nous sommes susceptibles de porter à l'avenir sur votre société, nous vous prions de noter que nos crédits court terme ne pourront en aucun cas excéder désormais 1 500 K€ sur la période 2002–2003.

Restant à votre disposition,

Nous vous prions d'agréer, Messieurs, l'expression de nos sentiments tout dévoués.

Jean-Claude Delbreil
Directeur d'Agence

Annexe 5

Modèle de plan de trésorerie

	Octobre	Novembre	Décembre
Encaissements clients débiteurs au 30.09.2001			
Ventes octobre			
Ventes novembre			
Ventes décembre			
Autres encaissements......................			
....			
....			
Total encaissements			
Paiement fournisseurs créditeurs au 30.09.2001			
Achats octobre			
Achats novembre			
Achats décembre			
Frais généraux			
Impôts et taxes			
Frais de personnel			
Frais financiers			
Autres décaissements......................			
....			

... / ...

	Octobre	Novembre	Décembre
....			
....			
Total décaissements			
Écart mensuel constaté			
Trésorerie début :			
Écart mensuel cumulé			

Annexe 6

Plan de financement

	2002	2003	2004	2005
Dividendes				
Investissements				
Remboursement dette ancienne				
Remboursement emprunts nouveaux				
Financement de la Δ positive du BFR				
....				
Total des emplois				
CAF initiale				
CAF corrigée (1)				
Nouveaux emprunts				
....				
Total des ressources				
Écart annuel				
Écart cumulé avec trésorerie initiale (31.12.2001)				

(1) Pour corriger la CAF prévue initialement, tenir compte des charges qui ne l'auraient pas encore affectée et d'un IS au taux de 36 %.

b ›• Corrigé

L'exercice exige un peu de réflexion et beaucoup de méthode. La trésorerie prend en compte en effet toutes les opérations (*taxes comprises* pour celles assujetties à la TVA...) réalisées quotidiennement dans une entreprise (achats, ventes, règlements et encaissements divers...), et, même dans la réalité, on peut en oublier. Il faut également maîtriser les notions de TVA collectée et déductible d'une part, de TVA à régler ou à récupérer d'autre part. Enfin, il convient de partir de la bonne trésorerie (telle qu'elle se présente au 1er jour du plan).

Établissement du plan de trésorerie

	Octobre	Novembre	Décembre
Encaissements clients débiteurs au 30.09.2001	2 148	1 488	1 140
Ventes octobre	–	–	1 200
Ventes novembre	–	–	–
Capital non versé (cf. énoncé)			100
TVA à récupérer			10
Total encaissements	**2 148**	**1 488**	**2 450**
Paiement fournisseurs créditeurs au 30.09.2001	540	1 440	–
Achats octobre	–	–	1 080
Achats novembre	–	–	–
Frais généraux	180	180	180
Impôts et taxes	80	80	80
Frais de personnel	370	370	740
Frais financiers	60		
Honoraires	180		
Assurances		200	
Maintenance			300
Remboursement emprunt			225
TVA à régler	110	160	
Total décaissements	**1 520**	**2 430**	**2 605**
Écart mensuel constaté	**628**	**942**	**155**
Trésorerie début : cf. situation au 30.09 (39 – 522 = 483)	483	145	797
Écart mensuel cumulé	**145**	797	**952**

• Encaissements clients débiteurs au 30 septembre (total : 4 776) : on retrouve sur octobre 1/2 des ventes TTC de juillet payables à 3 mois (1 800) et 1/2 des ventes TTC d'août payables à 2 mois (348)... Puis en novembre, l'autre moitié des ventes d'août (348) + 1/2 des ventes TTC de septembre (1 140)... Continuer pour décembre... le total des encaissements sur ce trimestre correspondant bien au total dû par les clients au bilan du 30 septembre.

• Le mois de décembre enregistrera aussi 1/2 des ventes TTC d'octobre, soit 1 200.

• Même démarche pour les paiements aux fournisseurs créditeurs du 30 septembre, le total de la 1re ligne du plan correspondant bien au compte « fournisseurs » de la situation au 30 septembre.

• Frais généraux : 2 400 HT dans le prévisionnel dont 75 % passibles de TVA (2 400 × 0,75 × 1,2 = 2 160). Ces 2 160 sont répartis par 1/12e, soit 180 / mois... Le solde du poste est constitué de 150 HT d'honoraires (180 TTC) payables en octobre ; 200 de primes d'assurance non taxables en novembre ; et 250 d'abonnements HT (soit 300 TTC) en décembre.

• Frais de personnel : 4 810 / 13 mois = 370 par mois et 740 en décembre.

• Impôts et taxes : en l'absence de précisions, à répartir linéairement (évidemment sans TVA).

• Les amortissements et provisions ne sont pas décaissables. Ils ne sont donc pas dans le plan.

• Frais financiers : 50 au titre d'un prêt à MT, payables en même temps que le capital. Le solde 240, payable par 1/4 le 10 du 1er mois de chaque trimestre (le 10 octobre au titre du 3e trimestre : 60)

• Remboursement de l'emprunt (sortie de trésorerie) : 450 K€ / an en 2 semestrialités de 225 (comprenant capital et intérêts), l'une le 5 juin, l'autre, dans notre plan, le 5 décembre...

• La TVA : elle est collectée par l'entreprise au cours du mois qui enregistre la vente (quelle que soit ensuite la date d'encaissement de cette vente). Idem pour la TVA déductible sur les frais généraux et les achats... Le solde du mois, à régler ou à récupérer, le sera le mois suivant. On comprendra mieux à l'aide du tableau ci-dessous et des chiffres du plan :

	Oct.	Nov.	Déc.
TVA collectée sur ventes (ventes HT **du mois** × 20 %)	400	240	300
TVA déductible sur achats (achats HT **du mois** × 20 %)	180	220	200
TVA déductible sur frais généraux (n'en oublier aucun...)	60	30	80
TVA nette à régler	**160**		**20**
TVA nette à récupérer (déductible > collectée)		**10**	
Mois de règlement ou de récupération	**Nov.**	**Déc.**	**Janv.**

• Par contre, ne pas oublier, dans le plan, de régler en octobre la TVA due au Trésor à fin septembre, qui apparaît sur la situation intermédiaire pour 110.

Que peut-on dire de ce plan ? Certes la trésorerie se dégrade sur le trimestre, mais essentiellement en raison des faibles ventes d'août et des charges exceptionnelles de décembre (13e mois, remboursement d'emprunt, contrat de maintenance...). Or on sait que la société n'escompte pas (voir détail des agios). Elle dispose donc d'un gisement de trésorerie potentielle sur lequel elle peut puiser. À supposer que le compte clients soit relativement stable (4 / 5 000 K€), il suffirait qu'elle en mobilise 20 % pour ne plus utiliser de découvert. Donc situation de trésorerie globalement satisfaisante (ce que suggérait d'ailleurs la structure du bilan intermédiaire au 30.09).

L'établissement du plan de financement demande la même rigueur, mais il suppose en outre, au moins dans le cas qui nous occupe, quelques arbitrages préalables :

- si l'on s'en tient strictement à l'accord du banquier, on devrait limiter le plan aux années 2002 et 2003... Or la société souhaite aller jusqu'à 2005...
- par ailleurs, cet accord est lui-même sujet à interprétation : la banque parle de 70 % de la dépense mais évoque ensuite la possibilité de monter à 100 %... Quelle quotité choisirons-nous ?
- Enfin, la banque fixe des limites sur les crédits court terme... Comment connaître le besoin réel de crédit court terme (et vérifier par conséquent que ces limites ne seront pas dépassées) si l'on hésite sur la quotité de financement du fonds de commerce, qui aura une incidence directe évidemment (plus de financement sur le fonds = moins de besoins à court terme).

Nous opterons donc, uniquement parce qu'il faut faire des choix, pour le schéma suivant :

- comme le banquier ne refuse pas les financements au-delà de 2003, mais qu'il reporte simplement sa décision, nous bâtirons bien le plan jusqu'en 2005 en pré-supposant que, le moment venu, la banque suivra...
- nous retiendrons la quotité la plus défavorable pour le financement du fonds de commerce (70 %) et nous vérifierons comment se comporte la trésorerie...

Plan de financement

	2002	2003	2004	2005
Dividendes (1)	250	250	300	300
Investissements	1 500	800	900	1 000
Remboursement dette ancienne (2)	400	400	400	38
Remboursement emprunts nouveaux (3)	–	150	246	354
Financement de la Δ positive du BFR (4)	833	694	555	–
....				
Total des emplois	**2 983**	**2 294**	**2 401**	**1 692**

... / ...

	2002	2003	2004	2005
CAF initiale	1 200	1 600	2 000	2 100
CAF corrigée (5)	1 152	1 553	1 941	2 052
Nouveaux emprunts	1 050	480	540	500
....				
Total des ressources	**2 202**	**2 033**	**2 481**	**2 552**
Écart annuel	781	261	80	860
Écart cumulé avec trésorerie au 31.12.1999 (952)	**1 733**	**1 994**	**1 914**	**1 054**

Explication des renvois

(1) Il ne fallait pas confondre les années. En 2002, la société versera les dividendes *au titre* des résultats de 2001, puis en 2003, ceux *au titre* des résultats de 2002, etc.
(2) La dette à fin 2001, soit 1 238 K€, s'amortissant de 200 K€ par semestre en capital, on a bien un remboursement de 400 K€ par an les trois premières années et de 38 K€ (solde) en 2005. Seul le remboursement du capital est à considérer : les intérêts ont déjà diminué le résultat, donc la CAF.
(3) Emprunts nouveaux : nous avons retenu les quotités de financement les moins favorables (70 % pour le FDC, 60 % pour les machines et 50 % pour l'extension de 2005, selon le désir du dirigeant). On nous disait : « amortissement *annuel linéaire* (ou constant...) en capital et intérêts dégressifs », cette dernière précision allant de soi (revoir les modes d'amortissement p. 201 et suivantes). Donc, un seul remboursement par an, constant chaque année, le 1er intervenant 12 mois après déblocage du prêt. Pour celui de 1 050 K€, nous aurons donc un remboursement annuel de 150 (1 050 / 7) en 2003 (décalage de 1 an). Pour le prêt de 480 K€ en 2003, nous aurons un amortissement annuel de 96 en 2004 puis chaque année suivante. Ce qui signifie qu'en 2004, nous aurons à la fois l'amortissement du 1er prêt et celui du 2nd, soit 246 K€ (150 + 96)... Et ainsi de suite...
(4) Δ du BFR : le BFR restera stable à 50 j de CA HT. Connaissant le CA de 2001 (20 000 K€) et celui de 2002 (26 000 K€), on aura une Δ de BFR égale à 50 jours de la différence, soit : [(26 000 – 20 000) / 360] × 50 j = 833 K€... On pouvait aussi calculer le BFR de 2001, puis le BFR de 2002, et faire la différence ! Pas de Δ du CA entre 2004 et 2005, donc Δ du BFR = 0.
(5) Correction des CAF prévisionnelles : nous avons déjà vu que les CAF se corrigent à la baisse de l'équivalent d'une charge nouvelle diminuée de l'économie d'impôt, ce qui peut s'exprimer ainsi : CAF nouvelle = CAF prévue à l'origine – [charge nouvelle × (1 – taux d'imposition)]. Le taux de l'impôt étant ici de 36 %, les nouvelles charges s'imputeront donc sur la CAF à concurrence de 64 %. De quoi sont-elles constituées ?

- En 2002, de frais et droits pour 75 K€. Donc baisse de la CAF d'origine de 48 K€ (75 K€ × 64 %).
- En 2003, la seule charge supplémentaire est constituée des intérêts annuels du prêt de 1 050 K€, débloqué en 2002, soit 1 050 K€ × 7 % = 73,5 K€, donc baisse de la CAF de 47 K€ (nouvelle CAF de 1 553 K€).
- 2004 : Sur le prêt de 1 050 K€ ci-dessus, on a remboursé 150 K€ de capital en 2003. Donc les intérêts à 7 % s'appliqueront à un capital de 900 K€ (1 050 – 150), soit un intérêt de 63 K€, auquel s'ajoutera l'intérêt à payer sur le prêt de 480 K€ de 2003 (à 6 %), soit 28,8 K€. Donc une charge nouvelle totale de 91,8 K€ et une baisse de la CAF de 59 K€ (arrondie), qui la ramène à 1 941 K€.
- 2005 : essayer de reconstituer...

Commentaires généraux sur le tableau et conclusion

Vérifions dans un premier temps si les conditions imposées par le banquier (FDR à fin 2001... rentabilité nette... plafond de crédits court terme...) sont satisfaites.

Pour le **FDR à fin 2001**, il faut faire une prévision du haut de bilan.

- Immobilisations nettes au 30 septembre : 3 917. Or nous savons que sur l'exercice on dotera les amortissements pour 550, soit 1/4 sur le 4e trimestre (137 K€) qui viendra diminuer d'autant les immobilisations à fin décembre. Soit **immobilisations nettes à fin décembre** : 3 917 – 137 = **3 780.**
- Fonds propres au 31.12 = FP à fin septembre – résultat estimé à fin septembre + résultat prévisionnel à fin décembre (602 K€), soit **FP au 31.12** = 5 138 (1 500 + 3 036 + 602). Par prudence, au cas où le banquier ferait un calcul strict, imputons sur ces fonds propres un dividende forfaitaire de 250 K€. Ils seraient ramenés à **4 888 K€.**
- Les dettes : elles sont connues. Nous avions 1 438 K€ fin septembre et un amortissement de 200 en décembre, soit **dettes Établissements de crédit à fin décembre** = **1 238, dont** 400 < 1 an et donc **838 > 1 an.**

Ce qui permet le calcul du fonds de roulement :

> **Capitaux permanents : 5 726** (4 888 + 838)
> **FDR** = 5 726 – 3 780 = **1 946 K€**
> FDR en j de CA : [(1 946 × 360) / 20 000] = **35 jours.**

Pour **la rentabilité**, il suffisait de reconstituer le résultat au 31.12.2001 :

- Pas de difficultés *a priori* pour trouver 602 K€, ce qui donne une rentabilité nette de 3,01 % (pour être précis), c'est-à-dire : 602 / 20 000.

Pour **les crédits court terme**, nous avions un plafond de 1 500 K€. Or sur 2003 et 2004, le besoin théorique se montera à plus de 1 900 K€. En l'état, le plan de financement n'est donc pas recevable. Mais nous avons la solution d'emprunter 1 500 sur 10 ans pour le FDC au lieu de 1 050 sur 7 ans. Les ressources s'améliorant de 450, et les remboursements en capital restant identiques (1 500 / 10 ans = 150), le besoin de trésorerie s'allègera d'autant (au retraitement près de la CAF avec les nouveaux frais financiers un peu plus importants). Si l'entreprise veut disposer d'une petite marge supplémentaire, pourquoi ne profiterait-elle pas de l'offre du banquier de financer 70 % sur les autres investissements ? Quelle serait l'incidence sur la structure du bilan ?

- Nous savons qu'à fin décembre les fonds propres seront de l'ordre de 4 888 et les dettes totales de 1 238. À fin 12/2002 : 1 500 de dettes en plus, mais 400 de remboursement sur les anciennes, soit **dettes Établissements de crédit à fin 2002 :** 1 238 – 400 + 1 500 = **2 338.**
- Le ratio FP / dettes à fin 2002, *compte non tenu du résultat de 2002,* sera de l'ordre de 68 / 32, donc très favorable... Par ailleurs le ratio « Dettes / CAF prévisionnelle de 2002 » sera de 1,9 an, très favorable également... Enfin, l'annuité d'emprunt de 2002 (400 K€) ne représente que 1/3 de cette CAF...

Si le tableau avait été un peu plus tendu, on aurait pu imaginer plusieurs autres solutions.

- D'abord recourir à un crédit-bail pour financer par exemple les deux matériels de 2003 et 2004 : pas d'incidence sur la structure du bilan et allègement important du besoin en trésorerie court terme puisque financement à 100 %. Certes les CAF auraient été affectées de la redevance de leasing, mais l'endettement aurait baissé sans discontinuer jusqu'à fin 2005 (le prêt de 2005 ne commençant à s'amortir qu'en 2006...).
- Alléger le besoin de trésorerie en jouant sur le BFR : lorsque le banquier parle de « crédits court terme », y inclut-il l'encours d'escompte ? Peut-être, mais peut-être pas... Et même sûrement pas. Dans une affaire présentant cette structure et cette rentabilité, il y a fort à parier que n'importe quel banquier accepterait de mobiliser, sous réserve de sa bonne qualité, 60 ou 70 % du compte « clients »... Et d'ailleurs, pour le banquier lui-même, n'est-il pas préférable de « porter » un encours d'escompte de 2 M€ qu'un encours de découvert de 1,5 M€ ?
- On pourrait enfin imaginer que, en contrepartie, d'un petit effort supplémentaire de la part de la banque, l'actionnaire puisse diminuer le montant de ses dividendes, fût-ce modestement... Il est vrai qu'il devra aussi donner sa caution (financement à 100 % du fonds de commerce)... Peut-être les deux efforts cumulés lui paraîtront-ils un peu lourds...

Quoi qu'il en soit, l'affaire n'est pas démunie et il est à peu près certain qu'elle ne rencontrera aucune difficulté à obtenir les financements recherchés pour 2004 et 2005.

> E
La négociation avec les banquiers

À titre de conclusion à ce chapitre, et sans y consacrer de longs développements, il convient de dire quelques mots sur la manière de conduire une bonne négociation avec son (ses) banquier(s). L'établissement de prévisionnels fiables (trésorerie ou financement) est une condition nécessaire, mais pas toujours suffisante. Cette étape devra être suivie d'une phase de présentation, d'explications, de commentaires... à destination du banquier, pour obtenir définitivement son accord. Pour augmenter les chances de succès, il convient de respecter les quelques règles suivantes.

- **Savoir gérer un calendrier** : le banquier doit être sollicité suffisamment tôt par rapport à la période du besoin (trésorerie ou investissement), car, ce qui l'indispose plus que tout, c'est de devoir décider dans l'urgence...
- **Savoir gérer la communication** : le banquier est l'un des confidents privilégiés de l'entreprise (avec l'expert-comptable... l'avocat...) et lui cacher un élément de la situation, même par simple omission, est toujours un mauvais calcul.

• **Savoir s'adapter à ses contraintes** : un banquier ne fait pas toujours tout ce qu'il veut... Tel établissement est peut-être plus spécialisé dans les financements à moyen terme, tel autre dans les financements à long terme. Comprendre les contraintes de chaque banquier permet donc de s'adresser chaque fois au meilleur interlocuteur.

• **Savoir l'écouter** : le banquier a tout intérêt au succès de l'entreprise... Pourquoi donnerait-il de mauvais conseils ? C'est un homme d'expérience, qui a déjà été confronté à des situations très diverses dont il a tiré des leçons, pour lui comme pour ses clients. Son avis est donc généralement précieux et, lorsqu'il considère que tel projet est trop ambitieux pour telle entreprise, ce n'est pas pour la brider dans son développement, c'est pour prévenir des risques que le dirigeant n'a peut-être pas bien mesurés à son niveau...

• **Savoir négocier** : c'est la partie la plus délicate sans doute, mais aussi la plus intéressante... D'abord parce qu'elle intervient dans la phase ultime, après que le banquier ait donné son accord, et surtout parce qu'elle permet au dirigeant de mettre en valeur son potentiel de conviction (qualité qui devrait être naturelle chez tout dirigeant !). Dans cette phase, quelques règles de base.

– *Ne pas faire de fixation sur un taux d'intérêt :* d'abord parce que le banquier doit gagner sa vie, et surtout parce que le taux n'a qu'une incidence très marginale sur l'investissement. Si, au lieu d'emprunter 1 M€ à 5,80 % (objectif de l'entreprise), on emprunte à 6 % (objectif du banquier), la différence sur la dernière ligne du compte de résultat sera insignifiante. L'écart de taux induit un écart de frais financiers de 2 000 € la première année, soit, après l'économie d'impôt, un écart de résultat de 1 200 € (2 000 × 0,6 pour un IS à 40 %)... Si l'on considère que cet investissement va produire 5 fois sa valeur, avec un taux de valeur ajoutée de 50 % (ratios rencontrés fréquemment dans l'industrie...), que représentera un « manque à gagner » de 1 200 € ? Moins de 0,05 % de la valeur ajoutée !

– *Ne pas faire de fixation sur une garantie :* si le dirigeant et le banquier sont d'accord sur le projet, il a toutes les chances d'être couronné de succès. Pourquoi alors « se battre » sur un nantissement de matériel ou de fonds de commerce ?

– *Discuter par contre tous les autres détails du contrat :* possibilité de remboursement anticipé, couverture du risque de taux, frais fixes... mais également : durée du crédit, franchise partielle ou totale pour un prêt à moyen terme, mode d'amortissement, etc.

Le banquier est un partenaire incontournable de l'entreprise (et de l'économie en général). La capacité à le convaincre (d'aucuns diront « à le séduire »...) dépend autant des performances de l'entreprise que de la manière dont ces performances seront présentées par le dirigeant. D'où la nécessité pour ce dernier de bien maîtriser ces concepts fondamentaux que sont le fonds de roulement, le BFR, la valeur ajoutée, la capacité d'autofinancement, etc.

Conclusion

L'analyse financière, nous l'avons déjà dit, n'est pas une science exacte. Lorsque l'on interroge dix analystes sur l'évolution prévisible du cours d'une action cotée, quatre conseillent d'acheter, quatre conseillent de vendre, et deux, plus prudents, ne se prononcent pas. Peut-on dire pour autant que quatre d'entre eux se trompent ? Sur la finalité sûrement, mais non pas sur l'anticipation. Chacun raisonne en effet à partir des éléments qui lui paraissent les plus pertinents. Pour certains, ce sera l'évolution de l'activité (chiffre d'affaires), pour d'autres la rentabilité, pour d'autres encore le niveau d'endettement... On retrouve les mêmes différences d'appréciation, souvent, entre deux banquiers.

Si l'appréciation est par nature subjective, la démarche d'analyse exige, par contre, rigueur et objectivité. Quant à la méthode, elle est libre. Celle que nous avons adoptée dans cet ouvrage n'est évidemment pas l'unique. Elle a cependant l'avantage de pouvoir s'appliquer, au moins en ce qui concerne la solvabilité (critère qui intéresse tous les partenaires de l'entreprise...), à tous les secteurs d'activité, hormis peut-être ceux que l'on classe dans la « nouvelle économie ». Pour ces derniers en effet, les critères traditionnels de rentabilité et d'endettement sont relativement sous-pondérés par rapport à des critères marketing : part de marché actuelle et potentielle, originalité des concepts, etc. Les déboires de certaines entreprises du secteur (printemps 2000) montrent cependant que la négation systématique des équilibres fondamentaux conduit parfois à des réveils douloureux !

Méthode, rigueur, objectivité, mais aussi (on serait tenté de dire : et surtout...) beaucoup d'humilité :

- parce qu'il n'y a jamais de certitude absolue dans les conclusions tirées d'une analyse même très rigoureuse (souvenons-nous des significations opposées que peut avoir un accroissement du crédit fournisseurs...),

- parce que, en finance, les mêmes causes ne produisent pas toujours les mêmes effets : on sait très bien que sur deux affaires présentant les mêmes caractéristiques (taille, secteur d'activité, équilibre de bilan, structure de BFR, etc.), l'une peut réussir et l'autre péricliter. Ce n'est qu'après que l'on saura expliquer pourquoi,

- parce que, dire *a posteriori* ce que l'entreprise aurait du faire pour améliorer tel ou tel ratio n'exige pas beaucoup de courage. Mettre en œuvre, souvent sans recul suffisant, des décisions de gestion au jour le jour est un exercice autrement difficile.

On veillera donc à nuancer toujours les conclusions d'une analyse. Il n'est pas question de rester dans le flou, mais il faut éviter de décréter péremptoirement. L'analyste doit prendre position (qu'il soit banquier, acheteur, assureur-crédit...), mais avec prudence, et sans jamais oublier :

• qu'un seul critère n'a aucune pertinence : un niveau de résultat, seul, ne signifie rien en soi... pas plus qu'un ratio d'indépendance financière... ou de rotation de stocks,

• que l'on raisonne toujours en tendance : un seul bilan a peu de signification, sauf peut-être au niveau de la structure financière (mais même ce critère-là doit être apprécié en tendance).

• que l'analyse doit toujours être corrélée au contexte économique, juridique et social de l'entreprise considérée.

• que les comparaisons sectorielles doivent être manipulées avec précaution (dans un même secteur d'activité, on pourra trouver, *sur certains ratios,* un large éventail de résultats en fonction de la taille de l'entreprise, de son organisation, de son degré d'intégration, etc.),

• mais aussi, et ce n'est pas contradictoire, qu'il existe, dans chaque secteur d'activité, de grandes tendances de fond au niveau de l'exploitation. Et le bilan dont les ratios s'écartent significativement de ces tendances doit faire l'objet d'une analyse encore plus fouillée, car une entreprise a rarement raison seule contre toute une profession.

Enfin, pour sortir du cadre strict de l'analyse, et au risque de choquer certains, il convient de redire que la fonction financière n'est pas une fonction majeure de l'entreprise. Elle ne vient qu'après la fonction commerciale, et, dans les affaires industrielles, après la fonction production : pas de client = pas de production à mettre en œuvre = pas de bilan à établir ou à analyser. Lorsqu'un entrepreneur, au sens strict du terme, se « lance dans les affaires », il doit commence par chercher des clients. Si sa *principale* préoccupation, dans cette phase, tient à des considérations d'équilibre futur de son bilan, surtout qu'il ne se lance pas !

Quant aux financiers (analystes ou financiers de terrain), tentés parfois de considérer qu'ils occupent une place centrale dans l'entreprise ou même, moins modestement encore, dans l'économie au sens le plus large, peut-être devraient-ils se poser de temps en temps la question : « Et si l'on me demandait, demain, de diriger cette petite SARL... je m'y prendrais comment ? ».

Que ce dernier mot de conclusion ne décourage pour autant aucune vocation : ni de financier, ni d'entrepreneur...

Annexe 1

Liasse fiscale

Elle est constituée de 15 feuillets numérotés de 2050 à 2059-D. L'abondance des renseignements, leur présentation parfois, peuvent dérouter les débutants. Dans l'analyse quotidienne des bilans de PME, on se limite souvent à l'examen de quelques-uns de ces chiffres seulement, en fait ceux qui sont absolument indispensables pour se forger rapidement une opinion :

- Évidemment **le bilan et le compte de résultats – feuillets 2 050 à 2053 :** avec la mine de renseignements que fournissent déjà ces quatre feuillets, on peut porter un jugement pertinent sur l'entreprise concernée dans plus de 75 % des cas. N'oublions pas que la liasse fiscale reprend l'exercice N-1 ce qui permet des comparaisons instantanées, en tout cas sur les chiffres les plus significatifs : chiffre d'affaires, résultat (et son origine...), évolution des frais de personnel... des frais financiers..., mais aussi des immobilisations nettes, des stocks, des dettes, de la trésorerie... En général, c'est précisément l'identification d'une évolution importante de tel ou tel poste qui conduira à en rechercher l'origine dans d'autres feuillets.

- **Le feuillet 2 057 (état des échéances** – *mais aussi détail* – **des créances et des dettes) :** on s'y référera notamment pour retrouver la partie < 1 an des dettes à terme (dont on rappelle qu'elle concerne celles qui seront remboursées en N+1), le détail des dettes financières (autres que bancaires), le détail des créances (présence par exemple de comptes courants d'associés débiteurs lignes **VC** et surtout **VF**...), le montant des emprunts souscrits ou remboursés en cours d'exercice (lignes **VJ** et **VK**, lorsqu'elles sont renseignées...)...

- **Le feuillet 2 058-C** qui donne, d'une part, **l'affectation du résultat de l'exercice N-1** (notamment distribution de dividendes...), et, d'autre part, des « renseignements divers » indispensables à l'analyse : engagements de crédit-bail (somme des redevances restant à courir), EENE, coût du personnel intérimaire (ligne **YU**), coût de la sous-traitance éventuelle (ligne **YT**), effectif du personnel (ligne **YP**)...

- Enfin, **les feuillets 2 054 à 2 056** fourniront aussi des renseignements permettant de retrouver certains flux **(investissements),** le détail des **provisions et des reprises** (donc la politique de l'entreprise en la matière)...

Annexe 2

Tableau récapitulatif des S.I.G.

Ventes de marchandises (FC)
– Coût d'achat des marchandises vendues [FS + FT (valeur algébrique)]

Marge commerciale (A)

Production de l'exercice (FF + FI) +/– Prod. stockée (FM) + Prod. immob. (FN)

Production de l'exercice (B)

A + B – Consommations en provenance des tiers [FU + FV + (FW - HP - HQ – YU)]

Valeur ajoutée (C)

C + Subv. exploit. (FO) – Impôts/Taxes (FX) – FDP* retraités (FY + FZ + YU + HJ)

Excédent Brut d'exploitation – EBE (D)

D + Rep. (FP + GM + HC) + aut. prod. (FQ) – Am. ret.* (GA + 3/4 Cbail) –
Prov. (GB + GC + GD + GQ + HG) – Aut. ch. (GE)

Résultat d'exploitation (E)

E +/– opér. en commun (+ GH ou – GI) + résultat financier (GV valeur algébrique sauf postes déjà traités en provisions et/ou reprises – 1/4 Cbail)

Résultat Courant Avant Impôts (F)

F + résult. except. (HI en val. alg. sauf postes déjà traités en provisions et/ou reprises) –
Impôt société (HK)

Résultat de L'exercice (G)

* **FDP** = frais de personnel
* **Am. ret.** = amortissements retraités (intégration à la dotation réelle de celle, « fictive », de crédit-bail)

Annexe 3

Le Bilan Fonctionnel

Emploi Stables • Toutes immobilisations brutes (+) C. bail brut (–) Postes d'immobilisations sans valeur (+) Charges à répartir	**Ressources Durables** • FP – actifs sans valeur + EC passif • Toutes provisions et amortissements • Toutes dettes y compris C. bail (sauf CBC et EENE) (–) Prime remboursement obligations
	Passif Circulant • Tout le passif d'exploitation
Actif Circulant • Tous postes bas de bilan en brut y compris EENE (–) actifs sans valeur notamment EC actif	
Banque • Disponibilités • VMP	**Banque** • CBC • EENE

Ressources durables = cycle de financement

Emplois stables = cycle d'investissement

Actif circulant – Passif circulant = **BFR** = cycle d'exploitation

Ressources durables – Emplois stables = **FRNG**

FRNG – BFR = Trésorerie

Annexe 4

Le Bilan Liquidité

Actif Immobilisé • Immo. nettes – actifs sans valeur • C. bail net	**Fonds Propres** • Ceux du bilan patrimonial (–) actifs sans valeur y compris ch. à répartir (–) dividendes (+) EC passif
	Dettes Financières Longues • Dettes fi. > 1 an y compris C. bail > 1 an (–) primes remboursement obligations
Actif Court Terme • Postes nets du bas de l'actif (–) actifs sans valeur	**Dettes Financières Courtes** • Dettes fi. < 1 an y compris C. bail < 1 an • Dividendes • c/c associés à vue
• EENE	**Dettes Exploitation** • Postes exploitation bas de bilan
Banque • Disponibilités • VMP	**Banque** • CBC • EENE

Fonds propres + Dettes financières longues = **Capitaux permanents**

Capitaux permanents – Actif immobilisé = **FDR**

Dettes financières courtes + Dettes exploitation = **Passif court terme**

Actif CT – Passif CT = **BFR**

FDR – BFR = Trésorerie

705534 (1) OSB-T 60 grs
Photocomposition *CMB* Graphic - 44800 Saint-Herblain
Imprimé en France par EMD S.A. 53110 Lassay-les-Châteaux - N° dossier : 11585 - Dépôt légal : février 2004